対話的で深い学びのある 道徳科の授業をつくる

牧﨑幸夫／広岡義之
岩井晃子／杉中康平

[編]

ミネルヴァ書房

はしがき

　道徳科とは何をする時間なのでしょうか。道徳科の授業を参観すると，この疑問を抱えたまま授業に臨まれている先生方が少なくないことに気付きます。本書はこの疑問にわかりやすく応えようと編集したものです。

　道徳科の学習は，児童生徒一人一人が，主題とした道徳的価値についての理解を基に，自己を見つめ（主体的），生き方についての考えを深められるよう（深い学び）にするために行います。そのため，授業では物事を多面的・多角的に見ること（対話的）を大切にします。

　本書は，そうした道徳科の特質を生かした授業が行えるよう，教材をどう読むのか，発問をどう組み立てるのか，指導案をどう作成するのかなどに多くのページを割いてわかりやすく解説しています。

　第7章・第8章では，多くの教科書に掲載されている定番教材を取り上げ，経験豊かな先生方が実際に授業を行った結果を掲載しています。そこからは教材をどう読み，どのような工夫をしながら「主体的・対話的で深い学び」のある授業を行っているのかを読み取ることができます。特に，詳細な授業記録は，指導者が児童生徒とどのようなやり取りを行いながら共に考えているかが手に取るようにわかる貴重な資料です。

　編集に当たっては，多くの先生方から指導が難しいとの声が聞かれる「感動，畏敬の念」や「自然愛護」を内容とする教材やいじめ問題を取り上げた教材の実践も掲載しました。

　教科化に伴って行われるようになった道徳科の評価についても，1つの章を設けて具体的に解説するとともに，教職を目指す学生のみなさんが教科書としても使用できるよう，道徳の意義や学習指導要領の変遷がわかる章も設けています。

　毎週の授業に戸惑いながら臨まれている先生方をはじめ，教育実習や教員採用に向けて準備を進めている学生のみなさんにとって，本書はなくてはならない一冊であると確信しています。

編者　　牧﨑　幸夫

広岡　義之

岩井　晃子

杉中　康平

目　次

はしがき
資料　道徳の内容の学年段階・学校段階の一覧
執筆者紹介

第1章　道徳とは何か　1

1　道徳教育を取り巻く日本の社会状況……………………………………………2
2　道徳の本質………………………………………………………………………3
3　小・中学校の学習指導要領における道徳の内容項目………………………4
4　ソクラテスの助産術と道徳教育………………………………………………6
5　「アポリア」（行き詰まり／進行不可能性）の体験が必要な道徳の授業………9

第2章　昭和33年以降の道徳教育の変遷について　13

1　「道徳の時間」のはじまり――1958（昭和33）年の改訂…………………14
2　1968・1969（昭和43・44）年の改訂………………………………………14
3　1977（昭和52）年の改訂……………………………………………………15
4　1989（平成元）年の改訂……………………………………………………16
5　1998（平成10）年の改訂……………………………………………………17
6　2008（平成20）年の改訂……………………………………………………18
7　道徳の教科化――2015（平成27）年の一部改正…………………………19
8　2017（平成29）年の改訂　…………………………………………………20

第3章　道徳科の学習で目指すものとは　23

1　道徳科の授業に対する先入観…………………………………………………24
2　道徳教育の目標と道徳科の位置づけ…………………………………………24
3　道徳科の目標とは………………………………………………………………25
4　道徳科では何を学習するのか…………………………………………………27
5　対話的で深い学びのある授業を目指して……………………………………29

第4章　深い学びの授業づくり
――学習指導案作成・教材分析　35

1　道徳科の特質……………………………………………………………… 36
2　学習指導案の作成・教材分析…………………………………………… 40

第5章　「演習形式」で学ぶ道徳科授業づくり　47

1　道徳科の「読み物」教材の特徴とは？………………………………… 48
2　道徳科の授業における発問とは？……………………………………… 51
3　道徳科の「読み物教材」の特徴を生かした教材研究を進めるために… 53
4　「導入」と「終末（＝まとめ）」の工夫………………………………… 57
5　「道徳的価値」に迫るための板書の工夫……………………………… 58
6　ワークシートの効果的な活用方法……………………………………… 60

第6章　道徳科の評価とは　63

1　道徳の教科化と評価……………………………………………………… 64
2　道徳科では何を評価するのか…………………………………………… 64
3　学習状況や成長の様子をどう見取るのか……………………………… 66
4　記述式評価を作成する…………………………………………………… 67
5　評価から見える教員の姿勢……………………………………………… 70

第7章　小学校における道徳科の授業　73

1　はしの　上の　おおかみ〈低学年・B －(6)〉…………………………… 74
2　くりの　み〈低学年・B －(6)〉…………………………………………… 81
3　黄色い　ベンチ〈低学年・C －(10)〉……………………………………… 87
4　七つの　ほし〈低学年・D －(19)〉………………………………………… 93
5　まどがらすと　さかな〈中学年・A －(2)〉……………………………… 99
6　雨のバス停留所で〈中学年・C －(11)〉………………………………… 107
7　ヒキガエルとロバ〈中学年・D －(18)〉………………………………… 115
8　花さき山〈中学年・D －(20)〉…………………………………………… 123
9　手品師〈高学年・A －(2)〉……………………………………………… 131
10　友の肖像画〈高学年・B －(10)〉………………………………………… 139
11　ぼくの名前呼んで〈高学年・C －(15)〉………………………………… 148
12　青の洞門〈高学年・D －(21)〉…………………………………………… 156

第 8 章　中学校における道徳科の授業　165

1　ネット将棋 〈A‒(1)〉 ·· 166

2　言葉の向こうに 〈B‒(9)〉 ·· 176

3　二通の手紙 〈C‒(10)〉 ·· 185

4　卒業文集最後の二行 〈C‒(11)〉 ··· 195

5　加山さんの願い 〈C‒(12)〉 ··· 204

6　一冊のノート 〈C‒(14)〉 ··· 212

7　海と空 〈C‒(18)〉 ··· 221

8　樹齢七千年の杉 〈D‒(20)〉 ·· 230

9　銀色のシャープペンシル 〈D‒(22)〉 ··· 238

10　足袋の季節 〈D‒(22)〉 ·· 248

	小学校第1学年及び第2学年 (19)	小学校第3学年及び第4学年 (20)
A　主として自分自身に関すること		
善悪の判断, 自律, 自由と責任	(1) よいことと悪いこととの区別をし, よいと思うことを進んで行うこと。	(1) 正しいと判断したことは, 自信をもって行うこと。
正直, 誠実	(2) うそをついたりごまかしをしたりしないで, 素直に伸び伸びと生活すること。	(2) 過ちは素直に改め, 正直に明るい心で生活すること。
節度, 節制	(3) 健康や安全に気を付け, 物や金銭を大切にし, 身の回りを整え, わがままをしないで, 規則正しい生活をすること。	(3) 自分でできることは自分でやり, 安全に気を付け, よく考えて行動し, 節度のある生活をすること。
個性の伸長	(4) 自分の特徴に気付くこと。	(4) 自分の特徴に気付き, 長所を伸ばすこと。
希望と勇気, 努力と強い意志	(5) 自分のやるべき勉強や仕事をしっかりと行うこと。	(5) 自分でやろうと決めた目標に向かって, 強い意志をもち, 粘り強くやり抜くこと。
真理の探究		
B　主として人との関わりに関すること		
親切, 思いやり	(6) 身近にいる人に温かい心で接し, 親切にすること。	(6) 相手のことを思いやり, 進んで親切にすること。
感謝	(7) 家族など日頃世話になっている人々に感謝すること。	(7) 家族など生活を支えてくれている人々や現在の生活を築いてくれた高齢者に, 尊敬と感謝の気持ちをもって接すること。
礼儀	(8) 気持ちのよい挨拶, 言葉遣い, 動作などに心掛けて, 明るく接すること。	(8) 礼儀の大切さを知り, 誰に対しても真心をもって接すること。
友情, 信頼	(9) 友達と仲よくし, 助け合うこと。	(9) 友達と互いに理解し, 信頼し, 助け合うこと。
相互理解, 寛容		(10) 自分の考えや意見を相手に伝えるとともに, 相手のことを理解し, 自分と異なる意見も大切にすること。
C　主として集団や社会との関わりに関すること		
規則の尊重	(10) 約束やきまりを守り, みんなが使う物を大切にすること。	(11) 約束や社会のきまりの意義を理解し, それらを守ること。
公正, 公平, 社会正義	(11) 自分の好き嫌いにとらわれないで接すること。	(12) 誰に対しても分け隔てをせず, 公正, 公平な態度で接すること。
勤労, 公共の精神	(12) 働くことのよさを知り, みんなのために働くこと。	(13) 働くことの大切さを知り, 進んでみんなのために働くこと。
家族愛, 家庭生活の充実	(13) 父母, 祖父母を敬愛し, 進んで家の手伝いなどをして, 家族の役に立つこと。	(14) 父母, 祖父母を敬愛し, 家族みんなで協力し合って楽しい家庭をつくること。
よりよい学校生活, 集団生活の充実	(14) 先生を敬愛し, 学校の人々に親しんで, 学級や学校の生活を楽しくすること。	(15) 先生や学校の人々を敬愛し, みんなで協力し合って楽しい学級や学校をつくること。
伝統と文化の尊重, 国や郷土を愛する態度	(15) 我が国や郷土の文化と生活に親しみ, 愛着をもつこと。	(16) 我が国や郷土の伝統と文化を大切にし, 国や郷土を愛する心をもつこと。
国際理解, 国際親善	(16) 他国の人々や文化に親しむこと。	(17) 他国の人々や文化に親しみ, 関心をもつこと。
D　主として生命や自然, 崇高なものとの関わりに関すること		
生命の尊さ	(17) 生きることのすばらしさを知り, 生命を大切にすること。	(18) 生命の尊さを知り, 生命あるものを大切にすること。
自然愛護	(18) 身近な自然に親しみ, 動植物に優しい心で接すること。	(19) 自然のすばらしさや不思議さを感じ取り, 自然や動植物を大切にすること。
感動, 畏敬の念	(19) 美しいものに触れ, すがすがしい心をもつこと。	(20) 美しいものや気高いものに感動する心をもつこと。
よりよく生きる喜び		

段階・学校段階の一覧

小学校第 5 学年及び第 6 学年 (22)	中学校 (22)	
(1) 自由を大切にし，自律的に判断し，責任のある行動をすること。 (2) 誠実に，明るい心で生活すること。	(1) 自律の精神を重んじ，自主的に考え，判断し，誠実に実行してその結果に責任をもつこと。	自主，自律，自由と責任
(3) 安全に気を付けることや，生活習慣の大切さについて理解し，自分の生活を見直し，節度を守り節制に心掛けること。	(2) 望ましい生活習慣を身に付け，心身の健康の増進を図り，節度を守り節制に心掛け，安全で調和のある生活をすること。	節度，節制
(4) 自分の特徴を知って，短所を改め長所を伸ばすこと。	(3) 自己を見つめ，自己の向上を図るとともに，個性を伸ばして充実した生き方を追求すること。	向上心，個性の伸長
(5) より高い目標を立て，希望と勇気をもち，困難があってもくじけずに努力して物事をやり抜くこと。	(4) より高い目標を設定し，その達成を目指し，希望と勇気をもち，困難や失敗を乗り越えて着実にやり遂げること。	希望と勇気，克己と強い意志
(6) 真理を大切にし，物事を探究しようとする心をもつこと。	(5) 真実を大切にし，真理を探究して新しいものを生み出そうと努めること。	真理の探究，創造
(7) 誰に対しても思いやりの心をもち，相手の立場に立って親切にすること。 (8) 日々の生活が家族や過去からの多くの人々の支え合いや助け合いで成り立っていることに感謝し，それに応えること。	(6) 思いやりの心をもって人と接するとともに，家族などの支えや多くの人々の善意により日々の生活や現在の自分があることに感謝し，進んでそれに応え，人間愛の精神を深めること。	思いやり，感謝
(9) 時と場をわきまえて，礼儀正しく真心をもって接すること。	(7) 礼儀の意義を理解し，時と場に応じた適切な言動をとること。	礼儀
(10) 友達と互いに信頼し，学び合って友情を深め，異性についても理解しながら，人間関係を築いていくこと。	(8) 友情の尊さを理解して心から信頼できる友達をもち，互いに励まし合い，高め合うとともに，異性についての理解を深め，悩みや葛藤も経験しながら人間関係を深めていくこと。	友情，信頼
(11) 自分の考えや意見を相手に伝えるとともに，謙虚な心をもち，広い心で自分と異なる意見や立場を尊重すること。	(9) 自分の考えや意見を相手に伝えるとともに，それぞれの個性や立場を尊重し，いろいろなものの見方や考え方があることを理解し，寛容の心をもって謙虚に他に学び，自らを高めていくこと。	相互理解，寛容
(12) 法やきまりの意義を理解した上で進んでそれらを守り，自他の権利を大切にし，義務を果たすこと。	(10) 法やきまりの意義を理解し，それらを進んで守るとともに，そのよりよい在り方について考え，自他の権利を大切にし，義務を果たして，規律ある安定した社会の実現に努めること。	遵法精神，公徳心
(13) 誰に対しても差別をすることや偏見をもつことなく，公正，公平な態度で接し，正義の実現に努めること。	(11) 正義と公正さを重んじ，誰に対しても公平に接し，差別や偏見のない社会の実現に努めること。	公正，公平，社会正義
(14) 働くことや社会に奉仕することの充実感を味わうとともに，その意義を理解し，公共のために役に立つことをすること。	(12) 社会参画の意識と社会連帯の自覚を高め，公共の精神をもってよりよい社会の実現に努めること。	社会参画，公共の精神
	(13) 勤労の尊さや意義を理解し，将来の生き方について考えを深め，勤労を通じて社会に貢献すること。	勤労
(15) 父母，祖父母を敬愛し，家族の幸せを求めて，進んで役に立つことをすること。	(14) 父母，祖父母を敬愛し，家族の一員としての自覚をもって充実した家庭生活を築くこと。	家族愛，家庭生活の充実
(16) 先生や学校の人々を敬愛し，みんなで協力し合ってよりよい学級や学校をつくるとともに，様々な集団の中での自分の役割を自覚して集団生活の充実に努めること。	(15) 教師や学校の人々を敬愛し，学級や学校の一員としての自覚をもち，協力し合ってよりよい校風をつくるとともに，様々な集団の意義や集団の中での自分の役割と責任を自覚して集団生活の充実に努めること。	よりよい学校生活，集団生活の充実
(17) 我が国や郷土の伝統と文化を大切にし，先人の努力を知り，国や郷土を愛する心をもつこと。	(16) 郷土の伝統と文化を大切にし，社会に尽くした先人や高齢者に尊敬の念を深め，地域社会の一員としての自覚をもって郷土を愛し，進んで郷土の発展に努めること。	郷土の伝統と文化の尊重，郷土を愛する態度
	(17) 優れた伝統の継承と新しい文化の創造に貢献するとともに，日本人としての自覚をもって国を愛し，国家及び社会の形成者として，その発展に努めること。	我が国の伝統と文化の尊重，国を愛する態度
(18) 他国の人々や文化について理解し，日本人としての自覚をもって国際親善に努めること。	(18) 世界の中の日本人としての自覚をもち，他国を尊重し，国際的視野に立って，世界の平和と人類の発展に寄与すること。	国際理解，国際貢献
(19) 生命が多くの生命のつながりの中にあるかけがえのないものであることを理解し，生命を尊重すること。	(19) 生命の尊さについて，その連続性や有限性なども含めて理解し，かけがえのない生命を尊重すること。	生命の尊さ
(20) 自然の偉大さを知り，自然環境を大切にすること。	(20) 自然の崇高さを知り，自然環境を大切にすることの意義を理解し，進んで自然の愛護に努めること。	自然愛護
(21) 美しいものや気高いものに感動する心や人間の力を超えたものに対する畏敬の念をもつこと。	(21) 美しいものや気高いものに感動する心をもち，人間の力を超えたものに対する畏敬の念を深めること。	感動，畏敬の念
(22) よりよく生きようとする人間の強さや気高さを理解し，人間として生きる喜びを感じること。	(22) 人間には自らの弱さや醜さを克服する強さや気高く生きようとする心があることを理解し，人間として生きることに喜びを見いだすこと。	よりよく生きる喜び

執筆者紹介

牧　崎　幸　夫（まきざき・ゆきお，編者，立命館大学非常勤講師）　第3章・第6章

広　岡　義　之（ひろおか・よしゆき，編者，神戸親和大学教育学部特任教授）　第1章・第2章

岩　井　晃　子（いわい・あきこ，編者，大阪大谷大学教育学部特任教授）　第4章

杉　中　康　平（すぎなか・こうへい，編者，四天王寺大学教育学部教授）　第4章・第5章

教材解説（掲載順，所属は執筆時）

小学校

渡　部　恭　子（わたなべ・きょうこ，茨木市立庄栄池田小学校）　はしの　上の　おおかみ
／七つの　ほし／くりの　み

中　舎　良　希（なかしゃ・よしき，京丹波町立和知小学校）　黄色い　ベンチ
／まどがらすと　さかな

上　垣　雅　史（うえがき・まさし，高槻市立阿武山小学校）　雨のバス停留所で／手品師

川　崎　雅　也（かわさき・まさや，貝塚市立西小学校）　花さき山／青の洞門

由　良　健　一（ゆら・けんいち，尼崎市立潮小学校）　ヒキガエルとロバ／友の肖像画

常　深　晃　史（つねみ・あきふみ，神戸市立夢野の丘小学校）　ぼくの名前呼んで

中学校

小　山　昌　二（こやま・まさじ，忠岡町立忠岡中学校）　二通の手紙／海と空

村　田　寿美子（むらた・すみこ，城陽市立東城陽中学校）　足袋の季節／ネット将棋

永　吉　洋　子（ながよし・ようこ，元河内長野市立中学校）　一冊のノート／加山さんの願い

松　原　　　弘（まつばら・ひろし，和泉市立郷荘中学校）　言葉の向こうに
／銀色のシャープペンシル／樹齢七千年の杉

川　崎　雅　也（かわさき・まさや，貝塚市立西小学校）　卒業文集最後の二行

第1章

道徳とは何か

1　道徳教育を取り巻く日本の社会状況

(1) 道徳の役割

　道徳は「人はいかに生きるべきか」を問うことです。道徳は，私たちが人生を生きる中で何を選び，どのように生きるのかを決める規準になるものです。しかし道徳には他の見方も存在します。道徳とは集団や社会で守るべき規範であると考える者もいるし，さらには善をおこなうことと主張する者もいます。さらには時代や場所が変わることで道徳の意味が変わることもありえます。

　道徳を最低限の規則と把握する場合と，人間の理想と考える場合では，道徳教育で何を教えるかもおおきくその中身が変化してくることは言うまでもありません。

(2) 逃避傾向と自己中心傾向に二極化しがちな「閉じた個」の子どもの問題

　永田繁雄は，2008（平成20）年1月の「中央教育審議会答申」を援用しつつ，今日の子どもの危機を，逃避傾向と自己中心傾向に二極化しがちな「閉じた個」の問題として取り上げています。そこでは自尊感情の乏しさ，規範意識の低下等の「心の活力が弱っている傾向」が指摘されました。

　さらに永田は，道徳の授業の側の問題点として，文部科学省の「道徳教育の充実に関する懇談会」の報告（平成25年12月）において，「授業方法が，単に読み物の登場人物の心情を理解させるだけなどの型にはまったものになりがち」「学年が上がるにつれて，道徳の時間に関する児童生徒の受け止めがよくない状況」等が挙げられていることを指摘しています。

(3) 道徳教育は，だれがおこなうべきなのか？

　道徳教育はだれがおこなうべきなのでしょうか。それは家庭と学校と社会が連携しておこなうべきものなのです。もちろん教育基本法第10条で「父母その他の保護者は，子の教育について第一義的責任を有する」と規定していることからも，家庭教育が子どもの道徳性を育む一番の場所であることは明らかなことです。子どもは家族団欒を通して，信頼や基本的生活習慣を学んでいくのです。しかし都市化や少子化等の問題で，家庭が十分な道徳教育を施す力量を失ってきたことは周知の事実です。また地域的なつながりが弱まってきたこともあり，家庭の孤立化や児童虐待等の家庭に関わる教育問題も深刻になってきています。

　さらに教育基本法第13条では「学校，家庭及び地域住民その他の関係者は，教育におけるそれぞれの役割と責任を自覚するとともに，相互の連携及び協力に努めるものとする」とあり，ここでも学校，家庭，地域社会とのつながりの重要性が鋭く

指摘されています。学校での道徳教育をより充実させるためにも，こうした地域の人々や団体との連携・協力が必要不可欠な時代に突入していると言えるでしょう。道徳的な現代的問題（たとえば，情報倫理や環境問題，生命尊重，いじめ等）について，様々な角度から議論する場を，学校の道徳教育が提供するべきです。

2　道徳の本質

(1)「道徳」という語の分析

「道徳」という語は，道と徳に区分されます。「道」とは，道路のことです。私たちが判断したり行為するときの道理，あるいは社会生活をするうえでの行うべき筋道，すなわち社会の道徳的規範をあらわしています。あるいは「道」は，目的に向かって歩くことであるから，理想を目指して歩む筋道とも考えられます。一方「道徳」という言葉に相当する英語のモラル（moral）は，ラテン語のモーレス mores（mos）に由来します。元来，この mores は慣習や風俗を表現する言葉で，そこから，人々がしたがうべき社会的・集団的な慣習，すなわち，社会規範を意味したのです。こうした語源からもわかるように，道徳的であるとは，社会・集団の慣習や規範を受け入れて生活する人を意味するようになりました。

次に「徳」に相当する英語は virtue であり，これもラテン語の virtus に起源をもちます。これは長所や美点，優秀さを意味する言葉で，卓越していることを表現する内容です。「徳」という漢字には，実践力という意味があり，有徳な人とは，人間的に卓越している人物を表現するときに使用されます。一時的な欲望や本能で判断するのではなく，自由意志に基づいて理性的な判断ができるという意味で，自律の能力のある人間を指し示します。

(2) 倫理と道徳

道徳に近い言葉に「倫理」がありますが，これは，英語で ethics で，エートス ethos というギリシア語に由来します。エートスは，民族の慣習や風俗をあらわし，前に見たラテン語のモーレスとほぼ同じ意味です。倫理と道徳のちがいをあえて述べれば，倫理は原理的な意味内容をもつのに対して，道徳は実践的な内容を指し示します。

漢字の「倫」は，人のまとまりや仲間がまとまって社会で生活するための理法を意味します。一方道徳の「道」は，社会生活の道筋，すなわち，「倫理」のことです。さらに道徳の「徳」は，習得すべき実践力の意味ですから，より実践的な内容であることがわかるでしょう。まとめると，倫理は道徳の理論であり，道徳は倫理の実践と表現できます。

中国春秋時代の思想家で儒学の祖である孔子（B.C.552-B.C.479）は，人間の主体

性による倫理観を打ち立てました。主著『論語』の中で,「仁とは人なり」を唱え,人間の普遍的感情を道徳面で捉えました。孔子の学問の目的は,倫理的な自己完成からさらに進んで,他人の人格をも完成させ,倫理的に優れた社会を建設しようとするものでした。これらを総合した最高目標を「聖」と呼称し,その徳を備えた人を「聖人」と位置づけました。

3　小・中学校の学習指導要領における道徳の内容項目

　ここでは,任意に3つの内容項目を選んで,その解釈を提示してみたいと思います。

(1)「特別の教科　道徳」の「自律」の内容
　学校における道徳教育においても「自律」は重要な道徳的課題です。

> 中学校A―(1)　自律の精神を重んじ,自主的に考え,誠実に実行してその結果に責任をもつ。

　自ら考え,判断し,実行し,自己の行為の結果に責任をもつことが道徳の基本です。したがって自ら規範意識を高め,自らを律することができなければなりません。小さな行為でさえ,自分で考え,自分の意志で決定すれば,道徳的自覚に支えられた自律的な生き方ができるようになります。中学生の時期は,自我に目覚め,自主的に考え,行動することができるようになります。しかし一方では自由の意味をはき違えて,周囲の思惑を気にして他人の言動に左右されやすくなります。

　横山利弘によれば,「自律」とは,行動の無制限な自由を意味するのではなく,むしろ自らが自らを律するという制限の意味合いの方が強いといいます。学習指導要領では「自律の精神を重んじる」という箇所で,衝動に負けて悪いことをしないように自分を律するという一般的意味よりも,むしろ積極的に「よいと思うことを進んで行い」「正しいと思うことを,勇気をもって行う」等に重点を置いています。

(2)「特別の教科　道徳」の「感謝」の内容

> 中学校B―(6)　多くの人々の善意により,日々の生活や現在の自分があることに感謝し,進んでそれに応え,人間愛の精神を深めること。

　人間は,互いに助け合い,協力し合って生きています。この相互の助け合いや協力を支えているのは,互いの感謝の心であり,その意味で感謝は,潤いのある人間関係を築く上で欠かせません。感謝の心は,他の人が自分のことを大切に思ってくれていることに触れ,相手の行為をいわば心の贈り物として,ありがたいと感じた

ときに起こる人間の自然な感情なのです。中学生の時期は，自立心の強まりとともに，自分を支えてくれる多くの人々の善意に気づく一方で，感謝の気持ちを素直に伝えることの難しさも感じています。

　人間とは，自立しながらしかも他に依存しつつ生きるという矛盾的存在です。中学生ぐらいになると，依存よりも自立心が急に強くなり，何事も他人に依存したくないと考えるようになります。そのために，感謝しなければならないような状況に身を置くことで，裏を返せば，感謝の念もそれだけ深まっているのです。横山は，横断歩道で，小学校低学年の子どもであれば，止まってくれた車に対して「ありがとう」という言葉が素直に出てくるのに対して，中学生になると，なかなか素直に出てこないという例を出しつつ，これを道徳の「退行」とみるべきでないと鋭く主張します。精神的に自立しようとすればするほど，多くの他者にお世話になっている自分という事実を自覚せざるを得なくなります。だからこそ，自立する意識が深まれば深まるほど，同時に感謝の念も深くなるのです。それが中学生レベルの発達段階なのです。しかしあえて無関心を装うというその心的変化に，人間（中学生）の本質を読み取ろうとする深いまなざしを，教師はもつことが大切であると説いています。

(3)「特別の教科　道徳」における「信頼」の内容

　横山利弘は，ドイツの哲学者ニコライ・ハルトマンの言説「人間関係の不思議は，相手の中にあると信じたものが，相手の中に育ってくるということである」を援用した後，友情が互いを支えあう力をもつのは，お互いの中に，お互いを大切に思っているということを信じあうことによると考えています。しかし「信頼」というものが「賭け」である以上，外れることもあり，信頼を裏切られたときの挫折感，虚しさは耐え難いものです。それゆえ，ボルノーの『実存哲学と教育学』の最終章が「挫折」で結ばれていることは意味の深いことであると指摘しています。

中学校B—(8)　友情の尊さを理解して心から信頼できる友達をもち，互いに励まし合い，高め合う。

　真の友情は，相互に変わらない信頼があって成立します。相手に対する敬愛の念がその根底にあります。このような時期にこそ，真の友情について理解を深め，実際の友情を確かなものにするように指導することが求められるのです。豊かな人間関係を促進しつつ，相手の表面的な言動だけでなく，内面的な善さに目を向け，相手の成長を願って互いに励まし合い，忠告し合える信頼関係を育てることが重要です。

4　ソクラテスの助産術と道徳教育

（1）ソクラテスの仕事の核心は「ドクサ」の吟味

　紀元前700年頃のギリシアのアテネ（ポリス・都市国家）の教育思想家ソクラテス（Socrates, B.C.470-B.C.399）は，彫刻家の父と助産婦の母の間に生まれました。友人から，デルフォイでのアポローンの神託を知らされて以来，ソクラテスは「無知の自覚」へと青年を導くことに努めていました。

　ソクラテスの仕事の核心は「ドクサ」の吟味にありました。そして，人間の吟味とは，人間の事柄を学問の主題にすることにほかならないと考えました。世間一般の生活や日常的な生活では，「そんなふうに思われている」という常識で，すべてが運ばれています。しかし，その状態から抜け出して「本当のところはどうなんだ？」と追求してゆくことが学問であり，知識の追求であると彼は考えたのです。教育の仕事とは，人にたんに知識を「授ける」ことでなく，相手のうちに蔵されている可能性を「引き出す」ことです。この仕事を「反駁」を通して遂行することが真の教育なのだと彼は理解したのです。「俗見」（ドクサ）によって，私たちは世間一般の卑俗で常識的なものの見方にどっぷりと漬かりきって，真実の世界をみることを妨げられているのです。

（2）ソクラテスと召使の少年メノンの対話

　ソクラテスの弟子であったプラトン（Platon, B.C.427-B.C.347）は，ソクラテスの言行録を克明に記録していました。『メノン』においては，対話による問答法で，本人の無知を悟らせ，知恵（ソフィア）を求めさせました。これは，内的な自省を通して真理の獲得に至らせる方法です。またそのことにより，本人に自発的な思考を産み出させたのです。

　ここでは教育哲学者，村井実の論考（『ソクラテス』，講談社学術文庫，上・下）および横山利弘の論考（『道徳教育，画餅からの脱却』，あかつき教育図書）に従いつつ，教師と子どもの間で産みだされてゆく一つの真理概念を中心に，その対話のプロセスを要約して，その後，実際の対話を再現してみます。

（3）「徳とは教えられるものなのか」

　プラトンはこの「アポリア」について，『メノン』の中で，幾何学の知識をもたない少年とソクラテスの対話という設定をして説明しています。ギリシア北部のテッタリアという地方の貴族の青年メノンがアテナイを訪問しているときに，ソクラテスに「徳とは教えられるものなのか？」という問いをしたことに関わるエピソードです。

　ソクラテスは，すぐには答えず「徳とは何か」という話を進めていきます。ソクラテスは「教えというものはなく想起があるばかりだ」と言います。メノンは「そのことを私に教えることができますか？」と食い下がるので，ソクラテスは，メノンに彼の召使を呼ばせてその召使と直接，対話を始めてメノンの質問に応答していきます。召使は幾何学等の教養はありませんが，以下のようなやりとりが展開されていきます。

(4) わからないという状態から「わかる」という状態に飛躍すること

　ソクラテスは，最後に，対角線の概念を使用しつつヒントを与えたことで，召使は「山」を乗り越えて，正しい答えを発見するに至ります。この召使は「アポリア」を体験したことになります。「自分が知らない」ということを初めて自覚したのです。その自覚の先に，探究しようという再出発があるのです。ソクラテスとこの召使いとの対話は，「知の思い込み・俗見」（ドクサ）つまり「アポリアと無知の自覚」を示しているおもしろいエピソードです。

　横山利弘のいう授業の「山」とは，子どもがこの「アポリア」の体験をする箇所のことを意味します。わからないことが，わからないという状態から「わかる」という状態に飛躍することで，子どもは初めて真の意味で学ぶのです。

(5) ソクラテスと召使の少年メノンの対話

　まず相手がもっている「俗見」を「行き詰まり」（アポリア）に陥らせます。このことを「論破」といいます。今までもっていた人々の知識を論破・吟味するのが教育の仕事だとソクラテスは考えました。「論破」は，無知な人間を，知ったつもりでいる非生産的な状態から救い出し，「無知の自覚」という生産的な状態へ導きだすのです。そのうえで，建設的な示唆を与え，真理の発見に向かうように助けてゆくのです。以下では，ソクラテスと召使の少年メノンの対話を再現してみましょう。

　ソクラテス：一辺が一メートルの正方形 ABCD がある。この面積の二倍の正方
　　　　　　　形はどうしたら，描けるかな？
　少　　　年：（少し考えて）各々の辺を二倍にすれば，広さも二倍になると思いま
　　　　　　　す。
　ソクラテス：それじゃ，AB，AD を二倍にしてできる正方形を書いてみよう。
　　　　　　　すると，ABCD の正方形が四つできたね。各辺を二倍にして，果
　　　　　　　たして ABCD の二倍の広さだろうか？

　ここで，少年は自分の「俗見」が行き詰まることを知ります。しかしここでソクラテスは，決して「おまえはまちがっている」とは言いません。さらにヒントを与

えつつ問い続けてゆくことによって，少年自らが自分のまちがいに気づいてゆくように仕向けるのです。これを「無知の知」といいます。

　つまり，少年は初め，正方形の二辺を二倍すれば，面積も二倍の広さになると思いこんでいました。そういう知（俗見）を否定して，「私は知において貧しいものだ」と自覚することを「無知の知」というのです。ソクラテスは少年を「しびれさせ」ました。しかし，この教育的行為を，他のソフィストや大人たちが誤解して，「ソクラテスはアテネの少年をたぶらかす者だ」ということで，毒盃を飲まされて殺されてしまったのです。

　再び村井と横山に従いつつ，ソクラテスと少年の対話を続けて聞いてみましょう。

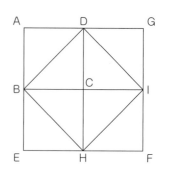

ソクラテス：じゃ，これからどういうぐあいに進む
　　　　　　か，よく見ててごらん。私は質問する
　　　　　　だけで，何も教えないし，君はただ私
　　　　　　と一緒に探究するだけだ。ABCD と
　　　　　　同じ正方形を，加えてみよう。もう一
　　　　　　つ。そしてもう一つ。これで，おおき
　　　　　　な正方形 AEFG はもとの ABCD の何
　　　　　　倍だろう。

少　　　年：四倍です。

ソクラテス：ところで，私たちは，二倍の正方形がほしかった。覚えているかね。
　　　　　　すると，この隅 B から隅 D に引いたこの線は，正方形 ABCD を半
　　　　　　分にしているのじゃないだろうか。

少　　　年：はい。

ソクラテス：そしてこの四つの同じ線 BD・DI・IH・HB は，ここに「正方形
　　　　　　BDIH」を作ることになるだろう。

少　　　年：そうなります。

ソクラテス：その広さがどうなるか，よく考えてごらん。

少　　　年：わかりません。

ソクラテス：四つの正方形はこの線で半分ずつになっているんじゃないか。

少　　　年：はい。

ソクラテス：すると，正方形 BDIH はもとの正方形 ABCD の何倍か？

少　　　年：二倍です。

　　以上がソクラテスと少年の対話の要約です。ここから，この少年は一つの真理を学びました。すなわち，少年の魂のなかにまどろんでいた真理を，想起すること（自分がもっているものを想いおこすこと）ができたのです。

（6）「無知の自覚」という生産的な状態へと導くこと

　今までもっていた人々の知識（俗見）を「論破」し吟味した結果，「無知の自覚」が生まれることになります。その手段として，「対話」を通して，いろいろな角度から質問していきます。そしてソクラテスの助産術によって，知へのてがかりへと導いていくことになります。「すでに私は知っている，これは自明のことだ」という在り方がいったん根本から否定されます。論破は，無知な人間を知ったつもりでいる非生産的な状態から救いだし，「無知の自覚」という生産的な状態へと導くことになります。うまく進めば，真実に「生産的な瞬間」が現れます。これをソクラテスの「助産術」といいます。これは，じつは，ピタゴラス（B.C.497年にギリシアで没）の定理を利用したもので，ピタゴラスはソクラテス（B.C.399年アテネで没）よりも100年も前に生きていた科学者です。ソクラテスはこのピタゴラスの定理を十分に知ったうえで，自らの「助産術」に使用したのです。

5　「アポリア」（行き詰まり／進行不可能性）の体験が必要な道徳の授業

（1）「わからない」という体験＝「アポリア」（行き詰まり／進行不可能性）

　横山利弘によれば，授業では「山」が必要であると言われます。「山」とは学ぶ核心部分であり，子どもたちが主体的に考える箇所です。「学ぶ」とは，「考える」ところから成立するので，授業には山がないといけないわけです。子どもは，授業のなかで，新しいことを学ぶときに「わからない」という体験をします。

　私たちは，新しいことに気づくまでは，そのことがわからない状態にとどまっています。「わかる」ということは，けっして直線的な動きではなく，その前までとは異なる「飛躍」が起こります。人は，わかろうとしても，それまでの思考の枠内にいる限り，それ以上進めません。これを「アポリア」（行き詰まり／進行不可能性）と言います。

（2）知の思い込み（ドクサ）から本当の知（エピステーメ）への飛躍

　横山利弘によれば，知識の学習の場合，子どもは無知から知へと飛躍しますが，道徳の学習では，無知から開始されません。なぜなら子どもたちは，すでに道徳におけるなんらかの意味や価値を理解している（前理解）からです。つまり『メノン』における召使の状態にあります。知の思い込み（ドクサ）から本当の知（エピステーメ）への飛躍が生ずるためには，「アポリア」（行き詰まり／進行不可能性）が必要不可欠となるのです。こうした過程がソクラテス的対話によって展開される必要があるのです。言って聞かせるという授業でも，教え込むのでもなく，むしろ気づき，

自覚する授業の重要性がここで浮き彫りにされてきます。そのためには「対話」が欠かせません。相互の意見を吟味することが大切になります。そのためには教師が深く考え，「問い」を吟味していかなければなりません。道徳の授業では「山」を作り，そこを中心にソクラテス的な対話をしていけばいいのです。

（3）架空ではあるが具体的な状況を子どもに提供する道徳の読み物教材

　横山利弘によれば，「特別の教科　道徳」の授業の指導では，架空ではあるが具体的な状況を子どもに提供する読み物教材を手がかりとして進められます。子どもの側からすると，教材に描かれている状況をどのように判断し，どのような行為がよりよいものであるかを，登場人物の一人の立場に立って考えつつ，そこに含まれる道徳的価値を追求していきます。そのために読み物教材には，子どもが自分自身のこととして考えられる内容のものが用意されている必要があります。換言すれば，教材に描かれている状況は，架空であっても，荒唐無稽な話では意味がありません。子ども自身が感情移入し得るものでなければなりません。人間的な真実が描かれ，子どもの発達段階に応じたもので，心惹かれ共感でき，子どもの心を動かすことができるものであることが求められます。しかもそこでは道徳的な価値の追求がなされることを忘れてはなりません。

（4）教師が日常的に子どもの道徳的な判断の基準を正確に把握することの重要性

　こうしたアポリアの壁が高すぎた場合，子どもはどうなるでしょう。とうてい授業の内容を理解することはできません。また逆に考えさせるはずの問いが低すぎた場合も，子どもたちはわかり切ったことを発言するだけで，ここでも大きな価値に気づくことにはなりません。横山利弘によれば，それゆえ道徳の授業では，このアポリアの適度な高さがもっとも重要な鍵となるのです。教師が日常的に子どもの道徳的な判断の基準を正確に把握することが求められます。この把握をもとに，読み物教材の中に含まれている登場人物の行動や言動などの中で子ども自身がわかっていると思っているが，真実にはそうではない部分を見出し，指摘し，発問することによって，より高い価値についての自覚が子どもの心に芽生えていくのです。アポリアを乗り越えて，子どもは道徳的価値について，より深い認識を獲得していくのです。この段階が授業の実際の指導でむずかしいことなのです。

（5）アポリアを体験させるための発問が道徳の授業がうまくいく鍵

　子どもがアポリア（行き詰まり／進行不可能性）を乗り越えるためには，教師は読み物教材の徹底した読み込みが欠かせない条件となると横山は考えています。教材

を読むとは，ストーリーを読むことで，登場人物の心を読むことにちがいないのですが，それだけで道徳の授業を組み立てようとします。主人公や登場人物の「心理」を問うことに終始する授業で終わってしまう場合があります。その人の気持ちがどうか推測しようとします。しかしながら心理を推察して答えるだけのやり取りでは，子どもに新たな学びは生じません。アポリアの体験がないからです。

　横山利弘によれば，心理，つまり主人公の気持ちを尋ねられるだけでは「考える」―「わかる」というプロセスはあり得ないのです。中心発問によって「考える」―「わかる」ことがなければ，子どもはアポリアの体験をすることがないので，面白くもなく，何の学びもないまま道徳の授業を終えることになります。結論から言えば，アポリアを体験させるための発問が道徳の授業がうまくいく鍵になります。

(6)「何を教えるのか」よりも「何を考えさせるのか」

　横山利弘によれば，「考える」―「わかる」というプロセスを授業に取り入れるには，発問が鍵となります。それはとくに「中心発問」と呼ばれており，授業の山となる発問によって，子どもたちにアポリア（行き詰まり／進行不可能性）の体験をさせることが求められます。中心発問を軸とした，骨格のあるしっかりとした道徳の授業をするためには，授業準備の段階で「何を教えるのか」よりも「何を考えさせるのか」に比重を置いて準備検討することが重要になります。教えるのではなく，考えさせる授業を構想しなければなりません。

　横山利弘によれば，教材を「読む」際には，ストーリーを追って登場人物の「心」を推量するだけでなく，子どもたちに「考えさせること」を発見しようという姿勢で読み込むことが肝要になります。道徳の場合，「山」を作る授業をするには，「何を考えさせるか」ということを念頭にしっかりと置かなければなりません。それは換言すれば「考える」―「わかる」というプロセスを生み出す「山」を発見することに尽きます。こうした事前の準備が教師には不可欠なこととなります。

参考文献

貝塚茂樹・西野真由美編『特別の教科　道徳 Q&A』ミネルヴァ書房，2016年。

勝部真長ほか編『新しい道徳教育の探究』東信堂，1987年。

小寺正一・藤永芳純編『新版　道徳教育を学ぶ人のために』世界思想社，2001年。

永田繁雄編著『平成28年版　小学校新学習指導要領の展開　特別の教科　道徳』明治図書，2016年。

広岡義之編『教職をめざす人のための教育用語・法規　改訂新版』ミネルヴァ書房，2021年。

文部科学省『中学校学習指導要領解説　道徳編』日本文教出版，2008年。

文部科学省『小学校学習指導要領解説　道徳編』東洋館出版社，2008年。

文部科学省『小学校学習指導要領（平成29年告示）解説　特別の教科　道徳編』廣済堂あかつき，2018年。

文部科学省『小学校学習指導要領（平成29年告示）』東洋館出版社，2018年。

横山利弘『道徳教育，画餅からの脱却』，あかつき教育図書，2007年。

第 2 章

昭和33年以降の道徳教育の変遷について

1 「道徳の時間」のはじまり──1958（昭和33）年の改訂

　第 2 次改訂である小学校・中学校の学習指導要領は，1958（昭和33）年に告示されました。小学校は1961（昭和36）年度から，中学校は1962（昭和37）年度から実施され，「道徳」だけが1958（昭和33）年10月から実施されました。「道徳」の時間が小・中学校で特設される大改訂がおこなわれたのです。

　「総則」の「第 3　道徳教育」において，「学校における道徳教育は，本来，学校の教育活動全体を通じて行うことを基本とする」ことや，「道徳教育の目標は，教育基本法および学校教育法に定められた教育の根本精神に基く」こと，さらに道徳の時間においては「道徳的実践力の向上を図る」ことが明記されました。

〔小学校〕

　「第 3 章第 1 節　道徳」の「目標」では，「総則」の道徳教育の目標の部分が再掲されました。後段で道徳の時間の具体的目標を，基本的行動様式，道徳的心情・判断，個性　伸長・創造的生活態度，民主的な国家・社会の成員としての道徳的態度と実践意欲の 4 つに分けて示されています。

〔中学校〕

　「第 3 章　第 1 節　道徳」の「目標」では，「進んで平和的な国際社会に貢献できる日本人を育成すること」と示されています。「内容」では，日常生活の基本的な行動様式，道徳的な判断力と心情・豊かな個性と創造的な生活態度，民主的な社会および国家の成員として必要な道徳性の 3 つの柱に分け，合わせて21の内容項目が示されています。

2 1968・1969（昭和43・44）年の改訂

　第 3 次改訂である，小学校の学習指導要領は1968（昭和43）年に告示され，1971（昭和46）年度から実施されました。また中学校の学習指導要領は1969（昭和44）年に告示され，1972（昭和47）年度から実施。小・中学校教育課程の領域が従前の各教科，道徳・特別教育活動・学校行事等の 4 領域から，各教科・道徳・特別活動の 3 領域に減少しました。

　昭和44年の改訂「総則」においては，道徳教育の目標を教育全般の目標と区別するために，「進んで平和的な国際社会に貢献できる日本人を育成するため，その基盤としての道徳性を養うことを目標とする」に改められました。また，道徳の時間についての記述は，「第 3 章　道徳」の「目標」に移されました。

〔小学校〕

　「第 3 章　道徳」の「目標」では， 4 つの具体的目標の記述が削除され，「道徳の

時間においては，以上の目標に基づき，各教科および特別活動における道徳教育と密接な関連を保ちながら，計画的，発展的な指導を通して，これを補充し，深化し，統合して，児童の道徳的判断力を高め，道徳的心情を豊かにし，道徳的態度と実践意欲の向上を図るものとする」と明記されました。

〔中学校〕

　「第3章　道徳」の「目標」では，前段に「総則」の部分が再掲されました。すなわち，「道徳の時間においては，以上の目標に基づき，各教科および特別活動における道徳教育と密接な関連を保ちながら，計画的，発展的な指導を通して，これを補充し，深化し，統合して，人間性についての理解を深めるとともに，道徳的判断力を高め，道徳的心情を豊かにし，道徳的態度における自律性の確立と実践意欲の向上を図るものとする」と明記されました。

3　1977（昭和52）年の改訂

　1973（昭和48）年，奥野誠亮文部大臣は，教育課程審議会に「小学校，中学校及び高等学校の教育課程の改善について」諮問し，同審議会は，1976（昭和51）年に最終答申を提出しました。その中で，能力主義の反省から「ゆとり」ある学校生活が目標に掲げられました。小・中学校の学習指導要領は1977（昭和52）年に告示され，小学校は1980（昭和55）年度から，中学校は1981（昭和56）年度から実施されました。道徳教育の指導内容が，小学校では28項目，中学校では16項目に改定されました。

〔小学校〕

　「総則」においては，道徳教育の目標の部分も「第3章　道徳」の「目標」に移りました。新たに「教師と児童（生徒）及び児童（生徒）相互の人間関係を深める」こと，「家庭や地域社会との連携を図りながら」，「道徳的実践の指導を徹底する」ことが加えられました。また，「第3章　道徳」の「目標」では，道徳の時間に関する記述部分の末尾に「道徳的実践力を育成するものとする」が加えられました。

〔中学校〕

　「第3章　道徳」の「目標」では，従前の目標のうち，「人間性についての理解を深めるとともに」及び，「道徳的態度における自律性の確立」のうち，「における自律性の確立」が記述として削除され，「道徳的態度と実践意欲の向上を図ることによって，人間の生き方についての自覚を深め，道徳的実践力を育成するものとする」に改められました。

4　1989（平成元）年の改訂

　1985（昭和60）年，文部大臣の塩川正十郎は，教育課程審議会に諮問し，戦後 6 度目の改訂となる学習指導要領が1989（平成元）年に告示されました。1989（平成元）年の学習指導要領改訂では，教育界の問題解決と21世紀に向けての教育改革として，自ら学ぶ意欲と社会の変化に主体的に対応できる能力の育成を図るとともに，個性を生かす教育の充実に努めることを目指しました。

　道徳教育の教育課程上の位置づけは，道徳教育を学校の教育活動全体を通じて行うことや，道徳の時間が，教科ではなく，特設時間としてクラス担任が学習指導すること等の基本的事項は従前どおりで，基本方針に変化はありませんでした。

　「内容」については，小学校・中学校共通に 4 つの視点によって分類整理され，内容の重点化が図られ，低学年14項目，中学年18項目，高学年22項目とされました。小学校・中学校共通に新たに 4 つの視点，①主として自分自身に関すること，②主として他の人とのかかわりに関すること，③主として自然や崇高なものとのかかわりに関すること，④主として集団や社会とのかかわりに関すること，によって分類整理。「指導計画の作成と内容の取扱い」においては，「道徳教育の全体計画と道徳の時間の年間指導計画を作成するものとする」ことが明示されました。

〔小学校〕

　「総則」においては，児童や学校の実態を考慮して「豊かな体験を通して内面に根ざした道徳性の育成が図られるよう配慮しなければならない」ことや「望ましい人間関係の育成」が加えられました。「第 3 章　道徳」の「目標」については，従来の人間尊重の精神の一層の深化を意図して「生命に対する畏敬の念」が追記され，さらに「主体性のある」日本人の育成が強調。また，道徳の時間の目標では，道徳的心情を豊かにすることが強調されました。

〔中学校〕

　「総則」においては，新たに「生徒が人間としての生き方についての自覚を深め」ること，「豊かな体験を通して内面に根ざした道徳性の育成が図られるよう配慮しなければならない」ことが加えられました。これまでは，「基本的行動様式」と示されていましたが，「基本的な生活習慣」に改められるとともに，「望ましい人間関係の育成」が加えられました。

　「第 3 章　道徳」の「目標」については，従来の人間尊重の精神に「生命に対する畏敬の念」が付け加えられ，さらに日本人の前に「主体性のある」が加えられ「主体性のある日本人」となりました。また，道徳の時間の目標にあった道徳的判断力，道徳的心情，道徳的態度と実践意欲の順序が改められました。さらに，「道徳的心情を豊かにし，道徳的判断力を高め，道徳的実践意欲と態度の向上を図る」

と改変され，「人間の生き方についての自覚」が「人間としての生き方についての自覚」と改められました。

　指導において，「すべての内容項目が人間としての生き方についての自覚とかかわるように留意する」こと，生徒が興味や関心をもつ教材の開発や「個に応じた指導を工夫」して「内面に根ざした道徳性」の育成が図られるよう配慮する必要があること等が新たに加えられました。

5　1998（平成10）年の改訂

　1996（平成8）年，文部大臣の奥田幹生は教育課程審議会に改訂を諮問し，1998（平成10）年に答申が提出されました。それに基づいて，戦後，6度目の改訂である学習指導要領が1998（平成10）年に告示され，小・中学校は2002（平成14）年度から実施。1998（平成10）年の学習指導要領では，2004（平成14）年度からの完全学校週5日制への対応や生涯学習の推進などを考慮し，「ゆとりの中で一人一人の子どもたちに生きる力を育成すること」を基本的なねらいとしたのです。1999（平成11）年の改訂のねらいとして，①豊かな人間性や社会性，国際社会に生きる日本人としての自覚を育成すること，②自ら学び，自ら考える力を育成すること，③ゆとりある教育活動を展開する中で，基礎・基本の確実な定着を図り，個性を生かす教育を充実すること，④各学校が創意工夫を生かし特色ある教育，特色ある学校づくりを進めること（教育課程審議会答申）の4点が掲げられています。

　道徳の内容について一瞥すると，小学校の低学年では，基本的な生活習慣や善悪の判断力の定着が強調されました。集団や社会とのかかわりでは，郷土に関する内容まで拡大されたことが新しい点です。中学年では，我が国の文化や伝統に親しみ，国を愛する心に加えて，「外国の人々や文化に関心を持つ」という内容が登場。高学年では，創意工夫や進取の精神に関する項目に「真理を大切にし」という文言が追加されました。

　学校の教育活動全体で行う道徳教育の趣旨を明確にし，それを充実する観点から，道徳教育の目標が「第1章　総則」に掲げられました。「豊かな心」と「未来を拓く」が新たに加えられました。また，道徳教育推進に当たって，ボランティア活動や自然体験活動などの豊かな体験や道徳的実践を充実させ，児童の内面に根ざした道徳性の育成に一層努めるよう示されました。「第3章　道徳」の「目標」では，「道徳的な心情や判断力，実践意欲と態度」の記述を道徳教育の全体目標の部分に移行しました。

〔小学校〕

　道徳の時間の特質を一層明確にするため，「道徳的価値の自覚を深め」を加えるなどの改善が図られました。「内容」については，低学年に4の（4）「郷土の文化

や生活に親しみ，愛着をもつ」が加えられて，低学年が15項目になりました。中学年は18項目，高学年は22項目で変わりはありません。

　「指導計画の作成と各学年にわたる内容の取扱い」においては，計画の作成に当たり，校長の指導力と指導体制の充実と道徳の時間の指導における2学年を見通した重点的な指導などが強調。また，道徳の時間の指導においては，体験活動を生かすなどの指導方法の工夫や魅力的な教材の開発や活用の一層の促進が示されました。家庭や地域社会との連携にかかわって，授業の実施や教材の開発への保護者や地域の人々の参加や協力についても明示されました。

〔中学校〕

　道徳の時間の目標に「道徳的価値」の自覚を深めることが加えられました。そのことによって，道徳の時間が道徳的価値に裏打ちされた人間としての生き方についての自覚を深め，よりよく生きるための道徳的実践力を育成するものであることが明確にされました。

　「内容」については，小学校との関連や内容の一貫性を考慮しつつ，規範意識の低下等の今日指摘されている問題や生徒及び指導の実態等から，法やきまりの重要性を理解してそれを守るとともに，自他の権利を尊重し，互いの義務を確実に果たして，社会の秩序と規律を高めるように努めることとなりました。

　「指導計画の作成と内容の取扱い」においては，「校長をはじめ全教師が協力して道徳教育を展開する」ことが大切です。また，道徳の時間の指導においては，「校長や教頭の参加，他の教師との協力的な指導」，「ボランティア活動や自然体験活動などの体験活動を生かすなど多様な指導の工夫」や「魅力的な教材の開発や活用」などによって，これまで以上に充実した生徒の心に響く道徳の時間の指導の展開が求められることになりました。さらに，道徳教育を進めるに当たって，「学級や学校の環境を整える」ことに，「人間関係」を整えることが加えられました。

6　2008（平成20）年の改訂

　2008（平成20）年2月15日，文部科学省は，小中学校で学習指導要領の改訂案を発表しました。「ゆとり教育」が批判を浴び，さらに国際的な学力調査でも日本の成績が低下し始めた中での学習指導要領改訂でした。1968〜69改訂以来，40年ぶりに総授業数と教育内容が増加したのです。今回の改訂は改正教育基本法を踏まえた学習指導要領改訂であるという点が特徴的です。改正教育基本法等で，公共の精神，生命や自然を尊重する態度，伝統や文化を尊重し，我が国と郷土を愛するとともに，国際社会の平和と発展に寄与する態度を養成することが，教育の目標として新たに規定されたことを踏まえて，各教科等の教育内容が改善されたのです。

　2008（平成20）年の学習指導要領では，「道徳の時間」は学校の教育活動全体で取

り組むべき道徳教育の「要」であることが強調され，それらを踏まえていくつかの具体案が提示されました。任意にその主要点を挙げておきましょう。第一は，校長のリーダーシップがより鮮明に打ち出され，そのうえで第二に「道徳教育推進教師」を中心とした指導体制の充実が謳われています。第三は全教科の「指導計画の作成と内容の取扱い」において，道徳の時間などとの関連を考慮しつつ，道徳性をはぐくむ学習活動が，新たに加わりました。第四に教材の活用について，先人の伝記，自然，伝統と文化，スポーツなどを題材として，生徒が感動を受けるような魅力ある教材を活用することが求められたのです。

7　道徳の教科化──2015（平成27）年の一部改正

　2015（平成27）年3月27日は，小中学校および特別支援学校小学部・中学部の道徳教育にとってエポックメイキングな転換点となりました。文部科学省は，小中学校学習指導要領を一部改正し，1958（昭和33）年以来，半世紀以上にわたって実施してきた教育課程の一領域としての道徳から，教科としての道徳科へとおおきく内容を変更しました。きっかけとなった出来事は，2011（平成23）年10月に大津市でおこった中学生のいじめによる自殺でした。子どもが命の尊さを知り，自己肯定感を高めることができるように，さらには思いやりや規範意識等の育成を図るために，道徳の特性を踏まえた枠組みによって教科化が実現されたのです。道徳の教科化は，いわば機能不全だったこれまでの道徳教育を実効あるものにするための教育改革でもあったのです。子どもたちは，よりよい生きかたを自己の中で多面的に求め，生き方の選択肢を多角的に広げていくでしょう。道徳教育はそうした子どもの力を信じて伸ばす教育のことです。さらに的確に自己決定のできる子どもの主体的な意志と，協働的な学び合いの場を，教師は作り上げていかなければなりません。

　ここで「特別の教科　道徳」の特徴をいくつかあげておきましょう。今回の新学習指導要領では，道徳の時間が「特別の教科　道徳」（以下では「道徳科」とする）と改正されることになりました。

　第一は，「物事を広い視野から多面的・多角的に考える」ということです。「道徳的諸価値についての理解を基に，物事を広い視野から多面的・多角的に考える」ということについて，柴原弘志は次のような説明を展開しています。小学校でも「多面的・多角的に考える」と示されており，中学校ではさらに「広い視野から」という文言が加えられています。元来，善悪が問われる場面では，なんらかの「道徳的価値」が介在していますが，それは一面的なものではなく，むしろ多面性を含みもっているのです。たとえば「友情」という「道徳的価値」ひとつをとってみても，「仲良くする」「助け合う」「信頼する」等の多様な側面があります。それゆえ道徳科で「友情」を扱う場合でも，それぞれの側面から「友情」を捉え理解させること

ができるのです。

　第二は，道徳科における「問題解決的な学習」についてです。道徳科の目標に即した「問題解決的な学習」が具備するべき重要な視点を柴原弘志に従いつつ，筆者なりに特に重要と思われる点を2つに絞ってここで紹介しておきましょう。1つ目は道徳的価値が介在している道徳的問題であるということです。「問題解決的な学習」と銘打っても，そこに道徳的価値が実現されていなければ道徳科の授業にはならないということです。ここが総合的な学習や特別活動とのちがいにもなるでしょう。2つ目に，道徳科においては「自己の問題」として捉え，「主体的」に考えられる問題であることが求められます。いくら問題解決的な学習といえども，たんなる知的活動としての「問題解決的な学習」では道徳科にはならないということです。あくまでも道徳的価値をめぐって，「自我関与」が求められるのです。一人ひとりの児童生徒は，いわゆる「着ぐるみを着て」主人公になりきって道徳的問題を追体験する必要があります。

　第三に，「学習内容の改善・充実」の側面について大きく改善や追加がされています。1つ目は，いじめ問題への対応の充実など，発達を一層踏まえた体系的な内容に改善されています。2つ目は，小学校には「個性の尊重」「相互理解，寛容」「公正，公平，社会正義」「国際理解，国際親善」「よりよく生きる喜び」の内容項目が追加されました。3つ目は，情報モラルに関する指導の充実，生命倫理や社会の持続可能な発展などの現代的課題に対応することが求められます。

　第四に，「学習指導の改善・充実」についていくつか，重要な点が記載されています。1つ目は，新たに検定教科書が導入されたことです。「特別の教科　道徳」では，地域独自の郷土教材等も含めて多様な教材の活用に努めることを前提としつつ，中心的な教材として検定教科書を導入することとなりました。2つ目は，問題解決的な学習や体験的な学習などを取り入れ，指導方法を工夫することも大切な姿勢です。3つ目は，道徳科の授業における学習状況，成長の様子を記述によって評価し，学習意欲の向上，指導の改善に生かすことが求められます。しかしながら，数値による評価や，他の児童生徒との比較することはしません。一人ひとりの成長を認め，励ます「個人内評価」として記述により実施することが重要です。また児童指導要録における記録の残し方と併せて，具体的な形を共通理解して進めていくことになります。その意味でも調査書（内申書）への記載や入試での活用は行いません。

8　2017（平成29）年の改訂

　『小学校学習指導要領（平成29年告示）解説　総則編』では，主体的・対話的で深い学び」の実現に向けた授業改善の推進について以下のように述べています。

　「子供たちが，学習内容を人生や社会の在り方と結び付けて深く理解し，これからの時代に求められる資質・能力を身に付け，生涯にわたって能動的に学び続けることができるようにするためには，これまでの学校教育の蓄積を生かし，学習の質を一層高める授業改善の取組を活性化していくことが必要であり，我が国の優れた教育実践に見られる普遍的な視点である『主体的・対話的で深い学び』の実現に向けた授業改善（アクティブ・ラーニングの視点に立った授業改善）を推進することが求められる」（文部科学省，2018，3頁）。

　道徳教育についても「主体的・対話的で深い学び」の視点が重要と思われます。大杉住子に従えば，「主体的な学び」は，中央教育審議会の議論の中で，「学ぶことに興味や関心を持ち，自己のキャリア形成の方向性と関連付けながら，見通しを持って粘り強く取組み，自らの学習活動を振り返って次につなげる」学びのことであると，指摘しています。道徳性を育むためにはこうした「主体的な学び」を通して，道徳で学んだことを自分との関わりで考え，自分の人生に主体的に生かそうとすることが重要です。さらに答えが一つではない課題や多様な価値観が対立する場面でも，自ら粘り強く考え続ける姿勢を保持することも大切な学びとなります。

　大杉住子に従えば，「対話的な学び」は，「子供同士の協働，教師や地域の人との対話，先哲の考え方を手掛かりに考えることを通じ，自らの考えを広げ深める」学びのことです。道徳において，物事を多面的・多角的に考えいくためには，子どもが自分の体験や考え方，感じ方を交えながら話し合いを進める学習活動が重要となります。

　以上，戦後日本の学習指導要領に従いつつ，幾多の改訂を確認しながら，今日の道徳教育の変遷について様々な観点から変更点や重要項目を述べてきました。そして最後に横山利弘の道徳教育に関する道徳教育の「不易」の観点からの道徳教育の本質的かつ核心的な言葉を引用して，本章を締めくくることにしましょう。

　「たしかに時代が移り変わり，人々の価値観もそのたびに変化していったのはまちがいありません。それぞれの時代で，さまざまな課題があり，流行があり，人々が憧れるヒーローやヒロインも異なりました。しかしこの半世紀，道徳教育が標榜する目標は，『内面の育成』すなわち『道徳性（道徳心）の育成』として，時代を越えて揺るぎなかったのです。『道徳教育とは何でしょうか』……こう問われたら，迷わずに『道徳性の育成』であると答えることができ，その実践に日々心を尽くす教師の出発を，社会は期待しているのです」（横山，2007，58頁）。

　教科になった道徳が，様々な新たな課題や方法を駆使する必要があるのは当然のことですが，その根本に，教師の人間性，教師が子どもにどれだけ真剣に寄り添って関わることが，「特別の教科　道徳」の大前提であり，これは1958（昭和33）年から始まった「道徳の時間」以来，一貫して変わらない方向性であると筆者も確信し

ています。

参考文献

安彦忠彦『教育課程編成論──学校で何を学ぶか──』日本放送出版協会，2002年。

小寺正一・藤永芳純編『新版　道徳教育を学ぶ人のために』世界思想社，2001年。

柴田義松『教育課程論』学文社，2002年。

髙木展郎・三浦修一・白井達夫『新学習指導要領がめざす　これからの学校・これからの授業』小学館，2017年。

永田繁雄編著『平成28年版　小学校新学習指導要領の展開　特別の教科　道徳編』明治図書，2016年。

原清治編著『学校教育課程論』学文社，2005年。

広岡義之編『新しい道徳教育　理論と実践』ミネルヴァ書房，2009年。

広岡義之編著『はじめて学ぶ教育課程』ミネルヴァ書房，2016年。

広岡義之『教職をめざす人のための教育用語・法規　改訂新版』ミネルヴァ書房，2021年。

松本美奈・貝塚茂樹ほか編『特別の教科　道徳 Q&A』ミネルヴァ書房，2016年。

文部科学省『中学校学習指導要領解説　道徳編』日本文教出版，2008年。

文部科学省『小学校学習指導要領解説　道徳編』東洋館出版社，2008年。

文部科学省『小学校学習指導要領（平成29年告示）解説　特別の教科　道徳編』廣済堂あかつき，2018年。

文部科学省『小学校学習指導要領（平成29年告示）解説　総則編』東洋館出版社，2018年。

山口満・唐澤勇監修，樋口直宏ほか編『実践に活かす教育課程論・教育方法論』学事出版，2002年。

横山利弘『道徳教育，画餅からの脱却』あかつき教育図書，2007年。

横山利弘監修牧崎幸夫・広岡義之・杉中康平編『楽しく豊かな「道徳の時間」をつくる』ミネルヴァ書房，2015年。

横山利弘監修，牧崎幸夫・広岡義之・杉中康平編著『楽しく豊かな道徳科の授業をつくる』ミネルヴァ書房，2017年。

第3章

道徳科の学習で目指すものとは

1　道徳の授業に対する先入観

「道徳の授業では求められている答えがあり，それを読み取って答えるものというイメージがある。自分が小中学生のときにはそれを感じて，先生が望んでいるような受け答えをしていた記憶がある。」「物語を読んで，『あなたならどうする』という問いについて考える授業だった。正解がないようで毎回あり，人間的によい行いをすることが正解とされているイメージで，正直つまらなかった。」これは大学で教職課程科目「道徳の理論及び指導法」の最初の時間に学生が書いたものです。学生に小中学生のころの道徳の授業に対するイメージを尋ねると，このような回答は少なくありません。

こうしたイメージはどのように生まれるのでしょうか。そこには授業を行う教員と学習する児童生徒の双方に道徳の授業に対する先入観があるからだと考えられます。私たちは，子どものころから「友だちと仲良くしなさい。」「人に親切にしなさい。」「嘘をついてはいけません。」など，基本となる道徳的価値を親や先生など周りの人たちから繰り返し教えられ，やがてそれらが道徳という言葉と結びつきます。このようにして育てられ，やがて教壇に立つことになった教員は，自分が子どものころから道徳として教えられてきたことを伝達しなければならないという先入観をもって道徳の授業に臨みます。他方，道徳科の授業を受ける児童生徒もこれまで周りの人たちから教えられてきた道徳としての正解を答える時間だという先入観をもって授業に臨んでいます。学生が書いた道徳の授業に対するイメージは，そうした先入観から生まれたものだと考えられるのです。

実は，小（中）学校学習指導要領（以下，「学習指導要領」という）には，道徳の授業が「よい行いをすること」を教える教科だとも，「あなたならどうする」のように行動を考えさせる授業だとも示されていないのです。教員はまず，学習指導要領に示された目標や内容などを理解し，道徳に対する自らの先入観を拭い去ることが大切です。

2　道徳教育の目標と道徳科の位置づけ

そもそも道徳教育は，学校の教育活動全体を通じて行うものです。それは道徳教育が児童生徒の人格形成の根幹に関わるものとして，児童生徒の生活全体に関わるものだからです。表3-1のように，学習指導要領で道徳教育が総則で扱われているのはそうした理由からです。

学校の教育活動全体を通じて行う道徳教育の目標は道徳性を養うことです。道徳性については，『学習指導要領解説　総則編』に「人間としての本来的な在り方や

表3-1 道徳教育の学校における位置づけと目標

　学校における道徳教育は，特別の教科である道徳（以下「道徳科」という。）を要として学校の教育活動全体を通じて行うものであり，道徳科はもとより，各教科，総合的な学習の時間及び特別活動のそれぞれの特質に応じて，生徒の発達の段階を考慮して，適切な指導を行うこと。
　道徳教育は，教育基本法及び学校教育法に定められた教育の根本精神に基づき，**自己の生き方を考え，主体的な判断の下に行動し，自立した人間として他者と共によりよく生きるための基盤となる道徳性を養うことを目標とすること**。

出所：小(中)学校学習指導要領，第1章総則，第1の2の(2)太字は筆者

よりよい生き方を目指して行われる道徳的行為を可能にする人格的特性であり，人格の基盤をなすものである。それはまた，人間らしいよさであり，道徳的諸価値が一人一人の内面において統合されたものといえる」（第3章，第1節の2の(2)の③のオ）と示されています。

　道徳教育は，教科の授業をはじめ，学校の様々な教育活動の中で行われます。ただ，各教科等で行う道徳教育は，計画的に行うものもあれば，生徒の日々の教育活動の中で見られる具体的な行動の指導を通して対処的に行うものもあり，その中では取り扱う機会が十分でない内容も出てきます。そこで，各教科等で行われる道徳教育を補ったり，それを深めたり，相互の関連を考えて発展させ，統合させたりする授業が必要になります。それが「要」と位置づけられた「特別の教科　道徳」（以下「道徳科」という）なのです。

3　道徳科の目標とは

　学習指導要領では第3章を「特別の教科　道徳」とし，第1「目標」，第2「内容」第3「指導計画の作成と内容の取り扱い」で構成されています。道徳科の授業を行うときに，教員は，まず目標を的確に理解して臨むことが求められます。

　道徳科の目標は，道徳教育の目標（表3-1参照）を踏まえ，表3-2のように道徳的な判断力，心情，実践意欲と態度を育てることにあります。

　道徳的な判断力，心情，実践意欲と態度は「道徳性を構成する諸様相」といい，『学習指導要領解説　特別の教科　道徳編』（以下，「解説書」という）には表3-3のように解説されています。

　たとえば，混み合っている電車にお年寄りが乗ってこられた場面を思い浮かべて

表3-2 道徳科の目標

　第1章総則の第1の2の(2)に示す道徳教育の目標に基づき，よりよく生きるための基盤となる道徳性を養うため，道徳的諸価値についての理解を基に，自己を見つめ，物事を（広い視野から）多面的・多角的に考え，自己（人間として）の生き方についての考えを深める学習を通して，**道徳的な判断力，心情，実践意欲と態度を育てる**。

出所：小(中)学校学習指導要領，第3章特別の教科　道徳，第1目標　（　）は中学校。太字は筆者

表3-3　道徳性を構成する諸様相

判　断　力	それぞれの場面において善悪を判断する能力
心　　　　情	道徳的価値の大切さを感じ取り，善を行うことを喜び，悪を憎む感情
実践意欲と態度	道徳的判断力や道徳的心情によって価値があるとされた行動をとろうとする傾向性

〈実践意欲〉道徳的判断力や道徳的心情を基盤とし道徳的価値を実現しようとする意志の働き

〈態　　度〉具体的な道徳的行為への身構え

出所：『解説書』第2章道徳教育の目標，第2節道徳科の目標の3

みましょう。乗客は，近くにお年寄りを見たとき，「大変だな。」「辛いだろうな。」という気持ちになります。この気持ちのことを「心情」と言います。このような心情を抱いた乗客は考えた末，座席を譲ることを決断します。これが「判断力」です。判断した乗客には譲ろうとする傾向性が生まれます。これが「実践意欲と態度」というわけです。

　こうした判断力，心情，実践意欲と態度は，人間の心の中にあり，外から見えるものではありません。解説書では，道徳性を構成する諸様相について，「日常生活や今後出会うであろう様々な場面及び状況において，道徳的価値を実現するための適切な行為を主体的に選択し，実践することができるような内面的資質を意味している」（第2章，第2節の4）と示されています。このように，道徳科の授業は内面的資質（心）を育てていくものであり，よりよい行動を直接的に指導するものではないことがわかります。

　図3-1[(1)]をもとに，誤解されやすい生徒指導や特別活動と道徳科の違いを解説してみましょう。この図は，楕円形の上半分に私たちが見たり聞いたりできる「言葉・行動・表情」を，下半分には直接見たり聞いたりできない「心」を入れています。生徒指導や特別活動は，主として上半分に焦点を当てながら，下半分に向かって指導する教育活動だと言えます。たとえば，朝，遅刻をしてきた児童生徒に対し，教員は生徒指導の一環として遅刻という行為（行動）を指摘して指導します。その際，教員の指導は，遅刻という行為を咎めて終わりではありません。遅刻という行為をもとに節度・節制や規範意識といった当該児童生徒の心の状況を見つめさせる指導を行います。また，特別活動では，生徒会活動の一環として，「あいさつ運動」を行う学校があります。この活動もあいさつという言葉・行動・表情をもとに礼儀や相互理解といった心の部分の指導を目指して行われる活動です。

　いっぽう，道徳科の授業は，主として下半分に焦点を当てながら，上半分に向かわせる

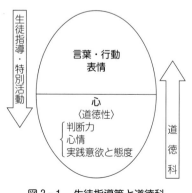

図3-1　生徒指導等と道徳科

教育活動と言うことができます。授業では教材に描かれている登場人物の心の部分を様々な角度から考えることに重点を置きます。たとえば，「友の肖像画」（139〜147ページ参照）では，指導案や授業記録からもわかるように，肖像画を見ながら涙する主人公の心情をたっぷり時間をとって考えさせ，主題とした友情，信頼について深く考えさせていきます。このような活動を通して，登場人物を自分に重ね，自らの生き方についての考えを深めた児童生徒は，やがて「日常生活や今後出会うであろう様々な場面及び状況において，道徳的価値を実現するための適切な行為」，つまり，上半分の言葉・行動・表情を主体的に選択し，実践するようになるというわけです。

4　道徳科では何を学習するのか

　道徳的な判断力，心情，実践意欲と態度を育てることを目標とする道徳科では，どのような学習を行い目標に向かうのでしょうか。それを示しているのが，表3-2の「道徳的諸価値についての理解を基に……生き方についての考えを深める学習」の部分です。

(1)「道徳的諸価値についての理解を基に」
　道徳的価値とは，よりよく生きるために必要とされるものであり，人間としての在り方や生き方の礎となるものです。思いやりや友情などの基本的な道徳的価値は４・５歳ころから芽生えます。
　たとえば，「友だちは大切だ」ということは，小学校に入学するころにはほとんどの子どもが知っていますし実際にできます。しかし，子どもたちに「どうして友だちは大切なの」と聞くと答えは様々です。つまり，友情という道徳的価値については理解していても，理解の中味は一人一人で異なります。
　道徳科では，児童生徒一人一人の異なった道徳的価値についての理解を基に授業をスタートさせ，教材の登場人物の生き方や他の児童生徒の考えを知ることを通して，道徳的価値についての理解を一層深めるのです。

(2)「自己を見つめ」
　自己を見つめるとは，様々な道徳的価値について，自分を振り返ってみることです。児童生徒は，教材の登場人物や授業中に他の児童生徒から出た発言などを踏まえ，自分自身を振り返ることになります。
　「手品師」（教材は137〜138ページ参照）の授業で，終末に感想文を書かせる際，「今日の学習を通して考えた『誠実に生きる』ということについて書きましょう。」と指示をしている学習指導案を見かけることがあります。このように指示された児

童の多くは，誠実とはどのようなことかを客観的・分析的に考えて書きます。先生が求めている正解はこれだと思って書く児童もいるでしょう。この授業では「道徳的諸価値についての理解」で終わってしまいます。道徳科では，誠実という道徳的価値について理解したことを基に，自分自身を振り返る学習をしなければならないのです。

(3)「自己（人間として）の生き方について考えを深める」

　道徳科の学習の着地点は，児童生徒自身が生き方についての考えを深めることです。小学校解説書には，「児童が道徳的価値に関わる事象を自分自身の問題として受け止められるようにする。また，他者の多様な感じ方や考え方に触れることで身近な集団の中で自分の特徴などを知り，伸ばしたい自己を深く見つめられるようにする。それとともに，これからの生き方の課題を考え，それを自己の生き方として実現していこうとする思いや願いを深めることができるようにすることなど」（第2章，第2節の2の(4)）と示されています。また，中学校解説書では「人間についての深い理解と，これを鏡として行為の主体としての自己を深く見つめることとの接点に，生き方についての深い自覚が生まれていく」（第2章，第2節の3の(3)）と示されています。

(4)「物事を（広い視野から）多面的・多角的に考え」

　(2)と(3)で述べたように，道徳科の学習は自分自身を考える学習です。このことから，道徳科の学習では他人事のように建て前やきれいごとを考えたり，客観的・分析的に考えて正解を出すものではないことがよくわかります。

　では，道徳科において，児童生徒が自分自身を振り返り，生き方についての考えを深めるためには，どのような学習をすればよいのでしょうか。このことを示しているのが「物事を（広い視野から）多面的・多角的に考え」という部分です。

　人間は，自分とは異なった考え方や生き方に接したとき，これまでの自分の考え方や生き方を振り返り，自らの考え方や生き方をよりよいものにしようと改めて考えます。そのため，道徳科の学習では，教材に描かれている事象について，多くの時間を割いて様々な角度から考えさせ，自分とは異なった考え方があることに気付かせていくことを大切にするのです。

　授業では主として中心発問がこの役割を担います。たとえば，「友の肖像画」で，正一が描いた肖像画を見て涙する和也の心情を問うと，児童からは，「どうしてぼくの肖像画なんだ。」という和也の驚きや疑問をはじめ，「ぼくを描くことが正一の生きる支えだったんだ。」などの気付きや「正一のことを疑って恥ずかしい。」といった反省や後悔など，様々な角度から意見が出てきます。こうした活動を通して，児童生徒は，自分の意見を他の児童生徒の意見と比較しながら考え，自らを見つめ

直すきっかけにしていくのです。

5　対話的で深い学びのある授業を目指して

　道徳科の学習で自己を見つめ，生き方についての考えを深めるためには，授業の中で学級の多くの意見に接し，児童生徒が自分と同じ考えの意見に安心したり，異なった意見に刺激を受けたりすることが大切になります。そのため，授業では教員が繰り出す発問が極めて重要な役割を果たします。児童生徒に教材のどの部分についてどのように聞くかが，道徳的価値についての理解や物事を多面的・多角的に考えることを可能にするカギになります。

（1）教材を読む

　道徳科の教材は，「道徳的諸価値についての理解を基に，自己を見つめ，物事を（広い視野から）多面的・多角的に考え，自己（人間として）の生き方についての考えを深める学習」を行うのに効果的なものが選ばれています。

　教材には，主人公や筆者がある事象を通して生き方についての考えを深めることになるという内容のものが多く，それらは児童生徒が主人公や筆者を自分に重ね，生き方についての考えを深められるよう工夫されています。そうした教材では，①生き方についての考えを深めたのは誰か，②生き方についての考えを深めるきっかけは何か，③生き方についての考えを深めているところはどこかという視点で教材を読み，授業を組み立てていくことになります。

　ここでは家族愛を主題とした「一冊のノート」（教材は217〜220ページ）をもとに考えてみましょう。

（2）多面的・多角的な考えを引き出す中心発問

　道徳科の授業で，多くの児童生徒に発言させ，教材に描かれている事象を多面的・多角的に考えさせる役割を持つのが中心発問です。したがって，中心発問は，児童生徒から多面的・多角的な反応が得られる問いを考えることが大切になります。

　「一冊のノート」は主人公の「僕」が，祖母のノートを見たことをきっかけとして，生き方についての考えを深めるという教材です。

　では，生徒から多面的・多角的な考えを引き出すために，中心発問はどこをどう聞けばよいのでしょうか。主人公が生き方についての考えを深めるきっかけが祖母のノートを見たところですから，中心発問はそれよりあとの部分で行うことになります。まず，「僕はどんな思いで外に出たのでしょう。」「草取りをしている祖母の姿が目に入ったとき，僕はどんな思いになったのでしょう。」「僕はどんな思いで草取りを始めたのでしょう。」などと聞くことが考えられます。しかし，ぽつんとに

表3-4　中心発問の吟味

◎ 僕はどんな思いで，黙って祖母と並んで草取りをしていたのでしょう。	◎ 僕はなぜ，黙って祖母と並んで草取りをしていたのでしょう。
・ひどいことを言ってごめんね。 ・おばあちゃん，つらかったね。 ・もっとおばあちゃんに寄り添ってあげればよかった。 ・小さい頃から面倒を見てくれてありがとう。 ・おばあちゃん大好きだよ。 ・長生きしてね。 ・これからは僕がおばあちゃんのことを助けてあげるからね。 ・僕がしっかりしないといけないな。 ・お父さんやお母さんが，これまでおばあちゃんを責めなかった気持ちが分かった。	・ひどかったこれまでの自分を反省していたから。 ・同じ屋根の下に暮らしながら，祖母の苦しみに気付くことが出来なかったから。 ・面倒を見てくれた祖母に感謝する気持ちが芽生えたから。 ・これからは祖母に寄り添って生きなければならないと感じるようになったから。 ・祖母が小さく見えたことから，面倒を見る立場に変わったと思ったから。 ・ノートを見たことは言えないから，黙って草取りをするしかなかったから。

じんだインクの跡を見てから祖母と並んで草取りをするまでのわずかな時間に，多面的・多角的な考えが浮かぶとは考えにくいでしょう。そこで，中心発問は，黙って祖母と並んで草取りをしているときの「僕」の心情を聞きます。すると，幼いころから現在を経てこれから先の祖母との関わりまでを考えさせることができるのです。

　中心発問ではどう聞くかを考えることも大切です。表3-4の2つの発問を比べてみましょう。左側の発問では主人公の心情を聞いているのに対して，右側は主人公の行為の理由を聞いています。どちらの発問に対しても多面的・多角的な反応が得られることに気付きます。ただ，学習で大切なのは，多面的・多角的に考えたことをもとに自己を見つめたり生き方についての考えを深める学習へと繋げることです。「思い」で聞くと，主人公の心情が主観的に出てくるのに対して，「なぜ（どうして）」と理由を聞くと，主人公の行為を客観的・分析的に捉えた他人事のような反応が多く出る傾向があります。「なぜ」で発問する場合は，児童生徒から出された理由について，さらに発問を重ねることにより，自分事として捉えられるようにする工夫が必要になります。⁽²⁾「一冊のノート」では，生徒が一層主人公の「僕」に重ねながら考えられるようにするために，「僕は，黙って祖母と並んで草取りをしながら，心の中で祖母にどう語りかけていたのでしょう。」という発問も使われます。

(3) 問い返しの発問や補助発問で対話的で深い学びに

　中心発問では，物事を多面的・多角的に考え，生き方についての考えを深める学習を進めるために，対話的で深い学びにすることが大切です。その際，重要な役割を果たすのが問い返しの発問と補助発問です。問い返しの発問は，児童生徒から出された反応に対し，その理由や根拠などを問い返す発問で，発言した児童生徒に対してだけでなく，学級全体に投げかけて考えさせる場合もあります。補助発問は，

中心発問を補うための発問で，中心発問における児童生徒との対話の深まりを見ながら，主題とした道徳的価値に対する理解や事象に対する多面的・多角的な見方や考え方が不十分だと思われるときに繰り出します。

　問い返しの発問は，主題とした道徳的価値について考える手掛かりとなる反応が出たときなどに行います。たとえば，「おばあちゃん，ごめんね。」という反応に対して，「では，僕はおばあちゃんに何を謝ってるの？」と問い返します。この場合，「おばあちゃんにきつく当たったこと」という事実についての反応のみでなく，「家族のことを思うおばあちゃんの気持ちに気付けなかったこと」「一緒に暮らしているのに，おばあちゃんの苦しみに気付かなかったこと」など，主人公の心の中を出させることにより，主題とする家族愛の意味を明らかにしていきます。

　中心発問による反応と，反応を手掛かりとした問い返しの発問を行っても，主題とする家族愛についての生徒の考えが深まらないときがあります。たとえば，「では，僕はおばあちゃんに何を感謝しているの？」という問い返しの発問を行っても，「部屋の片付けをしてくれていたこと」「買い物に行ってくれたこと」など教材に描かれている程度の反応しか得られないことがあります。このような時には「おばあちゃんは，何のために片付けをしていたの？」などとさらに問い返しを繰り返しながら考えさせることもできますが，視点を変える補助発問を行うことにより，主題とする道徳的価値について明確にしていく方法もあります。

　補助発問としては，例えば，「『しっかりしろ。しっかりしろ。ばあさんや』とノートに書いているように，おばあちゃんはなぜ，そこまでしようと思っているのでしょう。」と聞き，主人公をはじめ家族に対する愛情の深さを浮き彫りにしていくことや，「僕が『祖母の背中は幾分小さくなったように見えた』のはどうしてでしょう。」と聞くことにより，僕が祖母との立場や役割に変化が生じつつあることに気付いていることを捉えさせながら，主題に迫っていきます。

　道徳科の教材は，主人公が生き方についての考えを深めるきっかけとなる部分に，主題とする道徳的価値が描かれているものが多く，「一冊のノート」の祖母や「友の肖像画」の正一のように，主人公の相手となる登場人物をもとに補助発問を行うと，効果が得られることが少なくありません。

（4）中心発問までの発問を精選する

　中心発問以外の発問には，主に授業開始と同時に行う導入の発問と中心発問に至るまでの展開段階で行う基本発問があります。

　導入の発問は，児童生徒の授業への関心，意欲を高めるために行う発問で，主に，①本時の主題に関わる問題意識をもたせる導入，②教材の内容に興味や関心をもたせる導入が考えられます。「一冊のノート」で①②の違いを比較したものが表3-5です。

表3-5　導入の発問の吟味

①　本時の主題に関わる問題意識をもたせる導入	②　教材の内容に興味や関心をもたせる導入
○　家族のありがたさを感じるのはどんな時ですか。 ○　家族の中で自分の役割（家族のためにしていること）はありますか。	○　今日の教材には，認知症のおばあちゃんが出てきます。認知症ってどんな病気だと思いますか。 ○　おじいちゃん，おばあちゃんとの思い出はどんなものがありますか？

　導入段階で①②いずれの発問を行うかは，児童生徒の発達段階や主題とする道徳的価値などを考慮しながら決めます。例えば，友情を主題とする授業で「友だちがいてよかったなと思ったのはどんな時ですか。」という①の導入をよく見かけます。この発問を小学校の低学年の児童にする場合と中学生にする場合とを想像してみましょう。小学校低学年の児童なら次々に挙手をして自分の経験を話し出し，授業に向かう意欲が高まりますが，中学生の場合はともすると「またか。」と思われたり，「今日は友情を考えさせるのだな。」と先生の意図を察して，授業への関心や意欲が薄れてしまうことがあります。このような時は②の導入を行うことにより，教材に興味をもたせ，範読に集中させます。

　郷土愛などを主題とする授業を行う場合，中心発問で主人公の思いを発問しても児童生徒は何を考えるのかが掴めず，努力と強い意志などの反応が強く出て，あらかじめ設定していた主題に辿り着けないことがあります。こうした時には，導入で「みなさんが住んでる〇〇市の良いところってどんなところですか」などと①の発問を行い，郷土について考えることを意識づけます。

　道徳科の授業を参観していると，「祖父母に強く当たった経験はありますか。」のように，失敗経験を出させる発問に接することがあります。授業の開始と同時にこのような失敗経験を話さなければならない児童生徒はどう感じるのでしょう。この発問によって児童生徒の授業へのモチベーションは上がるのでしょうか。答えは言うまでもありません。児童生徒が「今日はどんなことを考えるのだろう。」とワクワクした気持ちで授業に臨めるような導入の発問を考えることが大切です。

　基本発問は，中心発問において児童生徒が多面的・多角的に考えるられるようにするための布石となる発問です。道徳科の教材では，前半に多くの行数を割いて主人公が生き方についての考えを深める前の様子が描かれています。たとえば，「一冊のノート」では，なくなった数学の問題集を弟が見つけてきたとき，僕が「やっぱり，おばあちゃんのせいじゃないか。」と言うところや，下校途中に出会った祖母に「知らん顔して通り過ぎ」るところ，祖母の病状を父から聞いても「それは僕たちもよく分かっているよ。だけど……」と言うところなど，生き方についての考えを深める前の主人公の様子が描かれています。基本発問はこうした場面の中から象徴的な場面のみを選んで最少の発問を行います。

　道徳科の授業の心臓部は対話的で深い学びを行う中心発問での児童生徒とのやり

取りです。中心発問を行う時点で30分程度の時間が残っているように，基本発問までの時間を考える必要があります。導入の発問や基本発問を行うために中心発問から後の時間を詰めるのは本末転倒です。範読に15分程度を要する教材での授業など，場合によっては，導入の発問や基本発問を行えない授業もあるのです。

(5) 「道徳だより」を通して生き方についての考えをさらに深める

　多くの授業では終末に感想文（振り返り）を書かせます。中心発問を通して主人公の生き方や学級の多くの仲間の多面的・多角的な意見に触れた児童生徒は，授業を振り返って感想文を書くことにより，自己を見つめ，生き方についての考えを深めることになります。感想を書く時間は，児童生徒にとって授業と自分とをつなぐ貴重な時間となります。授業の最後に児童生徒が落ち着いて感想が書ける 7・8分程度の時間は確保したいものです。

　児童生徒が書いた感想文には，授業中に出なかった考えや仲間の発言をもとにしたさらに深い考えが書かれることも少なくありません。提出された感想文をもとに「道徳だより」を作成，発行することも授業後の大切な活動です。「道徳だより」で感想文を紹介することにより，児童生徒が道徳的価値についての理解とそれに基づく生き方についての考えをさらに深めることができます。同時に，児童生徒の生き方について深く関わっている保護者との連携にも役立ちます。そういう意味では「道徳だより」の発行までが道徳科の授業であると考えることもできるのです。

注
(1)　「横山利弘先生を囲む道徳教育研究会」において，横山が「たまごっち」の愛称を用いて使用している図を筆者が一部を改めたもの
(2)　本書第 7 章「青の洞門」，第 8 章「卒業文集最後の二行」などを参照

第4章

深い学びの授業づくり
——学習指導案作成・教材分析——

本章では，第3章で述べられた「深い学び」となる道徳科の授業づくりをめざすには，どのようにどのような手順で学習指導案を作成していくのか，そのための教材分析はどうすればよいのかを順に解説していきます。

1　道徳科の特質

道徳科について，学習指導要領では以下のように表されています。

　道徳科が学校の教育活動全体を通じて行う道徳教育の要としての役割を果たすことができるよう，計画的，発展的な指導を行うこと。特に，各教科，（小学校：外国語活動），総合的な学習の時間及び特別活動における道徳教育としては取り扱う機会が十分でない内容項目に関わる指導を補うことや，生徒（小学校：児童）や学校の実態等を踏まえて指導をより一層深めること，内容項目の相互の関連を捉え直したり発展させたりすることに留意すること。

　※（　）は筆者。学習指導要領（平成29年告示）第3章「特別の教科　道徳」第3「指
　　導計画の作成と内容の取扱い」2の(2)

　学校の教育活動全体を通じて行う道徳教育の「要」としての役割を果たす「道徳科の授業」には何が求められているのでしょうか。

　第3章で詳述した「道徳科の目標」を図4-1に表しました。再度「道徳科に求められている授業像」を，①～④で具体的にみていきましょう。

①「道徳的諸価値についての理解を基に」

　この文言は，「道徳科」が他の教科と決定的に異なる「特別の」と言われるゆえんの特質を表しています。

　各教科は，

・未知の知識や技術の習得を目指す。

・「知らなかったこと」を「知る」。

・「わからなかったこと」が「わかる」。

・「できなかったこと」が「できる」。

　一方，道徳科は，

・道徳科で学ぶ「道徳的諸価値」は児童生徒がすでに生活経験を通して「知っている」（知っているつもりになっている）ものが多い。

・それを「基に」，「道徳的価値の意義及び大切さ」をより深く理解することが道徳科の「学び」。

　道徳的諸価値とは，人間としての在り方や生き方の礎となるものです。発達の段階を考慮して小（中）学校学習指導要領の第3章第2「内容」に22の「内容項目」として示されています。

図4-1　道徳科の目標のイメージ

出所：学習指導要領「第3章　特別の教科　道徳」の「第1目標」より作成。

　「理解」とは，単に道徳的価値の意味をとらえるというだけではなく，それをなかなか実現することができない人間の弱さなども理解することや，道徳的価値を実現したり，できなかったりする場合の感じ方や考え方は一つではなく，多様であることを前提として理解することも含んでいます。「道徳的価値」が人間らしさを表わすものであることに気づき，「価値理解」と同時に，「人間理解」や「他者理解」も深めていくようにする必要があります。

　したがって，授業では，特定の道徳的価値を絶対のものとして指導したり，本来，実感を伴って理解すべき道徳的価値のよさや大切さを観念的に理解させたりする学習に終始することのないように努めなければなりません。

道徳科に求められている「授業像」①

　ⅰ）「道徳的価値」についての（＝様々な生き方についての）

　ⅱ）理解を（＝前理解を）

　ⅲ）基に（＝出発点として）

　すでに子どもたちが知っている，わかったつもりになっている「道徳的価値（＝生き方）」について，より深く「学び直し」をする授業

---

②「自己を見つめ」

　道徳科の授業で重要なのは，児童生徒が「自己を見つめる」という視点です。

　自己を見つめている子どもの姿とは，以下のようなものです。

・自分の経験や感じ方，考え方と照らし合わせながら考えを深めている。

・「価値の理解」と同時に「自己理解」「他者理解」「人間理解」を深めている。

・「わからなかったこと」が「わかる」。

・自らを振り返って成長を実感したり，これからの課題や目標を見つけようとしたりしている。

道徳科に求められている「授業像」②

　　自己を見つめることで，自分との関わりで「道徳的価値（＝生き方）を考え，自らの在り方をふりかえり，これからの課題や目標を見つけられる授業

---

③「多面的・多角的に考え」

　他者との意見交流や対話を通して「物事を（広い視野から）多面的・多角的に考え」ることも大切なことです。こうした学習をすすめるためには，大きく分けて4つの「対話」が必要です。

・教材との対話：子どもたちは教材を読み始めたときから対話を始めている。
・授業者との対話：子どもたちの対話が深まるような「発問」や「問い返し」。
・児童・生徒どうしの対話：意見や思いをしっかり交流することで深い学び」。
・自分自身との対話：「自己を見つめる」こと。

> 道徳科に求められている「授業像」③
> 　「対話」を通して，「道徳的価値（＝生き方)」について，多面的・多角的な学びをする授業

④「自己の（人間としての）生き方について」の考えを深める

　①～③の一連の学習活動を通して，自己（人間）とは何かを問い，探究することで道徳的価値（＝生き方）の自覚が深められます。

　「人としての生き方や社会の在り方について，多様な価値観の存在を認識しつつ，自ら考え他者と対話し協働しながら，より良い方向を目指す」ことが，「自己の（人間としての）生き方について」の考えを深めるということなのです。

> 道徳科に求められている「授業像」④
> 　「自己の（人間としての）生き方について」の考えを深める授業

　以上，①～④の学習活動を具体的に述べることで，自分の望む「授業像」をもてたでしょうか。

　このような学習活動を通して，子どもたちの「道徳性」を養う授業を目指しましょう。「道徳性」の諸様相については，第3章で詳述しています。

> 道徳科に求められている「授業像」⑤
> 　①～④の学習活動を通して，人間としてよりよく生きようとする人格特性である道徳性（＝道徳的な判断力，心情，実践意欲と態度）を育成する授業

演習課題1　次の空欄にあてはまる語を現行の学習指導要領より抜き出しなさい。

（1）　学習指導要領第3章「特別の教科　道徳」第3「指導計画の作成と内容の取扱い」2の(2)

　道徳科が学校の教育活動全体を通じて行う道徳教育の要としての役割を果たすことができるよう，　ア　的，　イ　的な指導を行うこと。特に，各教科，（外国語活動），総合的な学習の時間及び特別活動における道徳教育として，取り扱う機会が十分でない内容項目に関わる指導を　ウ　ことや，生徒（児童）や学校の実態等を踏まえて指導をより一層　エ　こと，内容項目の相互の関連を　オ　たり　カ　させたりすることに留意すること。

（2）　学習指導要領第3章「特別の教科　道徳」の第1「目標」

　キ　についての　ク　を基に，　ケ　を見つめ，物事を（中学校：　コ　から）　サ　的・　シ　的に考え，自己の（中学校：人間としての）　ス　についての考えを深める学習を通して，道徳的な　セ　，　ソ　，　タ　と　チ　を育てる。

演習課題2　学習指導要領の道徳科の目標が示す「授業像」はどのようなものか？

解答編

演習課題 1　ア，計画　イ，発展　ウ，補う　エ，深める　オ，捉え直し　カ，発展　キ，道徳的諸価値　ク，理解　ケ，自己　コ，広い視野　サ，多面　シ，多角　ス，生き方　セ，判断力　ソ，心情　タ，実践意欲　チ，態度

演習課題 2
①目標に「道徳的諸価値の理解を基に」とあるように，様々な生き方についての前理解を出発点として，すでに子どもたちがわかったつもりになっている「道徳的価値（＝生き方）」について，より深く学び直しをするような授業。
②……　　③……　　④……　（4 つのポイントで考えてみましょう）

2　学習指導案の作成・教材分析

　道徳の授業では，学習指導案に関して，次のような声をよく聴きます。
・「道徳の授業では，子どもの答えに正解がないので，学習指導案を立てるのが難しい」
・「予想される子どもの反応を考えて指導案を立てると，その方向に誘導してしまう」
・「学習指導案を立てても，その通りにいかず，思いがけない子どもの反応で全く違う授業展開になってしまう」
　1 時間の授業で，ねらいとする道徳的価値について深く考える中で，子どもたちから教えられることもある道徳の授業ならではの「難しさ」を感じるのでしょう。だからこそ，事前に子どもの思考の流れを予測して授業の流れを考えることが大切です。
　学習指導案は，形式に特に決まった基準はなく各指導者の創意工夫に基づき作成される指導計画案です。道徳科に限らず他の教科において，指導者は児童生徒や学級の実態を把握した上で「1 時間の授業のねらいを何にするか」「児童・生徒に何を身に付けさせたいのか」「どのように授業を展開するのか」などを考え練り上げていきます。
　学習指導要領解説では，次のように述べられています。

　道徳科の学習指導案は，教師が年間指導計画に位置付けられた主題を指導するに当たって，生徒や学級の実態に即して，教師自身の創意工夫を生かして作成する具体的な指導計画案のことである。これはねらいを達成するために，生徒がどのように学んでいくのかを十分に考慮して，何を，どのような順序で，どのような方法で指導し，評価し，

さらに，主題に関連する本時以外の指導にどのように生かすのかなど，学習指導の構想を一定の形式に表現したものである。

※第4章「指導計画の作成と内容の取扱い」第2節「道徳科の指導」2の（1）のア

　学習指導案に記述される内容は，（1）主題名，（2）ねらいと教材，（3）主題設定の理由，（4）学習指導過程，（5）その他の5つです。

　それでは，学習指導案の作成手順と内容についてみていきましょう。

（1）学習指導案作成の主な手順と内容

┌─────────────────────────────┐
│ 1　ねらいの検討　指導の重点の明確化 │
└─────────────────────────────┘

- 指導の内容や授業者の指導の意図を明らかにします。
- ねらいとする道徳的価値に関する生徒の実態と，各教科等での指導との関連を検討して，指導の要点を明確にします。

┌──┐
│　│学習指導案内容│の実際   │
│   │
│　①　主題名……ねらいとする道徳的価値のこと，簡潔に「体言」で示し，併せ │
│　　　　　　　　て学習指導要領の第3章「道徳」第2「内容」に示されている │
│　　　　　　　　「内容項目」を書く。   │
│　　　　　　　　原則として年間指導計画における主題名を記述する。 │
│   │
│　②　教材名……教材の題名と出展を書く。   │
│   │
│　③　主題設定の理由   │
│　　　　ア．ねらいとする価値について……ねらいや指導内容についての教師の捉 │
│　　　　　　　　　　　　　　　　　　　　　え方を書く。   │
│　　　　イ．児童生徒について……ねらいとする道徳的価値に関連するこれまでの │
│　　　　　　　　　　　　　　　　学習状況や実態と教師の児童生徒観を書く。 │
│　　　　ウ．教材について……教材の特質や取り上げた意図及び生徒の実態と関わ │
│　　　　　　　　　　　　　　らせた教材を生かす具体的な活用方法を書く。 │
│   │
│　④　教科・領域との関連   │
│   │
│　⑤　本時のねらい   │
│   │
│　※本時のねらいの書き方のポイント   │
│   │
│　┌──────────────────────────────────┐ │
│　│(A)……（道徳的に変化する）主人公の姿を通して   │ │
│　│　　↑　教材の内容を簡潔にまとめて書く   │ │
│　│(B)……しようとする   │ │
│　│　　↑　内容項目から適切にひき出す   │ │
│　│(C)……を育てる（養う，培う，高める，豊かにする等）   │ │
│　│　　↑　道徳性の諸要素   │ │
│　│（道徳的判断力，道徳的心情，道徳的実践意欲と態度）を入れる。│ │
│　└──────────────────────────────────┘ │
└──┘

2　教材分析

- 教科用図書や補助教材の題材について，授業者が児童生徒に考えさせたい道徳的価値に関わる事項がどのように含まれているかを検討します。

- 教材を読むという場合の「読む」は，次の４点にまとめることができます。
（横山利弘『道徳教育，画餅からの脱却』あかつき教育図書，2007年，242頁参照）

４つの読み〜教材の何を読むのか?〜

(1) ストーリーを理解する

作品を理解するために，一読者として作品の世界に浸りながら読むこと

(2) 登場人物の心理を理解する

- 読むべき心とは道徳的心情・判断力・実践意欲など，

心情　　：感情としてはどのような状態であるか。

判断力　：どのように考えているか。

実践意欲：どうしたいのか。　……を読む。

- 心を読み取るときには，資料の中の副詞や副詞句的な言葉に気をつけて読むと読み取りやすい。

(3) 道徳上の問題を理解する

- 道徳的意識や行為がどのように（どこで）変化したのか道徳的問題の所在を読む。

- 多くの教材の場合，登場人物の「心理的な変化」と共に，「道徳的な変化」が描かれている。

下の図は第３章　表３−４を教材の中の登場人物に置き換えたものです。前述されたように，判断力，心情，実践意欲と態度は，人間の心の中にあり，外から見えるものではありません。教材の文中の登場人物の行動や言葉，表情で表わされた表現をつかんで，「なぜため息をついたのだろう」や「じっとうつむいたまま，どんなことを考えていただろう」など，そうした行動をした意味や，その言葉を発した人物の思いや願いをえることで，「道徳的な価値」に迫る授業が可能になります。

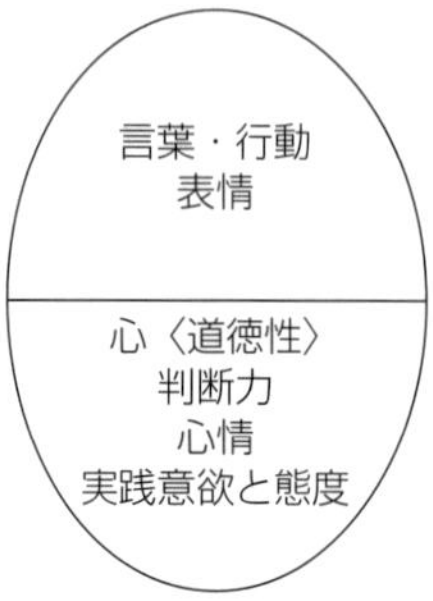

言葉・行動
表情

心〈道徳性〉
判断力
心情
実践意欲と態度

① 生き方についての考えを深めるのは誰か?

② 生き方についての考えを深めるきっかけは何か?

③ 生き方についての考えを深めているところはどこか?

という視点で，教材を読みましょう。

---

(4)　人間を読む
- 日常の自分自身を振り返りながら，主人公の過ち等にも共感できる視点を持ち，人間本来が持っている「弱さ・醜さ」も含めて人間理解を深めるということ

CHECK
道徳科の授業で「建前」だけを学ぶ時間であったり，「偉人の倫理」を学ぶ時間になってしまったりということを防ぐためにも大切にしたい読みです。

- このように教科用図書や補助教材の題材について吟味することで，改めて，この授業で迫りたい主題，主題設定の理由，本時のねらいを見直すことが重要です。

3　学習指導過程の構想

- ねらいに含まれる道徳的価値について，教師がどのような指導を展開していくか，その手順を示し，一般的には導入，展開，終末の各段階に区分しています。
生徒の学習活動，主な発問と生徒の予想される反応，指導上の留意点などで構成されることが多いです。
- 道徳の「読み物教材」には，大きく分けて，「主人公の生き方に変化のある教材」（以下「変化のある教材」）と「主人公の生き方に変化のない教材」があります。
ここでは，「変化のある教材」の発問を作る場合について述べます。

(1)　導入
　　　教材，または価値への導入。短時間でまとめ，展開に入る。
(2)　展開
　　① 中心場面を考える　〜「Before&After」による場面分け〜

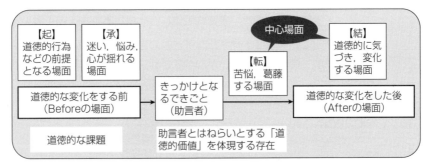

　「道徳上の問題の発生」から「主人公の苦悩・葛藤」を経て，「主人公が道徳的に気づき，変化する場面」が作品の山場であり，最も多くの時間を費やして，生徒と共に深めていきたい「中心場面」である。

② 中心発問を考える

CHECK
教材の文中の登場人物の行動や言葉，表情で表わされた表現をつかんで，「心」を問いましょう。行動をした意味や，その言葉を発した時の思いや願いを考える問いを考えましょう。

「主人公はどんな気持ちだったでしょう?」　　→『心情』

「主人公はどう考えたでしょう?」　　　　　→『判断力』

「主人公はどうしようと思ったのでしょう？」→『実践意欲』

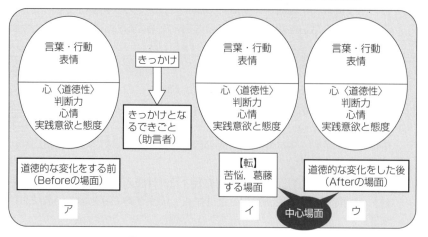

　　～三つの発問で「道徳的価値」に迫る～

　　ア「Before」の発問（課題理解の発問）

　　　　・主人公の抱えている『道徳的課題』は何かを問う発問

　　イ「転」または「After」の発問（中心場面の発問）

　　　　・主人公は『何』に気づいたのかを問う発問

　　ウ「道徳的価値追求」の発問（テーマ発問）

　　　　・本時で学ぶべき『道徳的価値』とは何だろうかを広く考える発問

③ 中心発問に対する「予想される子どもの答え」を考える

・学級の児童・生徒の顔を思い浮かべながら，どのような答えをするかを具体的に予想して書く。答えによっては「問い返し」や「追発問」も考えておく。

CHECK
教材の文中の登場人物の行動や言葉，表情で表わされた表現をつかんで，「心」を問いましょう。行動をした意味や，その言葉を発した時の思いや願いを考える問いを考えましょう。

(3) 終末

・児童生徒童の心をゆさぶり，印象づけて終わるにはどうすれば良いかを工夫して書く。

(2) 道徳科の学習指導案の書式例

第○学年　道徳科　学習指導案　　　　　　　　　　　指導者　○○立○○学校
　　　　　　　　　　　　　　　　　　　　　　　　　　氏名　○○○○○○

1．日時・場所　平成○○年○月○日（　　）　　○時間目
2．学年・組　　○年○組（○○名）
3．主題名　　　※「道徳」では，「単元名」ではなく，「主題名」を書く。
　　　　　　　　「主題名」は，簡潔に「体言」でしめ，併せて学習指導要領の第3章「道徳」
　　　　　　　　第2「内容」に示されている「内容項目」を書く。
　　　　　　　（例）C［家族愛，家庭生活の充実］
　　　　　　　　　　父母，祖父母を敬愛し，家族の一員としての自覚をもって充実した
　　　　　　　　　　家庭生活を築くこと。
4．教材名　　　※教材の題名と出典を書く。
　　　　　　　（例）「一冊のノート」（中学校読み物資料とその利用4　文部省）
5．主題設定の理由
　(1)　ねらいとする価値について　　　※「学習指導要領解説　特別の教科　道徳編」の
　　　　　　　　　　　　　　　　　　　内容項目の指導の観点等を参考にしながら，各学
　　　　　　　　　　　　　　　　　　　年の発達段階に応じて，ねらいとする「道徳的な
　　　　　　　　　　　　　　　　　　　価値」について書く。
　(2)　児童・生徒について　　　　　　※これまで，学年，学級で取り組んできたことを
　　　　　　　　　　　　　　　　　　　書く。児童・生徒の日常の様子から，本時の内容
　　　　　　　　　　　　　　　　　　　項目にかかわる道徳上の課題を書く。
　(3)　教材について　　　　　　　　　※児童・生徒の実態と本時のねらいにかかわって，
　　　　　　　　　　　　　　　　　　　本教材を設定した有効性が伝わるように書く。ど
　　　　　　　　　　　　　　　　　　　のように教材を活用するのかまた，指導上の留意
　　　　　　　　　　　　　　　　　　　点等も示す。
6．教科・領域との関連　　※各教科・領域の活動とどのような関連があるかを示す。
　　　　　　　　　　　　（例）国語科　　　家族の風景「凧になったお母さん」
　　　　　　　　　　　　　　　総合的な学習の時間　調べ学習「わたしの物語」
　　　　　　　　　　　　　　　学級活動　　グループワーク「相手の考えを受け入れる」
7．本時のねらい
　　※「本時のねらい」の書き方のポイント

(A)……（道徳的に変化する）主人公の姿を通して 　↑　教材の内容を簡潔にまとめて書く。 (B)……しようとする 　↑　内容項目から適切にひき出す。 (C)……を育てる（養う，培う，高める，豊かにする等） 　↑　道徳性の諸要素（道徳的判断力，道徳的心情，道徳的実践意欲と 　　　態度）を入れる。

　（例）祖母の思いを綴った一冊のノートを見た主人公の心の変化を通して，（B）家族
　　　の一員として，互いに助け合おうとする（C）道徳的心情を養う。

8．本時の展開

	学習活動	発問と予想される生徒の反応	指導上の留意点
導入		導入の書き方 子どもたちの学習意欲を引き出す「導入」を工夫して書く。 (例) 効果音，情報機器，身近な話題，キーワード活用。	教材または価値への導入 短時間でまとめ，展開に入いる。
展開	学習活動の書き方 (例) 1　教材の範読を聞く。 2　登場人物を把握する。 ○○を理解する。 ○○に共感する。 ○○に迫る。 発問は，四角い枠で囲むとわかりやすい。	児童・生徒の視点で書く。 児童・生徒が「主語」 授業者で書く。授業者が「主語」 基本発問の書き方 ・児童・生徒の考えを十分に深めさせる問を書く。中心発問につながる問にする。 (例)ぼくは，どうして，少し迷いながらも，行くことにしたのだろう？ 児童・生徒の予想される反応の書き方 ・学級の児童・生徒の顔を思い浮かべながら，どのような答えをするかを具体的に予想して書く。答えによっては「問い返し」や「追発問」も考えておく。 中心発問の書き方 本時の「ねらい」に迫る発問を設定する。 国語的な「読み取り」を問うのではなく，主人公が選択した行為（思考）のもととなった「内面」の問題を問う。 児童・生徒の多様な反応が引き出されるような問が良い。 (例) 黙って祖母と並んで草取りを始めたとき，「ぼく」はどんなことを考えていただろう。	指導上の留意点の書き方 子どもたちが考えやすいように，話がそれないように，ねらいに迫りやすいように書く。 (例) ○○をおさえておく。 ○○を説明する。 ○○に共感させる。 ○○を深めさせる。 ○○の時には，問い返す。 等 期待される反応ではない。 中心発問は二重線で囲むとわかりやすい。
終末		終末の書き方 ・児童・生徒の心をゆさぶり，印象付けて終わるにはどうすればよいかを工夫して書く。 (例) 教師の説話，子どもの作文　諺　詩　標語等活用	余韻を残して，あっさりと。

9．評価の視点

☆生徒……「〜ことに気づく発言や記述がある。」「〜から，自己を省みる様子が見られる。」

☆授業……「〜のねらいに迫る発問の工夫ができたか。」「〜についての話し合いを深められたか。」

第5章

「演習形式」で学ぶ道徳科授業づくり

本章では，第1章から第4章まで，理論的に述べられてきた「『深い学び』となる道徳科の授業づくり」を具体的にどのように進めていくのかを「演習形式」で学んでいくことにしましょう。

1 道徳科の「読み物」教材の特徴とは？

「『読み物教材』を扱う教科といえば？」と問われたとしたら，まず，真っ先に頭に思い浮かぶのは，国語科ではないでしょうか。しかし，道徳科でも，もちろん「読み物教材」を扱います。

そして，国語科には国語科独自のねらいや目当てや目標があるように，道徳科にも，同様に，独自のねらいや目当てや目標があります。だとしたら，この2つの教科で扱われる「読み物教材」には，当然それぞれの教科の特質に応じた特徴があってしかるべきであるといえます。

では，問題です（次ページに答えが載っていますが，まず，自分なりに考えてみましょう）。

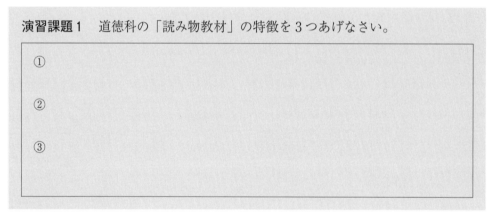

考えるヒント

①道徳科の「読み物教材」に必ず描かれなければならない内容とは？

　国語科のねらいは，「国語力，読解力を育成する」ことです。道徳科の場合は，「生き方についての考えを深める」ことです。それぞれの教科のねらいを実現するために教材が作られるならば，国語科と道徳科の「読み物教材」の一番の違いは，「内容項目」（＝道徳的価値）を主題として描いているかどうかということになります。

　国語科の「読み物教材」の中には，道徳科でも扱えるような「道徳上の課題」が描かれているものが少なくありません。しかし，それは，必ずしも国語科の教材の必須条件ではありません。

②一時間という制約の中で，主題である「道徳的価値」を深めるためには？

　「国語科」では，詩や短歌や俳句，小説や物語，論説文や説明文といった様々な

教材を使って，各学年段階相応の「国語力」（特に，読解力）を育成します。当然，当該学年の子どもたちにとって，簡単に読み取れてしまうものであっては困ります。むしろ，何度も何度も読み込んで，内容を理解していくくらいの「骨太」な作品が取り上げられるべきです。一つの教材に対して，内容理解や段落構成等の学習に何時間も費やします。

　それに対して，道徳科では，「1時間1主題」を原則として，毎時間，一つの内容項目（例えば「友情，信頼」「親切，思いやり」等）に示された「生き方についての考えを深める」ことがねらいです。したがって，国語科と同じように，何時間もかけて丁寧に読み込んでいる時間的な余裕はありません。自ずと，一読すれば，大体のあらすじがつかめるような平易な内容とならざるを得ません。

　また，「登場人物が少なく，描かれている場面も少ない」シンプルな内容になっているのも特徴です。大河ドラマのような群像劇や複雑な人間関係を描いたものでは困るのです。どの人物の生き方に焦点を当ててよいかわからなくなるからです。

③子どもが「本気」になって考えるためには？

　教材文がいくらシンプルで，簡単だからといっても，「わかり切ったこと」や「建前」に終始するような内容では，子どもたちは，「自分ごと」として真剣に考えてくれません。道徳科で扱うテーマは「生きる」ということですから，子どもたちが「しっかりと自分を見つめることができる」ような内容で，思わず，主人公になり切って悩んだり，葛藤したりする作品が望ましいといえます。教材によっては，大人でさえも，簡単には答えが出せないような内容が描かれていることもあります。これは子どもたちが本気になって考えてもらうための工夫であるともいえます。

演習課題1　解答編

---

①　「道徳」上の課題が描かれていること
＊「内容項目」（＝道徳的価値）をテーマにしている。
②　内容が簡単（シンプル）であること
＊一読すれば，大体理解できる内容である。（逆に言うと，詳細な読みは必要がないということ）
＊登場人物が少なく，描かれている場面も少ない。（道徳上の「主人公」の視点で読んでいくということ）
③　しっかり自分を見つめられること
＊「自分」の生き方に引き付けて考えられる内容であること。

　言い換えると，以下のようにも言えます。

> ① 「量」が適切で，「理解」がスムーズにでき，
> 　（大体，多くて4ページ程度）（朗読10分以内）（読みの学力差が生じないわかりやすさ）
> ② 「学習意欲」を高め，
> 　（＝わかりきったこと（タテマエ）だけに終始しない）（＝大人も納得の「ホンモノ」感）
> ③ 「道徳的価値」を描いている。
> 　（＝生き方についての気づきが深まる）

　もう一つ，道徳科の「読み物教材」には，国語科の教材にはあり得ない重大な特徴があります。それは，**道徳科の「読み物教材」には「大切なこと」は詳しく書かないということです。**ここでいう「大切なこと」とは「主人公の心（＝思いや願い）」を指します。

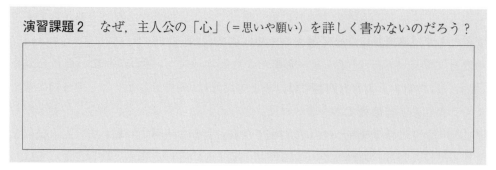

演習課題2　なぜ，主人公の「心」（＝思いや願い）を詳しく書かないのだろう？

考えるヒント

　国語科の「読み物教材」には，主人公の「思い」や「気持ち」はしっかりと書き込まれています。たとえば，「走れメロス」（太宰治 作）では，メロスは途中くじけそうになり，何ページにもわたって，メロスの「独白」が続き，詳細に自分の心情を吐露する場面があります。その弱さを乗り越えて再び立ち上がり，走り出すところに，我々読者の「感動」があるのですが，道徳科の「読み物教材」の場合は，その肝心な主人公の思いは，詳細に書かれることはありません。なぜでしょうか？それこそが，国語科の「読み取り」と道徳科の「生きる方についての考えを深めること」との違いなのです。

演習課題2　解答編

> 主人公の「心」（＝思いや願い）を考えること（＝「生き方についての考えを深める」こと）が目的であるから。
> ＊主人公の心を詳細に書いてしまうと，その部分を読み取ることが「正解」を知ることになってしまう。

　しかし，「道徳科の教材」には，主人公の「心」が全く書かれていないわけでは

ありません。読み物教材には，「言葉」と「行動」で表された「心」が描かれています。一例を挙げるならば，「少女は，雪道をとぼとぼ歩いて帰った」という表現からは，少女の「悲しげな」あるいは「寂しげな」心の様子が感じ取れるでしょう。授業での発問は，「少女はどんなふうに歩いていたのだろう」と問い，「とぼとぼ歩いていた」と出させるだけでは，心は見えてきません。「とぼとぼ歩いて帰りながら，どんなことを考えていただろう」や「その時の少女の思いは？」と問うことで，初めて，子どもたちは，少女の心について考えるようになるのです。

　さらに一例を挙げるなら，「少年は『やったぁ』と叫んで飛び出して行った」という表現から，少年のどんな心が見えてくるでしょうか。「少年は何て言ったのかな」と問い，「やったぁ」とだけ答えさせていても，心は，やはり見えてきません。まさに問うべきは「やったぁ」の中身なのです。

　道徳科の「読み物教材」において，文中の登場人物の行動や言葉，仕草や表情で表された表現をつかんで，「なぜ，ため息をついたのだろう？」「主人公の流した涙はどんな涙だろう？」「主人公がつぶやいた『ありがとう』の意味は？」などと問うことによって，そうした行動の意味やその言葉を発した人物の思いや願い。また「生き方」までも，子どもたちに考えさせることによって，「道徳的価値」に迫る授業をすることが可能になるのです。

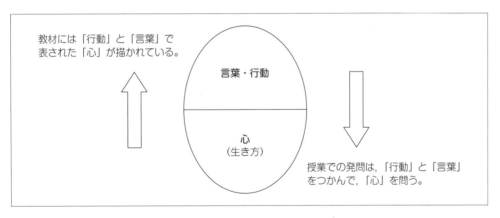

2　道徳科の授業における発問とは？

　道徳科における発問は，「主人公（登場人物）の『行動や言葉』をつかんで，『心』を問う」ということがわかったところで，ここで，少し本質的なことを考えてみましょう。

演習課題3　そもそも，「質問」と「発問」の違いとは何だろう？

> 「質問」とは……
>
> 「発問」とは……

　意外と，わかっているようでわかっていない「質問」と「発問」の違い。説明できますか？

演習課題3　解答編

> **「質問」とは？……＊自分の「疑問解決」（＝聞きたいことを知る）ための問いかけ**
> 一般的に，日常会話などで，答えを知らない人が答えを知っている人に行う問いかけ。
> （例）ここから一番近いコンビニはどこですか？
> **「発問」とは？……＊子どもたちの「学習」（＝考えや気づき）を促すための問いかけ**
> 授業中に，子どもの学習活動を促すために，答えを予め想定している教師が行う問いかけ
> （例）日本に一番近い国はどこですか？

　例からわかるように，「ここから一番近いコンビニへ行きたいが，どこにあるのか知らない」人が，その必要性から，コンビニの場所を教えてもらう場合には，「問い質している」のです。しかし，小中学校で先生をするような人が，「日本に一番近い国」を知らないはずはありません。これは，答えの知っている教師が，授業中に子どもたちの学習を進めるうえで，「発している問い」と言えます。

　しかし，問題は，道徳科の授業における「問い」です。そもそも，道徳科の時間は，「誰もが知っていることを学び直す時間」であるとも言えます。子どもたちは，これまでの人生をとおして，自分なりの「価値観」をもっています。それを，「道徳的気づき」をとおして，自分の生き方に引きつけてとらえ直しをするわけです。

　だとするならば，道徳科の時間に教師が発する問いは，「発問」であると同時に，「質問」でもあるといえるのです。

> ・道徳科における「問い」は，「発問」でもあり，「質問」でもあるといえる。
> 　道徳科における「問い」は，授業中に，子どもの学習活動を促すために行う問いかけである。しかし，同時に，教師が「絶対的な答えを持たない」という点において，質問であるともいえる。
> （例）君の考えを聞かせて！（＝哲学的な問い）

　では，道徳科の授業中には，どのような問いが考えられるでしょうか？

> ・授業中に必要な基本発問の数は３つ
> 1）基本発問は，「Before」の発問・中心発問・まとめの発問の３つある。
> 2）基本発問を深めるために，補助発問（先行発問，追発問等）がある。
> 2）その全ては，「中心発問」のための布石である。

　道徳の発問には，授業展開の柱となる発問（基本発問と中心発問）があります。発問は通常，指導案に明記します。発問の中で，特に道徳的価値を深めるための大切な発問を「中心発問」といいます。

　その他に，発問に対する子どもたちの答えを深めるための「補助発問」があります。「補助発問」には，主に「先行発問」と「追発問」があります。「先行発問」とは，ある発問をする前に，そのことに関する予備知識を与えたり，確認したりして，発問を考えやすくする発問（レディネスを作る発問）です。「追発問」は，子どもの答えをさらに深く掘り下げるために問う時や，視点を変えたり，子どもの答えに揺さぶりをかけたりする時に発する問いです。補助発問を指導案に書かないことが多いのは，子どもがどのように答えるかによって，その場で，瞬時に，最も適していると考えられる補助発問をしていかなければならないからです。

　基本発問の数はできるだけ絞り込んで子どもたちに問う必要があります。目安としては，３つの発問が適切です。それ以上になると，１時間の授業では，十分に深めきれないまま，時間切れになってしまいます。できるだけ絞り込んだ問いをし，それに対する子どもたちの答えをさらに深めながら，学ぶべき道徳的価値に迫るのです。

3　道徳科の「読み物教材」の特徴を生かした教材研究を進めるために

　道徳の「読み物教材」には，大きく分けて，「主人公の生き方に変化のある教材」（以下「変化のある教材」）と「主人公の生き方に変化のない教材」（以下「変化のない教材」）があります。

　「変化のある教材」については，行動面での変化まで書かれてあるものと，葛藤や苦悩までしか描いていないものがあります。

　「Before & After」の構図に従って，まず，「変化のある読み物教材」の発問を作る場合の留意点について述べたいと思います。

(1) 主人公の生き方に変化のある教材の場合
1）誰の視点で読み進めるか？：「主人公」と「助言者」
　道徳の時間は，子どもたちが，「読み物教材」の中の「登場人物」に自己を投影

しながら読み進めることによって，「疑似体験」をしながら，ねらいとする「道徳的価値」に迫ることが大切です。

　では，登場人物のうち，どの人物の「着ぐるみ」を着て，読み進めるのが良いのでしょうか。登場人物の中で最も大きく道徳的に変化した人物に注目し，その人物を「道徳上の主人公」として，その人物の視点を中心に読み進めていくことが大切です。その人物がどんな事件に遭遇し，悩み・葛藤し，何をきっかけに気づき，どのように変化したのかについて考えることが，ねらいとする「道徳的価値」にせまることになるからです。

　また，教材の中には，主人公の「道徳的な変化」に重要な示唆（＝ヒント）を与える人物（あるいは物など）が現われます。この「助言者」こそが，ねらいとする「道徳的価値」を体現した存在であるということができます。

---

　① 誰の視点で場面分けするか？

　「道徳的に最も大きく（変化）した」人物の視点で読んでいく。（＝道徳上の「主人公」を探す。）

　② 「助言者」とは？

　主人公の「道徳的変化」について，重要なヒントを与える存在。（＝人物と限らない。モノの場合も）

　ねらいとする「価値」を（体現）している存在。（＝あるいはその逆）

２）場面分け：「Before ― After」による場面分け

　教材を「読む」ことの次に必要な作業が，「場面分け」です。「道徳上の問題」の発生から，順を追って場面分けするときの手法として，「『Before ― After』による場面分け」が有効です

① 「道徳的な変化をする前（Before の場面）の主人公の姿」

　教材全体を大きく場面分けするとしたら，前半部分は，「道徳的な変化をする前の主人公が描かれた」場面であると言えます。その「変化前」の姿をおさえることで，主人公が抱える「道徳的な課題」が明らかになります。

② 「転」：道徳的な変化と助言者の役割

　「道徳上の問題の発生」から「主人公の苦悩・葛藤」を経て，「主人公が道徳的に気づき，変化する場面」があります。この「道徳的変化」の場面こそが作品のヤマ場（＝クライマックス）であり，教師が授業で最も多くの時間を費やして，生徒と共に深めていきたい「中心場面」となるべき場面です。多くの場合，「変化前」と，この「転」の間には，主人公の「道徳的変化」について重要な示唆（＝ヒント）を与える存在が登場します。それがいわゆる「助言者」です。この助言者は人物とは限りません。「助言者」は，主人公の変化に貢献するだけでなく，「授業づくり」の重要な示唆（＝ヒント）を我々教師に示してくれる存在でもあります。多くの場合，

「助言者」はねらいとする「道徳的価値」を体現する存在（もしくはその逆の存在）として描かれています。したがって，教師は，この助言者のありように注目することによって，その道徳の時間で追求すべき「道徳的価値」を明らかにすることができるのです。

③「道徳的な変化をした後（Afterの場面）の主人公の姿」

・主人公の「道徳的変化」に注目をして「生き方」を考える。
1）道徳上の主人公（＝道徳的に最も大きく変化した人物）の視点で考える。
2）助言者（主人公の「変化」にヒントを与える存在）に注目する。
3）「Before & After」の構図で考える。

> Before：道徳的な変化をする前の主人公の姿
> 　　……（助言者との出会い）……
> After：道徳的な変化をした後の主人公の姿
> 　　「主人公」は，この物語で，結局
> 　　＊「何」に気づいたのか。　　＊なぜ，気づいたのか。
> 　　＊その結果，どのように変化（≒道徳的価値の自覚）したのか。

　教材によっては，主人公の「道徳的変化」（＝「転」の場面）までを描き，主人公の「行動面での変化」までは描かずに終わっているものも少なくありません。また，多くの場合「転」の場面が中心発問の箇所となりますが，「変化後」の場面で中心発問をした方が良い場合もあります。

　「Before & After」の構図に従って，「変化のある読み物教材」の発問を作る場合の留意点について述べたいと思います。

・3つの発問で「道徳的価値」にせまる
① 「Before」の発問（≒課題理解の発問）
　・主人公の抱えている『道徳的課題』は何か。
② 「転」または「After」の発問（≒中心場面の発問）
　・主人公は『何』に気づいたのか。
③ 「道徳的価値追求」の発問（≒まとめの発問）
　・本時で学ぶべき『道徳的価値』とは何だろう。

　国語科の教材であれば，各段落（＝各場面）を丁寧に読み取っていくための発問が必要ですが，道徳科の場合は，どんなに長くても，どんなに短くても，2つの場面を中心に問いを作っていくことになります。

　道徳の授業における前半の部分では，まず教材を読み，主人公がどんな道徳的課題を抱えているのかを明らかにする必要があります。

　最後の「道徳的価値追求」の発問は，読み物教材を通して学んだ道徳的価値を，自分の生活を振り返らせることで自分との関わりで考えさせたり，１時間の授業の振り返りや感想を書かせて発表させ，交流させたりしながら，自己の生き方についての考えを深めさせたいものです。

（2）主人公の生き方に変化のない教材の場合

　最近比較的多く用いられるようになった「伝記・偉人伝」の中には，「変化のない教材」が多くあります。そこで，ここでは，主人公の生き方に変化のない「伝記・偉人伝」について，その授業づくりのポイントを示したいと思います。

　「伝記・偉人伝」には，心の葛藤や自分の弱さが十分には描かれておらず，理想的な生き方をした人物を描いた作品が少なくありません。そのため，子どもたちは，「伝記・偉人伝」の主人公に対しては，道徳科の典型的な教材が描いているような等身大の主人公たちに比べて，自分の生き方に引き付けて考えにくいという難しさがあります。

・主人公の「偉業」（＝主人公が変化させた「状況や出来事」）に注目

１）道徳上の主人公（＝偉業を成し遂げた人物）の視点で考える。

２）助言者（主人公の「偉業達成」にヒントを与える存在）に注目する。

３）「Before & After」の構図で考える。

> Before：（「偉業」を成し遂げる前の主人公の姿）
>
> 　……（助言者との出会い）……
>
> After：（「偉業」を成し遂げた後の主人公の姿）
>
> 　「主人公」は，この物語で，結局
>
> 　＊どんなことを「決意」したのか？
>
> 　＊どのように，「努力」したのか？
>
> 　＊その結果，「何」が変化したか？（どんな偉業が達成されたか？）

　ここでは，『私たちの道徳』（5・6年生）に掲載された読み物教材「小川笙船」を例にとって，発問を考えてみることにしましょう。

　この教材では，笙船がどんな思いで貧しい人々を救うという偉業を成し遂げる決意をし，どのように生き，どのようにその偉業を成し遂げていったのかを考えることで，「自らの役割を自覚し，他の人々と協力して，主体的に責任を果たそうとする」道徳的実践意欲を育むことになります。

・3つの発問で道徳的価値にせまる例：「小川笙船」

1）課題理解の発問

　　○　定吉の目からあふれる涙を見て，笙船はどんなことを思ったでしょう。

2）中心場面の発問

　　◎　笙船が，医者として大切にしていることは何ですか。

3）道徳的価値追求の発問：（授業の感想，又は，自分の生活を振り返る）

4　「導入」と「終末（＝まとめ）」の工夫

（1）授業における「導入」

1）役割

　子どもたちに対して，これから始まる道徳科の学習の構え（＝レディネス）を作る役割があるといえます。「導入」においては，主として，次の2つのきっかけ（教材によってどちらかでよい）を与えるものです。

①　本時の「教材」に興味を持たせるきっかけ

②　本時の「主題」に興味を持たせるきっかけ

（＝あくまで「教材への方向付け」「価値への方向付け」に留める）。

2）留意点

①　短時間（3分〜5分以内）で

「中心発問」の時間を確保するため，導入はあっさりとすませる。

②　ネガティブな問いはしない

　×（良くない例）今までに人を悲しませたことは？

　○（良い例）今まで人に優しくしてもらったことは？

（2）授業における「終末（＝まとめ）」

1）役割

　子どもたちが，本時の主題である「道徳的価値」に基づいて，自分を振り返り，生き方についての考えを深めることが大切です。

　子どもたちが，①　本時の授業を振り返ることができる問い

　　　　　　　　②　本時の「主題」を自分事として考えられる問い

　○（良い例）今日の授業で学んだこと，気づいたことは？

　○（良い例）自分にとって，○○（＝主題）とは？

　△（注意すべき例）あなたはこれからどうしますか？（＝「決意表明」になりやすい）

2）留意点

　短時間（5分〜10分）で書かせる。→全体またはグループでの「感想交流」（教師

57

の説話はなるべくしない）。

5 「道徳的価値」に迫るための板書の工夫

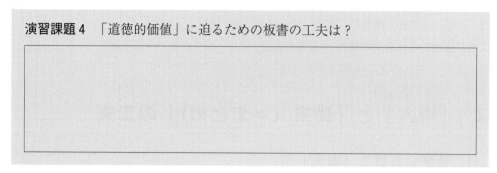

演習課題4 「道徳的価値」に迫るための板書の工夫は？

考えるヒント

① 本時の「めあて」や「ねらい」の示し方にはどんな工夫が必要か？

　各教科では，本時の「めあて」や「ねらい」を最初に板書してスタートすることが多いのですが，道徳科の場合は，本時のねらいとして，たとえば「身近にいる人に温かい心で接し，親切にすること」などと書いてしまうと，子どもたちは自分の本音を隠して，そのねらいの文言に沿った建前を言おうとするかもしれません。「めあて」を示すとしても，示し方には注意が必要です。授業の初めに「思いやりについて考えよう」とだけ板書して，各自の思いやり観を問い，1時間の授業の終了時に，再び思いやり観を問うて，授業の前後でその変化が比較できるように書き出すならば，「評価」を意識した板書として使えます。

② 子どもの発言をどこまで板書に反映させるべきか？

　子どもの発言を教師の意図に合うように改ざんして板書するのは問題ですが，一字一句漏らすことなく再現しようとしたり，導入，展開，終末の各段階の全ての答えを書き写そうとしたりするのは，以下の点でさらに問題です。

　＊子どもの答えを一字一句洩らすことなく再現することの問題点
　・子どもの答えは，教師の「追発問」によってどんどん変化していくので，どの時点の
　　発言を子どもの「答え」として採用するのかが難しい。
　・全ての子どもの意見を忠実に書き写していると，板書一枚には収まらない。
　・意見を聞き取り，書き出すのに時間がかかり過ぎて，授業のリズムが崩れる。

---

③ 子どもの答えをどのように生かすか？

　「正解」とも言うべき答えが出てきたら，その都度，その答えだけを赤字で書いたり，線で囲んだりすると，だんだんと教師が望む答えを探すようになるかもしれません。むしろ，ただ，発言順に続けて書いていくのではなく，子どもたちの答えをいくつかのカテゴリーに分類しながら，構造的に板書することで，子どもたちは，

より多面的・多角的に学び合うことが可能となります。

　最近では，子どもたちの意見が一目でわかるように，「賛成」又は「反対」のところに名前の札を黒板に貼らせたり，小グループの話し合いを小さなボードにまとめて掲示させたりという子どもの活動と関連させた工夫も見られますが，大切なのは，板書は手段であり目的ではないということです。活動を板書に反映させたことで満足してしまって，その後の問いかけが疎かにならないように注意が必要です。

演習課題4　解答編

> ・1時間の子どもの思考の流れがわかるような板書を心がける。
> ①　「ねらい」や「めあて」の示し方には注意が必要。
> ②　子どもたちが「考え―発言し―交流する」ことを支援できる板書を。
> ③　教師の望む答えをした子どもの発言を強調するような板書は慎む。

　板書は，1時間の授業の中での子どもたちの思考の流れが大体わかれば良いのです。板書を有効に活用しながら，子どもたちの意見交流を促し，結果として自己の（人間としての）生き方についての考えが深まるような授業を目指しましょう。

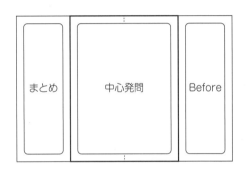 

①　全体の二分の一のスペースを「中心発問」に割く

　黒板を四分の一ずつに分けて，中央部分の四分の二の部分に中心発問とそれに対する子どもたちの答えを書く。

②　残りの四分の一ずつを，それぞれ「Beforeの発問」「まとめの発問」のスペースに使う。

　発問の重要性，発問に書けるべき時間と比例して，黒板のスペースを活用するよう心掛ける。

6　ワークシートの効果的な活用方法

演習課題5　ワークシートはどのように活用すれば効果的だろうか？

考えるヒント

① 　ワークシートを使うことで顕著になる「悪循環」とは？

　なかなか発言したがらない子どもに何とか発言させようとして，まず，ワークシートに答えを書かせてから発言させるという手法があります。ひどいものになると，授業中の発問全てを事前にワークシートに印刷して，発問ごとに書かせてから発表させるというものがありますが，そんなことをしてしまうと，授業が硬直化するだけでなく，教師の発問を聞かずにさっさと自分の答えを書いてしまう子どもたちが出てきます。何よりもこちら側の手の内を明かしてしまうわけですから，子どもたちは授業に対する興味を失ってしまうと言っても過言ではないでしょう。この手法は，子どもたちにしっかり発言させるという点においては，かえって逆効果です。

　また，ただでさえ，発言できないのに，ワークシートに自分の正解を書かせてばかりいると，今度はそうしないと，自分の意見が言えなくなってしまいます。しかも，書いたことで安心し，他の意見を聞かなくなるという副作用もあります。書かせたことを発表させてばかりいると，最初に書いた自分の考えを読み上げるだけで，その後，友だちの意見を聞いたりして学び合って，自分の考えを深めるということをしなくなります。「はじめにワークシートありき」はやめましょう。

> ・ワークシートを多用することの弊害
> 多用すると，「5分前の意見」の交流になる
> ＊書かないと言えなくなる。
> ＊書いたことしか言わなくなる。
> ＊書いて満足し，他の意見を聞かなくなる。

②ワークシートを「継続的」に活用することの意義

　ワークシートは，中心発問と授業の感想・振り返りにしぼって書かせるのが効果的です。授業のまとめの段階で，今日の授業の感想を書かせて，発表・交流させる

ことで，振り返りに使えるとともに，教師自身の授業に対する子どもたちからの評価としても使えます。また，道徳ノートやファイルに綴っておくことで，ポートフォリオとして，継続的に子どもたちの学びを評価することにも使えます。何より，学級通信等で子どもたちに返していくことも可能です。

演習課題5　解答編

・「はじめにワークシートありき」の授業にしない。
（1）「中心発問」と「授業の感想」にしぼって書かせる。
（2）教師自身の授業評価として活用。
（3）ポートフォリオで，継続的に子どもたちに返していく。

第6章

道徳科の評価とは

1　道徳の教科化と評価

　道徳の教科化により，道徳科でも評価を行うことが明確になりました。⁽¹⁾

　評価について小（中）学校学習指導要領（以下，「学習指導要領」という）にはどのように示されているのでしょうか。学習指導要領では，表6-1のように「第1章総則」において「児童（生徒）のよい点や進歩の状況などを積極的に評価」することを求めています。総則で示すことにより，道徳科をはじめ，教育課程を構成するすべての教科，領域でこの規定を適用しているのです。

　では，道徳科でも教科で行われているような観点別評価や数値による評定を行うのでしょうか。そうではありません。道徳性という児童生徒の心の部分（内面的資質）を扱う道徳科の評価を教科と同様に数値で行うことはできませんし，行ってはなりません。

　そこで，学習指導要領では「第3章特別の教科　道徳」において，評価に当たっては，「児童（生徒）の学習状況や道徳性に係る成長の様子を継続的に把握し，指導に生かすよう努める必要がある」ことや「数値などによる評価は行わない」ことを示し，他の教科等との違いを明確にしているのです。

表6-1　評価に係る学習指導要領の記述

児童（生徒）のよい点や進歩の状況などを積極的に評価し，学習したことの意義や価値を実感できるようにすること。（以下略） 　　　　　　　　　　　　　〈第1章総則，第3教育課程の実施と評価の1の(1)〉 　児童（生徒）の学習状況や道徳性に係る成長の様子を継続的に把握し，指導に生かすよう努める必要がある。ただし，数値などによる評価は行わないものとする。 　　　　　　　　　　　　〈第3章特別の教科　道徳，第3指導計画の作成と内容の取り扱いの4〉

2　道徳科では何を評価するのか

　通常，学習評価は，児童生徒が教科や領域で定められている目標にどれだけ近づくことができたかで行います。

　では，道徳科ではどうでしょうか。道徳科は，道徳的な判断力，心情，実践意欲と態度という内面的資質を育てることを目標にしています。⁽²⁾教科等と同様に道徳科でも目標に到達しているかどうかを見極めて評価することが可能なのでしょうか。『小（中）学校学習指導要領解説　特別の教科　道徳編』（以下，「解説書」という）において「道徳性とは，人間としてよりよく生きようとする人格的特性であり，道徳的判断力，道徳的心情，道徳的実践意欲及び態度を諸様相とする内面的資質である。このような道徳性が養われたか否かは，容易に判断できるものではない」（第5章，第2節の1）と示されていることからもわかるように，児童生徒が目標に近づいた

かどうかを見取ることは極めて難しいのです。

　たとえば，「友の肖像画」（教材は145〜147ページ）の授業で，児童が「どんなことがあっても友達がはげましてくれたり，声をかけてくれたら，うれしくて元気になれるので，友達はぜったいに必要だと思いました。これから大変なことがたくさんあると思うので，友達と協力し合って，どんなこともがんばりたいです。これから人生の中で友達といっぱい楽しいことをして，助け合っていきたいと思いました。」という感想文を書いたとします。この感想文をもとに，この児童の判断力や実践意欲などの道徳性が育ったと判断することができるでしょうか。それは難しいと言わざるを得ません。道徳性が育ったかどうかは，この児童の今後の生き方から見えてくるものです。また，場合によっては，この感想が授業での先生の意図を忖度（そんたく）して書いたのかもしれないことも考慮しなければなりません。それでは的確な評価を行うことは到底できません。

　では，道徳科では何をもとに評価すればよいのでしょうか。道徳科では，児童生徒は「道徳的諸価値についての理解を基に，自己を見つめ，物事を（広い視野から）多面的・多角的に考え，自己（人間として）の生き方についての考えを深める学習[3]」を行っていきます。そこで，道徳科ではこうした学習状況と，学習状況から見えてきた成長の様子を評価することにしたのです。解説書には「道徳性を養うことを学習活動として行う道徳科の指導では，その学習状況や成長の様子を適切に把握し評価することが求められる」（第5章，第2節の1）と示されています。

　さらに，評価の対象となる学習状況について，解説書には「評価に当たっては，特に，学習活動において児童（生徒）が道徳的価値やそれらに関わる諸事象について他者の考え方や議論に触れ，自律的に思考する中で，①一面的な見方から多面的・多角的な見方へと発展しているか，②道徳的価値の理解を自分自身との関わりの中で深めているかといった点を重視することが重要である」（第5章，第2節の2の(1)，丸付け数字は筆者）と示されています。

　評価は児童生徒の学期や年間といった一定のまとまりの中での学習状況から成長の様子を見取って行うことになります。したがって，思いやりや友情といった個々の内容項目ごとではなく，大くくりなまとまりを踏まえて評価します。また，生き方についての考えを深めることは児童生徒個人の問題であることから，他の児童生徒との比較による相対評価ではなく，児童生徒がいかに成長したかを積極的に受け止めて認め，励ます個人内評価として記述式で行います。

　このように，道徳科の評価は目標に到達しているかどうかで行うのではなく，児童生徒の学習状況と，その成長の様子を見取って行うという点で，教科などの評価と大きく異なることに注目しておく必要があります。

3　学習状況や成長の様子をどう見取るのか

　道徳科の学習では，児童生徒は教材と対話し，仲間や先生と対話し，なによりも自分自身と対話しながら生き方についての考えを深めていきます。教員は，授業中の学習状況について表情や素振りを観察したり，発言や会話を聞きとめたり，ノートや感想文を書かせるなど様々な手段を用いて把握することになります。

　なかでも授業の終わりに児童生徒が書いた感想文からは，教材の登場人物の生き方について考えたことをはじめ，学級の仲間の意見から発見したことや今までの自分をふり返って今後の生き方について書いたものなど，評価を行う上で貴重な資料が得られます。そのためには，授業の最後に児童生徒が学習全体をふり返り，生き方についての考えを深めるための感想を書かせる時間を確保することが大切です。

　また，授業中の児童生徒の様子を観察したり，発言や会話を聞き取ったりしたことを記録として残しておくことも大切です。道徳科の授業では1人の発言から授業の様子がガラリと変わり，様々な角度から意見が飛び出すこともしばしばです。道徳的価値の深い理解に基づく発言やそれまでの多くの発言とは異なった視点を示して一石を投じた発言などを書き留めておき，蓄積しておくことが的確な評価を行うことにつながります。

　では，教員は児童生徒の発言や感想文をどのような視点で見取っていけばよいのでしょうか。表6-2は，解説書に示された評価の視点（第5章，第2節の2の(2)）をまとめたものです。教員は児童生徒の発言や感想文をこれらの視点で見取っていくことになります。

　たとえば，「手品師」（教材は137～138ページ参照）の授業で児童が書いた感想文を評価の視点をもとに見取ると表6-3のようになります。

表6-2　評価で重視する視点

① 一面的な見方から多面的・多角的な見方へと発展しているか。
a 道徳的価値に関わる問題に対する判断の根拠やそのときの心情を様々な視点から捉え考えようとしている。
b 自分と違う立場や考え方，感じ方を理解しようとしている。
c 複数の道徳的価値の対立が生じる場面において取り得る行動を広い視野から多面的・多角的に考えようとしている。
② 道徳的価値の理解を自分自身との関わりの中で深めているか。
a 読み物教材の登場人物を自分に置き換えて考え，自分なりに具体的にイメージして理解しようとしている。
b 現在の自分自身を振り返り，自らの行動や考えを見直していることがうかがえる。
c 道徳的な問題に対して自己の取り得る行動を他者と議論する中で，道徳的価値の理解を更に深めている。
d 道徳的価値の実現することの難しさを自分のこととして捉え，考えようとしている。

（備考）丸付け数字及び英小文字は筆者が付したものである

表6-3 「手品師」の感想文と評価の視点

①—a：約束を守らなければ，約束した人はどちらも悲しんでしまうんだと友達の意見を聞いて思い出された。どんなに小さな約束でも守らなければとても悲しい思いになってしまうから，ちょっとしたことでも守ってあげないといけないんだと思いました。手品師はとてもやさしいと思いました。自分が心にきずが残るから約束を守ったのかもしれないけど，男の子のことも考えていたからです。

①—b：自分の夢を叶えれるか分からない事より，絶対手に入れられる男の子の笑顔を選んでよかったと思いました。そして，クラスの子が「心の傷が大きくなってしまう。」と発表した時に，手品師は目には見えない心の傷の事も考えたのだと思うと，人の心をしっかり分かってあげられる手品師だなと思いました。

①—c：○○さんの意見と似ているけど，後悔って多分ずっとあるし，日常の中でもあって，例えば，ステーキ定食か天ぷら定食があって選ぶときに，ステーキ定食を選べばやっぱりってなるし，天ぷら定食を選んでもやっぱりとなるから，手品師は男の子のほうへ行ったけど，やっぱり大劇場に行きたかった，とどっちでも最後は後悔しそうだと思いました。手品師はどう思っていたのだろう。

②—a：私が手品師だとしたら，大劇場に出たい気持ちとかあるけど，この物語みたいに男の子がさびしそうにしていて約束をしたら，大劇場じゃなく，男の子のほうを選びます。なぜなら，大劇場に出たら約束を破っちゃうし，男の子のさびしさをわすれさせることができないからです。

②—b：ぼくはささいな約束をして，やぶってしまったことが何回かあったけど，そんなに罪悪感やこう悔はなくて，だから，このお話を初めて読んだとき，とてもびっくりしました。今回の授業で，約束は絶対守ろうと思いました。

②—c：手品師とかの話に限らずに，日常でも二つの事でまようこともあるので，そういうときは相手の立場になってじっくりと考えて選ぶことが大切だと，みんなの意見を聞いていて分かりました。考えたり選んだりするときは，すなおになって決めた方に進んでいくことがよいと思いました。

②—d：手品師はたった一人のお客さんをまもり，楽しませ，笑顔にさせるなどとてもやさしい人なのだと感じました。二度とないチャンスをあきらめて男の子との約束をまもるなんて，私が手品師の立場だったらできていなかっただろうと思いました。

　児童生徒の成長の様子は，学期や年間といった一定の期間の発言や感想文などの変化を見取ることにより把握していきます。図6-1は，小学校4年生のある児童が年度当初の3時間の授業で書いた感想文と，半年後に当たる10月の3時間分の授業で書いた感想文を比較したものです。感想文の内容に明らかな変化が見られます。クラスの仲間の意見をよく聞いて，物事を多面的・多角的に見ながら自分の考えを深めるようになっている様子がうかがえます。

4　記述式評価を作成する

　教員は，評価の視点をもとに児童生徒の学習状況や成長の様子を見取って評価し，「児童（生徒）指導要録」（以下，「指導要録」という）に記入することになります。

　では，児童生徒や保護者が直接目にする通知表の評価はどのように行えばよいのでしょうか。指導要録が児童生徒をよりよく理解し指導に役立てるとともに外部に対する証明等の原簿としての役割を持つのに対し，通知表は児童生徒の学校での学習状況や生活の様子などを保護者に知らせ，学校と家庭が協力して児童生徒の教育に当たるために作成するものです。したがって，通知表における道徳科の評価は，基本的には学習指導要領や解説書の趣旨に沿いながら，保護者や児童生徒にわかり

<table>
<tr><td align="center">4月16日
「学校じまん集会」
【よりよい学校生活】</td><td align="center">4月30日
「だいじょうぶかな」
【自律，自由と責任】</td><td align="center">5月7日
「ベッドの上の花ふぶき」
【家族愛】</td></tr>
<tr><td>ぼくの学校でじまんしたことは，きゅう食がおいしいことです。ぼくもこの学校の一員としてがんばっていきたいです。</td><td>母さんがかえってからしたらいい。</td><td>ぼくは家族のためにアイス1本ずつかったことがあります。うまかったです。こんどはおごってもらいたいです。</td></tr>
</table>

<table>
<tr><td align="center">10月15日
「アスレチック公園」
【節度，節制】</td><td align="center">10月21日
「なわとび名人」
【努力と強い意志】</td><td align="center">10月29日
「歯がぬけたら」
【国際理解】</td></tr>
<tr><td>自分も車にひかれそうになったことがあるので，みちおの気持ちがよく分かりました。ぼくだったら，友だちのいうことを聞きます。○○くんの意見がいいと思いました。</td><td>今日の道とくでは，自分をはげましてくれているのに，なわとびをしようと思わない気もちがよく分かりました。でも，あやこは，しっかり友だちの言葉を受けとったら良かったと思います。自分の目ひょうは，いつか家族にりょうりをすることです。</td><td>いろんなやりかたがある事を知って，自分もゆかいになる。ぼくもしっかり自分のやりかたをしたいなと考えました。△△さんの意見を聞いて，たしかに楽しみだなあとなっとくしました。またいろんな国のやりかたを調べてみたいです。</td></tr>
</table>

（備考）
〜〜〜は，一面的な見方から多面的・多角的な見方へと発展ているかがうかがえる部分
———は，道徳的価値の理解を自分自身との関わりの中で深めているかがうかがえる部分

図6-1　感想文から見える成長の様子

やすいものでなければなりません。たとえば，解説書には「個々の内容項目ごとではなく，大くくりなまとまりを踏まえた評価とすること」が示されているからといって，「さまざまな教材の登場人物を自分に置き換え，具体的にイメージしながら考えている様子です。」と大くくりなまとまりで評価しても，あまりにも漠然としていて，児童生徒や保護者には何が評価されているのかがわかりません。この場合には，大くくりなまとまりを評価した後，そのことを端的に示している児童生徒の発言や感想文の一部を紹介するなどして学習状況をわかりやすく示していくことが必要です。

　通知表の評価を作成する場合，どのような点に留意しなければならないのでしょうか。表6-4の評価例をもとに検証してみましょう。

　Aは，前半で大くくりなまとまりを評価し，後半では教材を示して児童の感想文の概要を紹介しています。しかし，この評価例は肝心の評価の視点に基づいた評価が行われていません。前半だけを読むと，道徳科の評価かどうかわかりません。後半部分で紹介されている感想の概要も，教材の内容から児童生徒が建前やきれいごとを書いているのかもしれません。

　Bは，「ぽんたとかんた」という1つの教材だけで評価されていますので，学期

表6-4 記述式評価例（1）

A：自分の意見をしっかりともち，積極的に発言する姿がよく見られるようになってきました。「バスの中で」の学習では，席を譲った主人公の誇らしい気持ちと喜びに共感し，親切にすると自分も相手も嬉しいのだと感想に書きました。
B：「ぽんたとかんた」の学習では，悪いとわかっていることはしないということについて自らの行動と重ねながらしっかりと発表していました。
C：「友情，信頼」を扱った授業では，「自分たちの行動次第で誰かを救うことができるから，自分も何か行動したい。」という感想を持ちました。授業を自分自身のこととらえていて，学校生活に生かす場面も多くみられました。
D：発言は控えめでしたが，授業での聞く姿勢や感想から，教材を自分に重ねながら考えを深めていることがわかりました。特に「席を譲られて」の学習では，自分の経験をもとに，礼儀が相手のためだけでなく，自分のためにも必要だという考えをワークシートに書きました。
E：教材から考えたことや話し合いの内容から，自分がすべきことや気を付けるべきことを感想として丁寧に書いています。「初めての伴奏」では，ＳＮＳの使い方について，「この先使うことがあれば，よく注意して使い，批判が出ても反応しないようにしていこうと思った。」と学んだことを今後の生活に生かそうと心がけていました。
F：自分の考えを持ちつつ，友達の意見を聞いて柔軟に考えを広げようとする姿が見られました。特に「自分の弱さと戦え」では，「自分の弱さと向き合うためには，その原因を見つけることが大切だと思った。話し合いで出た目標を持つことも，何を目指して努力すればいいのかがわかるから私も目標を持って頑張りたい。」と感想文に書いていたのが印象的でした。
G：授業を重ねるごとに，日々の生活と重ねながら自分の考えを記述することが増えました。「最後のパートナー」では，「毎日多くの人に支えられている。だから僕は今は無理でも，少しずつ成長することが恩返しだと思う。」と書いていたのが素敵でした。

や年間など一定の期間の学習状況を評価する必要があります。また，Ｃのように「友情，信頼」など個別の内容項目について評価することも避けなければなりません。

　Ｃについては，「学校生活に生かす場面も多くみられました。」が不要です。この生徒が学校生活に生かしているのは，この授業によって培われたものかどうかがわからないからです。道徳科の評価は，道徳科の授業における学習状況や成長の様子を見取って行うものです。

　Ｄ・Ｅは，前半の大くくりなまとまりと後半の具体例とも評価の視点〈表6-2の②―ａ〉で評価されていて，整合性のあるよい評価と言うことができます。

　ただ，Ｄは文頭の「発言は控えめでしたが」が不要です。道徳科の評価は「他の児童生徒との比較による評価（相対評価）」ではありません。発言が控えめであったかどうかは，他の児童生徒との比較から生まれるものなので，このような評価は避けなければなりません。まして，評価が「児童生徒がいかに成長したかを積極的に受け止めて認め，励ます個人内評価」でなければならないことから，児童生徒のマイナス要素を書くことは慎まなければなりません。

　Ｅでは語尾の「心がけていました。」が道徳性（この場合は実践意欲と態度）を評価しています。生徒が発言したり感想に書いているだけで心がけたかどうかはわかりません。同様に，「気付くことができました。」や「理解していました。」などは判断力，「思いを持ちました。」や「気持ちが芽生えました。」などは心情，「意欲を

表しました。」や「意気込んでいました。」などは実践意欲と態度を評価したものだと考えられます。児童生徒の内面的資質である道徳性を評価することは容易ではありません。道徳科の評価が学習状況や成長の様子を評価するものであることを十分踏まえることが必要です。

　F・Gは，前後半とも評価の視点〈Fは表6-2の①—b，Gは②—a〉で評価されていて，整合性のあるよい評価です。特に，Gは，前半に成長の様子が書かれている点がよい評価だと言えます。

5　評価から見える教員の姿勢

表6-5　記述式評価例（2）

> H：多くの授業で自分ならどうするかと考えながら関心を持って，話を聞いたり考えたりすることができました。「持ってあげる？　食べてあげる？」の学習では，感想文から「これからはやさしい人になる。」という思いを持つことができました。
> Ｉ：日常の体験や自分の生活と重ねながら，教材のテーマについて考えを深めていました。特に「挨拶は言葉のスキンシップ」の学習では，「たった一言の挨拶で，した方もされた方も気持ちよくなるので，心をこめた挨拶ができるようになりたい。」と自らの行動を見直すことができました。

　表6-5のHとＩを解説書に示された評価に当たっての基本的態度や評価の視点をもとに検証するとどうなるのでしょう。H・Ｉとも道徳的価値の理解を自分自身との関わりの中で深めているかどうかが評価されていますが，Hは語尾で「思いをもつことができました。」と道徳性（心情）を評価している点で，改善が必要なことがわかります。

　ここでは，そうした評価に当たっての基本的態度や評価の視点とは異なる次元で，これらの評価例を検証してみましょう。HとＩに共通しているのは「できました。」という表現です。Hに2箇所，Ｉに1箇所あります。

　教科の学習では，教員は主に児童生徒が知らなかったことやできなかったことを教えます。したがって評価は，たとえば，分数の足し算ができたかどうかや鉄棒の逆上がりができたかどうかなどのように，知識を理解することができたかどうか，技能を習得することができたかどうかを主に評価します。

　では，道徳の学習はどうでしょうか。たとえば，児童生徒は，友だちを大切にすること（友情）については，道徳科の授業が始まる前から知っていますし，その子なりにできています。道徳科では，児童生徒が授業開始前にもっていた友情（道徳的価値）についての理解を基に授業を進め，教材の登場人物の生き方や学級の多くの児童生徒から出る様々な意見から物事を多面的・多角的に考え，それまでにもっていた友情という価値についての理解の幅を広げ，生き方についての考えを深める学習をしていきます。

　こうした道徳科の学習の流れの中で，児童生徒ができたかどうかを見取ることは

表6-6　道徳科の授業に対する教員の姿勢

【小学校】
　道徳科の学習は，「人生いかに生きるべきか」という生き方の問いを考えると言い換えることができ，道徳科の指導においては，児童のよりよく生きようとする願いに応えるために，児童と教師が共に考え，共に探求していくことが前提となる。
　〈第4章指導計画の作成と内容の取扱い，第4節道徳科の教材に求められる内容の観点の2の(2)のウ〉
【中学校】
　教師は生徒と共に考え，悩み，感動を共有していくという姿勢で授業に臨み，生徒が自ら課題に取り組み，考え，よりよく生きるための基盤となる道徳性を養うことができるように配慮することが必要である。
　〈第4章指導計画の作成と内容の取り扱い，第2節道徳科の指導の1の(6)〉

容易ではありません。なぜなら，どのような状態をもってできたと判断できるのかが難しいからです。授業中に発言したから，感想文に書いたからできたと判断するのは安易だと言わざるを得ません。授業をしている先生の思いを汲み取った発言や感想文かもしれないからです。礼儀を扱った授業のあと，一時的に児童生徒が積極的にあいさつをするようになることはありますが，しばらく経つと元に戻ってしまうことはよく見かけます。これではできたと判断することはできません。できたかどうかは児童生徒のその後の生き方からうかがえるものなのです。道徳科の評価は，できたかどうかの結果の評価ではなく，児童生徒の学習状況の評価であることを忘れてはなりません。

　道徳科の評価に「できました。」という表現がしばしば見られるのは，授業に臨む教員の姿勢にあると考えられます。教科の学習では，教員は自ら持っている知識や技能をもとに，授業でねらいとした地点に児童生徒を引き上げようと指導します。そういう意味で教員は上から目線で児童生徒に接します。「できました。」という評価は，そうした教員の立ち位置からくるものだと考えられます。

　では，道徳科の授業における教員の立ち位置はどうなのでしょうか。道徳教育の目標が道徳性を育成することにあり，道徳科の学習は児童生徒が生き方についての考えを深めるものです。道徳性や生き方という視点で自分自身を見つめると，教員自身も児童生徒と同様に発展途上にあると言えます。そこで，解説書では授業に臨む教員のあるべき姿が表6-6のように示されているのです。ここからは，教員と児童生徒の立ち位置は同じ高さであることがわかります。

　かつて，「自分は道徳的な人間ではないので，道徳の授業を行うことはできない。」という理由で，道徳の授業を忌避する傾向が教員の一部にありました。そうした考え方は，道徳科の授業における教員の立ち位置に対する誤解から生まれたものだと考えられます。

　道徳科の授業において，教員と児童生徒が同じ立ち位置で共に考える以上，評価も児童生徒が懸命に考えたことに対して共感したり敬意を表するものでなくてはなりません。

注

(1)　これまでの学習指導要領「第3章道徳」では，学校の教育活動全体を通じて行う道徳教育と教育課程上に位置づけられた「道徳の時間」について示されていた。学習指導要領の一部改正（平成27年3月）により，「第3章特別の教科道徳」として，道徳科のみの章に改正された。

(2)　本書第3章，表3-1参照

(3)　(2)に同じ

第7章

小学校における道徳科の授業

1　はしの　上の　おおかみ〈低学年・B－⑹〉

2　くりの　み〈低学年・B－⑹〉

3　黄色い　ベンチ〈低学年・C－⑽〉

4　七つの　ほし〈低学年・D－⑲〉

5　まどがらすと　さかな〈中学年・A－⑵〉

6　雨のバス停留所で〈中学年・C－⑾〉

7　ヒキガエルとロバ〈中学年・D－⑱〉

8　花さき山〈中学年・D－⑳〉

9　手品師〈高学年・A－⑵〉

10　友の肖像画〈高学年・B－⑽〉

11　ぼくの名前呼んで〈高学年・C－⒂〉

12　青の洞門〈高学年・D－㉑〉

1　はしの　上の　おおかみ

① 主題名　親切，思いやり　B－(6)

② ねらい　山の中の一本ばしで親切だった大きなくまの後ろ姿を見つめることになる
　　　　　おおかみの心情を通して，身近にいる人に温かい心で接し，親切にしようと
　　　　　する道徳的実践意欲を育む。

③ 出　典　『わたしたちの　道徳　小学校1・2年』文部科学省

1　教材解説

① あらすじ：山の中の谷川にかかる一本橋で，おおかみは，わたろうとする動物
たちに「もどれもどれ。」と言って追い返し，毎日おもしろがっていた。そんな
ある日，おおかみは，橋の真ん中で，大きなくまとばったりとぶつかった。あわ
てておじぎをしてもどろうとするおおかみを，くまは軽々と抱き上げて後ろにそ
っとおろしてやった。おおかみは，そんなくまの後ろ姿をいつまでも見送ってい
た。次の日，おおかみは，くまのまねをしてうさぎに親切にしてみると，いじわ
るをしていた時よりずっといい気持ちになった。

② 教材の読み

(1) 生き方についての考えを深めるのは……おおかみ

(2) 考えを深めるきっかけは……自分より強そうなくまから親切にしてもらったこと

(3) 考えを深めるところは……くまの後ろすがたを見ながらいつまでも，はしの
上に立っていたところ

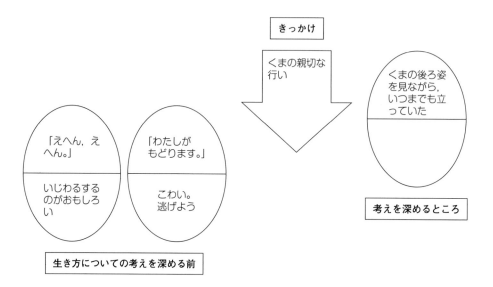

2　指導のポイント

① 　導入で，共通理解しておきたい場面設定として，山の谷川にかかる長くて細い一本橋であり，すれちがいができず，1人しか通れないことと，橋から落ちたら大変であることを押さえておく。

② 　くまの前では，おおかみも弱者に転じてしまう。この逆転現象をわかりやすくするために，視覚的にくまの大きさを体感できるような工夫が考えられる。くまのさし絵を大画面のテレビやプロジェクターを使って大きく映したり，大きく拡大して印刷したものを掲示したりすることで，大きなくまを前にしたおおかみの気持ちがとらえやすくなる。

③ 　役割演技として，うさぎに親切にするおおかみの様子を演じさせる。「えへん，へん。」のセリフの後に，おおかみの気持ちをつけ足し，道徳的実践意欲につなげられるようにしていく。

④ 　板書には，挿絵や吹き出しの絵等を活用して，おおかみの気持ちや考えていることをイメージしやすくする。

3　展開過程

	学習活動	発問と予想される児童の反応	指導上の留意点
導入	・場面の概要を知り，興味を持つ。	一本ばしって知っていますか。 今日は，一本ばしの上に毎日出てくるおおかみさんになったつもりで考えましょう。 ・わたるのがこわそう。 ・どんなお話かな。	・本時のおおまかな内容や設定をつかめるようにする。 ・おおかみになったつもりで読んでいくことを伝える。
展開	・教材を読む。 ・いじわるをしているおおかみの気持ちに共感する。 ・大きなくまに出会って，おおかみが思ったことを考える。 ・くまの後ろ姿を見ながら，おおかみが思ったことをさまざまな角度から考える。	 おおかみは，うさぎをどなった後，どんな気持ちで「えへん，えへん。」と言ったのでしょう。 ・おれは，強いんだ。 ・だれも通さないぞ。 ・いじわるするのは楽しいな。 ある日の夕方，目の前に大きなくまが立っているのを見て，おおかみは，どんな気持ちになりましたか。 ・こわい。　　・今度は，自分がやられる。 ・逃げよう。 大きなくまに，そっとおろしてもらった後，おおかみは，くまの後ろ姿を見ながら，どんなことを考えていたのでしょうか。 ・くまは，やさしかった。 ・くまは，すごかった。 ・くまは，かっこいいな。 ・自分もまねしてみようかな。	・教師が，丁寧に範読する。 ・おおかみの挿絵に吹き出しをつけて，考えやすくする。 ・くまの挿絵を大きく映して，考えやすくする。 ・くまに親切にしてもらう場面を範読し，場面をつかみやすくする。 ・吹き出しの絵を使用して，おおかみが考えていることのイメージがうかびやすくする。

	・役割演技を行い，うさぎに親切にしたおおかみの気持ちを考える。	・自分はいじわるだったな。 次の日，おおかみは，くまのまねをしてうさぎをだきあげて，そっとおろしてやったあと，「えへん，へん。」と言いました。どんな気持ちで言ったのでしょう。 ・えへん，へん。やっぱりこっちの方がいい。 ・えへん，へん。こっちの方が気持ちいいな。 ・えへん，へん。すごくいい気持ち。	・「えへん，へん。」の後のセリフを考えさせ，人に親切にした時の気持ちが自分なりに感じられるようにする。
終末	・気づいたことや感想を書く。	今日の授業で，自分が気づいたことや感想を書きましょう。	・机間支援を行い，一人一人が，自分を振り返りながら書けるようにする。

4　板書記録

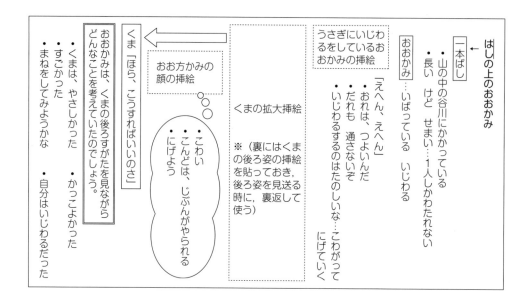

5　授業記録〈中心発問より〉

T：大きなくまに，そっとおろしてもらって，おおかみは，くまの後ろ姿を見ながら，どんなことを考えていたのでしょうか。

C1：びっくりした。

T：おおかみさん，びっくりしちゃいますよね。何にびっくりしたのかな。

C1：いじめられると思ったけど，やさしかったから。くまさんは，体がすごく大きくて力持ちだけどやさしい。

C2：くまさんが，かっこいい。

C3：自分もやってみたい。

C4：自分は，みんなにいじわるをしていて，だめだった。

T：やっぱり，いじわるなことよりも親切なことをしたいですね。
　　（うさぎのぬいぐるみを取り出して）それでは，みんなもやってみたいですか。

C：やりたい，やりたい。

T：みんなは，やさしくなってからのおおかみさんです。うさぎさんを「ほら，
　　こうすればいいのさ。」ってやさしくだきあげて後ろへそっとおろしてあげて
　　ね（見本を見せる）。その後，「えへん，へん。」と言ってから，おおかみさんの
　　気持ちをいいましょう（見本を見せる）。

C4：ほら，こうすればいいのさ。「えへん，へん。」気持ちいいなあ。

T：今のC4さんは，うさぎさんをそっとおろしてくれてやさしかったね。

C5：ほら，こうすればいいのさ。「えへん，へん。」うれしいな。

T：C5おおかみさんは，どうしてうれしいの。

C5：やさしくできたから。

T：それは，いいですね。うさぎさんもうれしかったと思いますよ。
　　じゃあ，うさぎさんの気持ちを言いたい人も募集します（うさぎ役ときつね役を
　　ペアで指名する）。

C6：ほら，こうすればいいのさ。「えへん，へん。」あーいい気持ち。

C7：ありがとう。

C8：ほら，こうすればいいのさ。「えへん，へん。」明日もまたやるぞ。

C9：おおかみさん，ありがとう。

6　児童の感想

・おおかみのきもちがわかった。

・くまは，やさしくてすごい。

・よわいものいじめはだめ。やさしくするのがいい。

・ともだちにいじわるをしていたら，ともだちがいなくなる。

・ともだちにしんせつにするのがだいじ。

・しんせつにすると　ほんとうにきもちがよくなってびっくりした。

・しんせつなことをしたらうれしくなることがわかった。

・みんながしんせつになったらいいクラスになれる。

・これからも　もっともっとしんせつなことをしたい。

7　掲載されている教科書

『新訂　あたらしいどうとく　1』東京書籍

『かがやけ みらい　しょうがっこう　どうとく　1ねん　きづき』学校図書

『しょうがくどうとく1　はばたこうあすへ』教育出版

『どうとく　1　きみが いちばん ひかるとき』光村図書

『しょうがくどうとく　いきる ちから　1』日本文教出版

『しょうがく どうとく　ゆたかな こころ　1ねん』光文書院

『新・みんなのどうとく1』学研教育みらい

『みんなでかんがえ，はなしあう　しょうがくせいのどうとく1』あかつき教育図
　　書

はしの　上の　おおかみ

　山の　中の　谷川の　上に，一本ばしが　ありました。
長いけれど，せまい　はしです。一人しか　わたれません。
　ある　朝の　ことでした。
　うさぎが　はしの　まん中まで　来ました。
　けれど，そこで　びっくりして，足を　止めました。
むこうから，おおかみが　わたって　きたのです。
「こら，こら。」
と，おおかみは　うさぎを　にらみつけました。
「おれが　わたって　きたのに，気が　つかなかったのか。
　ぼんやり　うさぎめ，もどれ　もどれ。」
　おおかみに　どなられて，うさぎは，もどって　いきました。
「えへん，えへん。」
　おおかみは　大とくいで，いばって　一本ばしを　わたりました。
　それからと　いう　もの，おおかみは　この　いじわるが，とても　おもしろく
なりました。毎日，用も　ないのに，はしの　上で　まって　いました。
　そして，きつねが　来ても，たぬきが　来ても，
「こら　こら，もどれ　もどれ。」
　みんなを　もとへ，おいかえしました。

　すると，ある　日の　夕方でした。おおかみは，はしの　まん中で，ばったり
だれかに　ぶつかりました。
「こら，こら……。」
と，言いかけて，おおかみは，びっくりしました。
　目の　前に　大きな　くまが　のっそりと，立って　いたからです。
　おおかみは，あわてて　おじぎを　しました。
「これは　これは，くまさんでしたか。わたしが　もどります。」
　すると，くまは　手を　ふって　言いました。
「いや　いや，おおかみくん，それには　およばないよ。ほら，こう　すれば
　いいのさ。」
　くまは，おおかみを，かるがると　だき上げて　どっこいしょと，後ろへ　そっと，
おろして　やりました。
　おおかみは，はしの　上に　立って　いました。
くまの　後ろすがたを　見ながら　いつまでも……。

つぎの　日です。

一本ばしの　まん中で，おおかみは　うさぎに　出会いました。

「あれ，いけない。」

うさぎは　あわてて，引きかえそうと　しました。

けれど，おおかみは　声も　やさしく　よび止めました。

「いや　いや，うさぎくん，それには　およばないよ。ほら，こう　すれば
　いいのさ。」

くまの　まねです。おおかみは　うさぎを　だき上げて，
どっこいしょと，後ろへ　そっと　おろして　やりました。

「えへん，へん。」

いい　気もちです。ふしぎな　ことに，前より　ずっと　いい　気もちです。

「これに　かぎるぞ。」

おおかみは，気もちが　晴れ晴れと　しました。

(奈街三郎　作による)

2　くりの　み

① 主題名　親切，思いやり　B－(6)
② ねらい　うさぎが差し出したくりのみを見て涙するきつねの心情を通して，身近に
　　　　　いる人に温かい心で接し，親切にしようとする道徳的心情を育む。
③ 出　典　『小学どうとく　生きる力　2』日本文教出版

1　教材解説

① あらすじ：北風が吹く中，きつねとうさぎは食べ物を探していた。きつねは，
　どんぐりがたくさん落ちているところを見つけ，腹いっぱいに食べ，残りをだれ
　にも見つからないように隠す。帰る途中に出会ったうさぎに，何も見つからなか
　ったとうそをつく。それを聞いたうさぎは，しばらく考えた後，自分がやっと見
　つけた2つのしなびたくりのみのうちの1つをきつねに差し出す。出されたくり
　のみを見ているうちにきつねの目から涙が落ちていった。

② 教材の読み
　(1)　生き方についての考えを深めるのは……きつね
　(2)　考えを深めるきっかけは……うさぎが，やっと見つけた2つのくりのみのう
　　　ちの1つをきつねにあげようとしたこと
　(3)　考えを深めるところは……きつねが，うさぎから差し出されたくりのみを見
　　　ているうちに，きつねの目からなみだがおちてきた場面

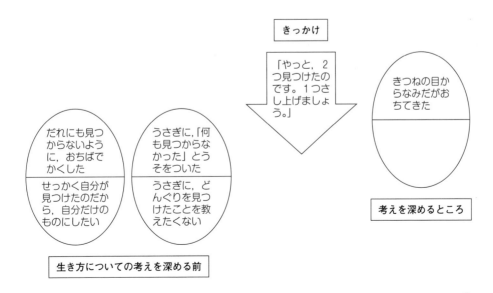

2　指導のポイント

① 導入で共通理解しておきたい場面設定

　・季節は冬で，動物たちが食べ物をなかなか見つけられないということ

　・食べ物を自分で見つけられないと命にかかわるということ

　　ただし，あまりに深入りしてしまうと，「思いやり」からずれてしまうので注意する。

② 「きつね」への自我関与をスムーズに行うために

　　この教材は，きつねになったつもりで，うさぎの思いを考えることで思いやりについての心情が深まる。だが，子どもたちは，「うそつきで，悪いきつねだからいや」ということもある。このような場合，「このきつねは，別に悪いきつねなのではなく，ふつうのきつねなのですよ」というような声掛けや，きつねの行動が共感できるような発問をするとよい。

③ 「しなびたくりのみ」にこめられたうさぎの思いを読み取る

　　どんぐりをお腹いっぱいに食べたきつねにとっては，まずそうなくりのみである。だが，うさぎにとって，やっと見つけた大事な食べ物である。なぜ，うさぎがくりのみをきつねにあげたのか，くりのみにこめられたうさぎの思いを考えさせたい。

3　展開過程

	学習活動	発問と予想される児童の反応	指導上の留意点
導入	・教材の概要を知り，興味を持つ。	おなかが，空いてペコペコになったことはありますか。冬になると，動物たちは食べ物がほとんどなくて，とても大変です。そんな中，食べ物を探しているきつねとうさぎのお話です。 ・どんなお話かな。　　・寒そう。 ・おなかがペコペコになったことは，前にあった。	・本時のおおまかな内容や設定をつかめるようにする。 ・おなかが空いてつらい状態を思い出し，きつねの行動に対して，共感しやすくしておく。
展開	・教材を読む。 ・登場人物とその状態を確認する。 ・おなかをすかせた中，たくさんの食べ物を見つけたきつねの思いを考える。	はじめにどんな動物が出てきましたか。 ・きつねとうさぎ ・食べ物をさがしている。 ・おなかがすいている。 きつねは，森の中にどんぐりがたくさんおちているのを見つけた時，どんなことを言ったでしょう。 ・やったー！　　・きせきだ!! ・いっぱい食べておこう。	・教師が，丁寧に範読する。 ・きつねになったつもりで読んでいくことを確認する。 ・どちらもおなかをすかせていることを押さえておく。 ・吹き出しを用意し，きつねの思いをセリフで表すことで，きつねになりきって考えられるようにする。

	・きつねが，どんぐりをかくす理由を考える。	きつねは，どんぐりをなぜかくしたのですか。	・おなかいっぱい食べたあと，どんぐりをかくしておきたい理由を自分なりに考えられるようにする。
		・自分が見つけたものは，自分のものだから。	
		・なくなってしまうといやだから。	
		・おなかがすいたらまた食べにくるから。	
		補 誰からかくしているのですか。	
		・食べ物を探しているみんな。	
		・うさぎや他の動物たち。	
	・きつねがうさぎにうそをついた理由を考える。	きつねがうさぎにうそをついたのは，なぜですか。	・うさぎに対して，うそをついた理由を自分なりに考えられるようにする。
		・どんぐりがあることを教えたくないから。	
		・本当のことをいったら，自分のどんぐりがとられるかもしれないから。	
	・うさぎがくれたくりのみを見て涙を流すきつねの思いを考える。	うさぎがくれたしなびたくりみを見ているうちに，きつねは，涙が出てきました。きつねは，どんなことを思っていたのでしょう。	・場面を範読し，うさぎがやっと見つけた2つのうちの1つを迷いながらもくれたことが分かるようにする。
		・うさぎさん，うそついてごめんなさい。	・挿絵を使って，きつねの表情を見ながら涙を流したきつねの思いについて考えられるようにする。
		・どんぐりをかくしていた自分とちがう。	
		・うそやひとりじめはだめだった。	
		・ありがとう。すごくうれしい。	
		返 きつねは，おなかいっぱいで，くりもしなびておいしそうでないけれどうれしいのですか。	
		・うさぎの気持ちがうれしい。	
		補 きつねが受け取ったくりのみには，うさぎのどんな気持ちが入っていると思いますか	
		・2つしかないのにくれたやさしさ。	
		・これ食べて元気出して，という気持ち。	
終末	・気づいたことや感想を書く。	今日の授業で，自分が気づいたことや感想を書きましょう。	・机間支援を行い，一人一人が，自分を振り返りながら書けるようにする。

4　板書記録

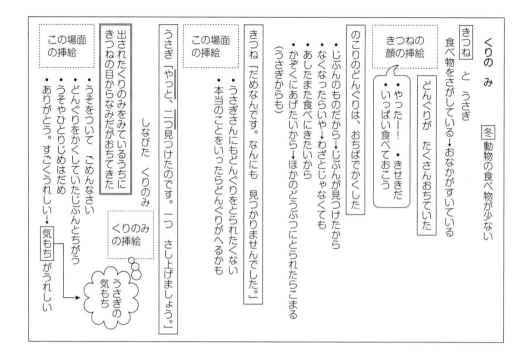

5　授業記録〈中心発問より〉

T：うさぎがくれたしなびたくりのみを見ているうちに，きつねの目から涙が出てきました。きつねは，どんなことを思っていたのでしょう。

C1：うさぎさん，うそをついてごめんなさい。

C2：自分もうそをつかなければよかった。

C3：うさぎさんごめん。

C4：いっしょに食べようといったらよかった。

T：きつねさんは，うそをついたことやひとりじめしたことをすごく反省しているのですね。反省の涙なのですか。

C5：反省もすごくあるけれど，ありがとうみたいなのもある。

C6：反省とうれし涙。

T：きつねさんは，どんぐりをたくさん食べているから，もうおなかいっぱいですよね。（絵を指しながら）うさぎさんがくれたくりのみは，しなびていてまずそうですが，それでもうれしいのですか。

C6：まずそうとかは，あんまり関係ない。2個しかないのに1つ自分のためにくれたのがすごくうれしい。

C7：ごめんもあるけど，すごくうれしい気持ちもある。

C8：多分，この二人は友だちだと思う。(うさぎさんは，)おなかがすいているけど
　　友だちだからくれた。

T：なるほど。きつねさんとうさぎさんは，友だちどうしかもしれないですね。

C：(多数)うん。

T：きつねさんが受け取ったくりのみには，うさぎさんの気持ちがつまっていた
　　と思います。うさぎさんのどんな気持ちがつまっていたと思いますか。

C9：やさしい気持ち。

T：(くりのみの絵の上にうさぎの絵と吹き出しをつける)

C10：これ食べて元気出して。

C11：半分こにして一緒に食べよう。

T：「一緒に」って，すてきですね。

C12：また一緒にあそぼうね。

T：きつねさんは，すごくすてきな気持ちを受け取ったのですね。

6　児童の感想

・きょうの話は，うさぎさんのやさしい気もちがすごかった。

・きつねさんは，すごくはんせいしていた。こんどからいいきつねになれたらいい
　ね。

・きつねさんがこまったふりをしたからうさぎさんがやさしくした。でも，ともだ
　ちにうそをつくのはよくない。

・くりのみに，やさしいきもちが入っていたのがわかった。

・じぶんもひとりじめしたいきもちがある。きつねは，はんせいしててえらい。

7　掲載されている教科書

『しょうがくどうとく1　はばたこうあすへ』教育出版
『どうとく　1　きみが いちばん ひかるとき』光村図書
『小学どうとく　生きる 力　2』日本文教出版
『新・みんなのどうとく1』学研教育みらい

くりの　み

　ピュー　ピューと，北風の　ふいて　いる　原っぱで，きつねが　うさぎに
出会いました。
「うさぎさん，うさぎさん。そんなに　いそいで　どこへ　行くのです。」
と，きつねが　聞きました。
「食べものを　見つけに　いく　ところです。あなたは　どちらへ。」
と，うさぎは　言いました。
「わたしも　食べものを　さがしに　いく　ところです。」
「たくさん　見つかると　いいですね。では，気を　つけて　いって　いらっしゃい。」
　うさぎと　わかれて　しばらく　行くと，森の　中に，どんぐりが　たくさん
おちていました。
「しめた。」
　きつねは，よろこんで　はらいっぱい　食べました。
　のこりは，だれにも　見つからない　ように，おちばで　かくして　おきました。
　帰る　とちゅうで，また　さっきの　うさぎに　会いました。
「きつねさん，どうでした。」
と，うさぎが　聞きました。
　きつねは，きゅうに　こまった　顔を　して，
「だめなんです。何にも　見つかりませんでした。」
と　言いました。
「それは　お気のどくですね。」
と　言って，うさぎは，しばらく　考えていましたが，
しなびた　くりの　みを　とり出しました。
「やっと，2つ　見つけたのです。1つ　さし上げましょう。」
「えっ。」
　出された　くりの　みを　見て　いる　うちに，きつねの　目からなみだが
おちて　きました。

（平井芳夫　作による）

3　黄色い　ベンチ

① 主題名　規則の尊重　C−⑽
② ねらい　自分たちがどろんこにした黄色いベンチでスカートを汚した女の子と泥を
　　　　　はらうおばあさんを見て道徳的に変化する主人公を通して，約束やきまりを
　　　　　守り，みんなが使う物を大切にしようとする道徳的判断力を高める。
③ 出　典　『わたしたちの　道徳　小学校１・２年』文部科学省

1　教材解説

① あらすじ：雨の日が続いてようやく上がったある日のこと，たかしくんとてつ
　おくんは，近くの公園で紙飛行機を飛ばして遊ぶことになった。さらに，黄色い
　ベンチを見つけた２人は，どろどろの靴のまま乗って紙飛行機を飛ばし始める。
　次に，立ったままブランコをこいでいると，５歳くらいの女の子がやってきて，
　さっきの黄色いベンチに座ってしまった。泥だらけのベンチに座って汚れてしま
　った女の子のスカートをふいているおばあさんを見て，２人は「はっ」と顔を見
　合わせるのであった。

② 教材の読み

　⑴ 生き方についての考えを深めるのは……たかしくんとてつおくん

　⑵ 考えを深めるきっかけは……女の子のスカートを汚してしまったことに気づ
　　いたこと

　⑶ 考えを深めるところは……「はっ」として顔を見合わせたところ

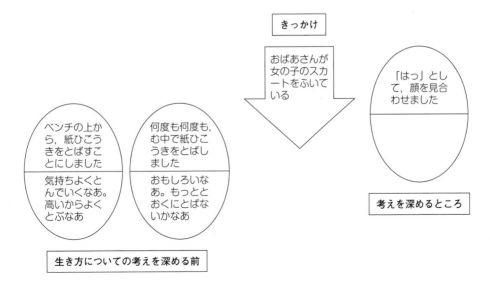

2　指導のポイント

①　導入では，「みんなで使うものや場所は，どんなものがあるかな。」と問いかけ，今日の授業で考えることをめあてとして提示する。低学年ということもあり，考える方向づけを行うことで展開の最後の問い「みんなで使う場所やものを使う時，どんなことに気を付けたらいいのかな。」につなげたい。

②　展開では，自分たちのしたことについておばあさんや女の子の立場からも考えさせることで，きまりについて多角的に考えさせたい。さらに中心発問では「『はっ』として顔を見合わせたたかしくんとてつおくんは，どんなことを思っていたでしょう。」と問いかけ，主人公になりきって心情を考えさせたい。

③　その後，自己を見つめさせるわけだが，公園で遊ぶことも少ない児童もいると考えられる。教材に出てくる公園のベンチだけでは，みんなで使う場所や物についてイメージが持ちにくい。そこで学校内でみんなが使っているものや場所（一輪車，図書室など）を具体的に ICT も活用しながら写真で提示して考えさせる。振り返りの時に「どれを大事にしようと思った？」と問いかけ，選んで考えられるようにする。そうすることで表現の苦手な児童でも主体的に自分について見つめ，表現することができるのではないかと考える。

3　展開過程

	学習活動	発問と予想される児童の反応	指導上の留意点
導入	・教材の内容に関心を持つ。	みんなで使う場所って，どんなところがありますか。 ・公園　・トイレ　・運動場　・体育館	・時間をかけない。
展開	・教材を黙読する。 ・公園で紙飛行機を飛ばし始める主人公の心情を考える。	公園で紙飛行機をとばして遊んでいるたかしくんとてつおくんは，どんな気持ちだっただろう。 ・楽しいなあ。 ・どこまで飛ぶかなあ。 ・もっと遠くに飛ばしたいなあ。	・教材を範読する。 ・だれが，どこで，何をしたかを確認しながら進める。
	・黄色いベンチの上から飛ばす主人公の判断力に共感する。	どう考えて，たかしくんとてつおくんは黄色いベンチの上から紙飛行機を飛ばすことにしたのだろう。 ・高いところからならもっと遠くに飛ばせるだろう。 ・どこまで遠くに飛ばせるかな。 ・よし，もっと遠くに飛ばしてやろう。	・2人に批判的にならないように留意する。
	・泥をふいているおばあさんの心情に共感する。	スカートのどろをふいているおばあさんは，どんな気持ちだっただろう。 ・まあ，こんなに汚しちゃって！ ・よく見てから座らないといけませんよ。 ・いったい誰がこんなところに上がったのかしら。 ・ベンチに上がる子がいるなんて…困ったものだわ。	・挿絵も活用しながら状況を確認してから発問する。

	・「はっ」として顔を見合わせる主人公の思いを考える。	「はっ」として顔を見合わせたたかしくんとてつおくんはどんなことを考えていたでしょう。	・紙飛行機を飛ばしたかった主人公はどう考えればよかったのかについても考えさせたい。
		・あっ，いけないことをしてしまった。 ・女の子とおばあさんに悪いことしたな。 ・どうしたらいいんだろう。 ・ちゃんと謝らないといけないな。 ・これからはやらないようにしよう。	
	・みんなで使う場所で気をつけることを考える。	みんなで使う場所では，どんなことに気を付けたらいいのかな。	・写真を用意しておいて提示し，具体的なイメージを持てるようにする。
		・汚したりゴミを捨てたりしない。 ・自分のことだけでなくみんなのことを考えて使う。 ・次に使う人が気持ちよく使えるようにする。	
終末	・振り返りを書く。 ・教師の話を聞く。	みんなで使う場所，運動場や公園などいろいろあるよね。自分もみんなも使うのですから，自分もみんなも気持ちよく使えるようにしたいですよね。	・書くことが苦手な児童には写真から選ばせてもよい。

4　板書記録

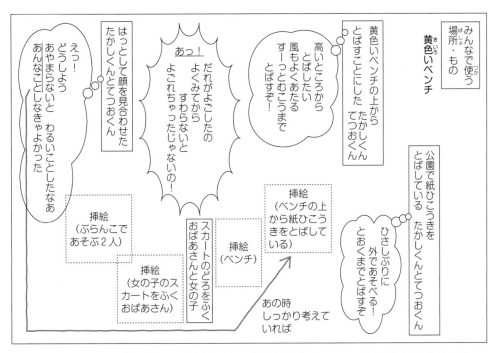

※　黒板左側のテレビに，「みんなが使う場所，みんなが使うものって……？」「使うときに気をつけることって……何かな？」という見出しを上下に図書室などの画像を写す。

5　授業記録〈中心発問より〉

T ：「はっ」としました。男の子たちはどんなことを考えているのかな。

C1：ぼくらが，気が付かなかったのが悪いのかなあ。

C2：女の子に悪いことしたなあと思った。

C3：あやまりに行かないといけないと思った。

C4：にていて，早くあやまりに行かないといけないと思った。

T ：どうして？

C3：自分たちが汚したから，あやまりに行かないといけない。

C4：自分たちが遊んできたなくしたのだから。

T ：2 人は悪いことしたなあと思っているんだね。公園に来た時，飛行機を飛ばしたかったんだよね。この時，2 人はどう考えればよかったのだろう。

C5：くつを脱いだらよかった。

C6：やる前に考えてからやったらよかった。

C2：誰か来た時に座るかもしれないから，くつを脱いで飛ばそうとすればよかった。

C1：遊び終わった時にベンチを確認すればよかった。

C3：ちゃんとベンチをきれいにすればよかった。

C5：でも，途中で気づくことはあんまりないから，やめればよかった。

C2：みんなで使うものだから乗ったりしないで，大事に使わないとダメ。

T ：なるほどね，みんなで使うものは大事にしないといけないのか。みんなで使うものや場所って，いろいろあったよね。

C1：小学校

C3：ブランコ

T ：例えば，こんなところはどう？　〈図書室の写真を提示する〉

C2：図書室だ。

T ：使う時に気を付けること何かある？

C5：本をやぶらない。

C6：破れていたら図書委員か先生に言う。

C1：本の取り方，上のところを押して取る。

T ：何でそんな取り方するの？

C1：本を上から取ったらカバーが破れたりするから，そこを押して取る。

T ：なるほど。じゃあ，これは？〈トイレのスリッパの写真を提示する〉

C2：トイレのスリッパ。ちょっとバラバラだ。

C1：いや，めちゃくちゃだ。

C6：スリッパは揃えないといけない。

T　：何で？

C6：次の人が履きやすいように揃えないとダメ。

C3：みんなが大事に使うトイレだから，スリッパも大事に使う。

6　児童の感想

・てつおくんとたかしくんは，もうちょっと考えた方がよかった。どうしてかというと，ベンチが汚くなるからです。

・図書室の本を破いたりページを折ったりしない。みんなで使うものだからです。

・スリッパを見て，ぼくもちゃんと片付けないとと思いました。みんなが使うからです。

・これからもいろいろなルールを守っていきたいです。使い方を守って使いたいです。トイレのスリッパとか物とかを整理して，みんながきれいに使ってほしい。スリッパはみんなが使うものだから大事に使いたいです。

・場所，場所のルールを守らないとと思いました。トイレをいちばん守りたいです。なぜかと言うと，毎日使うからです。

7　掲載されている教科書

『新訂　新しいどうとく　2』東京書籍

『かがやけ みらい　小学校　どうとく　2年　きづき』学校図書

『しょうがくどうとく1　はばたこうあすへ』教育出版

『どうとく2　きみが いちばん ひかるとき』光村図書

『しょうがく どうとく　ゆたかな こころ　1ねん』光文書院

『新・みんなのどうとく2』学研教育みらい

『みんなで考え，話し合う　小学生のどうとく2』あかつき教育図書

黄色い　ベンチ

　ふりつづいて　いた　雨が　上がり，日曜日の　今日は，すっかり　よい　天気に
なりました。

　たかしくんと　てつおくんは，朝から　近くの　公園へ　きのう　作った
紙ひこうきを　とばしに　行きました。

「ひくい　ところからじゃ，よく　とばないよ。」
たかしくんが　言いました。

　見ると，おかの　上に　黄色い　ベンチが　あります。

「あの　ベンチの　上から　とばそうよ。」
と，てつおくんが　言ったので，2人は　ベンチの　上から，紙ひこうきを　とばす
ことに　しました。

　ベンチの　上に　のると　高いので，紙ひこうきは　すうっと，気もちよく
とんで　いきます。

　雨上がりの　公園には，あちらこちらに　水たまりが　ありました。

　2人の　くつは　どろどろですが，そんな　ことには　気が　つきません。

　2人は，ベンチに　のって，何度も　何度も，む中で　紙ひこうきを　とばしました。

　つかれた　2人は，少し　休む　ことに　しました。

　たかしくんが，

「ぶらんこで　あそぼう。」
と　言ったので，2人で　ならんで　のりました。

　2人は，立ったまま，ぷらん　ぷらんと　こぎました。

　あせを　かいた　顔に，つめたい　風が　当たって　とても　気もちが　いいと
思いました。

　そこへ，5さいくらいの　女の子と　おばあさんが　やって　きました。

　女の子は，走って　きて　ベンチに　すわり，

「早く　早く。」
と，おばあさんを　よびました。

「まあ　まあ，こんな　どろだらけの　ベンチに　すわって，スカートが
　どろだらけですよ。」
おばあさんは，女の子を　立たせて，スカートに　ついた　どろを，ふいて　あげて
います。

　たかしくんと　てつおくんは，「はっ」として，顔を　見合わせました。

（千葉県道徳評価研究会　作による）

4　七つの　ほし

① 主題名　感動，畏敬の念　D−⑲
② ねらい　自分はがまんしてでも，相手のためを思って親切にする人たちの美しい心
　　　　　　にふれることを通して，美しいものに触れ，すがすがしい心をもとうとする
　　　　　　道徳的心情を育む。
③ 出　典　『みんなでかんがえ，はなしあう　しょうがくせいのどうとく1』あかつ
　　　　　　き教育図書

1　教材解説

① あらすじ：むかし，女の子が病気のお母さんのために水を探しに出かける。だが，
水は見つからない。疲れて倒れた女の子が目覚めると，ひしゃくに水がなみなみと
入っていた。その水を倒れそうな子犬に差し出すと，木のひしゃくが銀に変わっ
た。家に帰ると，お母さんは，女の子に先に水を飲むように言う。すると，ひしゃく
は金に変わった。そして，女の子は，自分は飲まずに死にそうな旅の老人にひし
ゃくを渡すと，中から七つのダイヤモンドが飛び出し，きれいな水があふれてきた。
ダイヤモンドは，空に上がり七つの星となり，今も北の空でうつくしく輝いている。

② 教材の読み

(1) 生き方についての考えを深めるのは……女の子
(2) 考えを深めるきっかけは……ダイヤモンドがとび出し，きれいな水があふれてきた。
(3) 考えを深めるところは………少女とひしゃくにおこった奇跡。

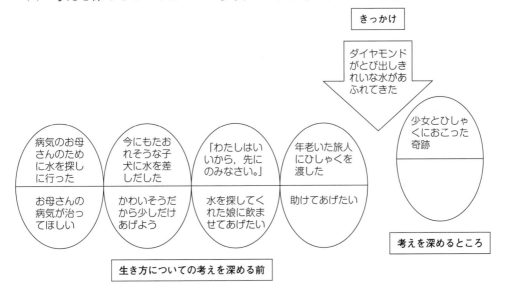

2　指導のポイント

①　この教材は，19世紀のロシアの文豪トルストイが描いた物語をもとにしている。内容は，現実ではあり得ないとわかっていても，大人も感動できるものである。美しいお話の世界に入り込みながら，そのよさを味わわせることで，子どもたちの感性を磨き，美しいものに気づいたり，感動したりする心を育てたい。

②　女の子は，なぜ自分は飲まないで，旅の老人に水をあげたのだろうか。深めたいこの場面で，女の子に自我関与して理由を考えさせると「良いことをしたら水が出てくると思ったから」のように，子どもの生活経験の中で考えられる範囲内に思考がとどまりがちである。この場面では，変化したひしゃくのほうに視点を移して，きせきが起きた理由について考えさせる。

③　子どもの思考を助けるために，模型等を使う場合，よく考えてから選択する必要がある。模型等を見てしまうと，子どもたちの中で，イメージが固まってしまいがちになる。挿絵に関しても同様である。この教材では，子どもたちが自分の心の中で思い描いた金や銀のひしゃくや星になって美しく輝くダイヤモンドのイメージを大切にしたい。それらの美しさは，女の子の心の美しさのイメージとつながっている。

3　展開過程

	学習活動	発問と予想される児童の反応	指導上の留意点
導入	・教材の概要を知り，興味を持つ。	北斗七星って知っていますか。水をくむひしゃくの形をした星座です。今日のお話は，北斗七星についてのお語です。 ・どんなお話かな。 ・本当にひしゃくの形になっていてふしぎ。	・北斗七星の美しい写真があれば提示する。 ・ひしゃくの形のイメージが持てるようにする。 ・時間をとらずに，さっと範読にうつる。
展開	・教材を読む。 ・このお話のすてきな所を見つけて線を引き，友だちとどこに引いたか交流する。	このお話の中で，自分がすてきだな，いいなと感じたところを3つから5つくらい見つけて線を引きましょう。 ・ひしゃくが銀になったり金になったりするのがいいな。 ・ダイヤモンドがでてきてすごい。 ・この女の子はすごくやさしな。 ・こんなひしゃくがほしいな。	・教師が，丁寧に範読する。 ・とまどっている子どもには，間違いはないことを伝えると共に，どこに引いていても共感的に対応する。 ・短時間で終わらせ，全部終わっていなくても大丈夫であることを伝える。 ・ペアやグループで，短時間交流する。
	・ひしゃくが銀になった意味考える。	女の子が子犬に水をあげると，木のひしゃくが銀になりました。なぜでしょう。 ・女の子がいいことをしたから。	・子犬に対する思いやりの心が奇蹟を起こしたことに気づけるように

		する。
・ひしゃくが金になった意味考える。	家で，お母さんが「わたしはいいから，先にのみなさい」というとひしゃくが金になりました。なぜひしゃくは，金になったのですか。	・お母さんの女の子への思いやりの心が奇蹟を起こしたことに気づけるようにする。
	・お母さんがやさしかったから。 補 お母さんは，のどが渇いていなかったのでしょうか。 　・すごくかわいていたけれど，女の子に先にのませてあげたかったから。 　・女の子が，自分のためにいっしょうけんめい見つけてくれたのがうれしかったから。	
・最後のきせきが起こった理由について考える。	女の子が「おじいさん，これをどうぞ。」と言って，ひしゃくを渡したらひしゃくの中から七つのダイヤモンドと，きれいな水があふれて出てきました。なぜこんなことが起こったのでしょうか。	・奇蹟が起こった理由を考えられるようにする。
	・女の子のやさしさを神様が見ていてくれたから。 ・旅人の正体は，神様だったから。 ・ひしゃくは，魔法のひしゃくだったから。 ・女の子のやさしさがダイヤモンドになって出てきた。 ・すごくやさしいことをしたから，水がダイヤモンドになった。	
・この星たちの輝きの意味を考える。	この星たちが，今もうつくしくかがやいているのは，なぜでしょう。	・今もひしゃくの形をした北斗七星は，世界のいろいろな国から見ることができ，日本からも見えることを伝える。
	・女の子のやさしさをわすれてほしくないから。 ・世界中の人にこのお話を知ってもらいたいから。 ・女の子のやさしさが今も残っている。	
終末 ・気づいたことや感想を書く。	今日の授業で，自分が気づいたことや感想を書きましょう。	・机間支援を行い，一人一人が，自分を振り返りながら書けるようにする。

4　板書記録

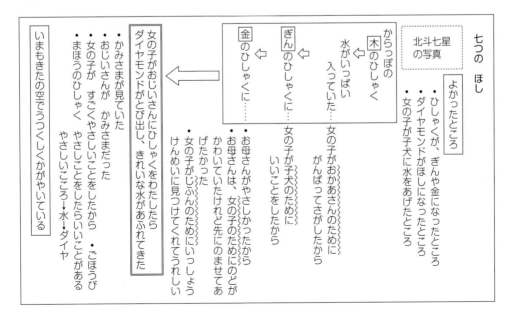

5　授業記録〈中心発問より〉

T：女の子やお母さんが誰かのためにやさしいことをしたらひしゃくがどんどん
変わっていきましたね。みんなの心の中で，ひしゃくが変わっていったのが想
像できましたか。
〈少し間を置く〉

T：最後におじいさんに渡したら，ひしゃくの中から七つのダイヤモンドと，き
れいな水があふれて出てきました。なぜこんなことが起こったのでしょうか。

C1：おじいさんは，神様だった。

T：そうかもしれませんね。もし神様だったらどうしてこんなことをしてくれた
のかな。

C1：女の子がすごくやさしいことをしたごほうび。

C2：女の子にありがとうという気持ち。

T：他にありますか。

C3：魔法のひしゃくだった。

T：どんな魔法がかかっているのですか。

C3：やさしいことをしたら，いいことが起こる。

T：面白いですね。みんなの心の中にも魔法のひしゃくがあるかもしれませんよ。

C4：女の子は，ひしゃくの中にやさしいこころを入れて，それが水に変身した。

C5：ダイヤも透明だから，水がやさしい心でかたまって，ダイヤに変身した。

6　児童の感想

・すごくいいおはなしだった。このおはなしは，せかいじゅうにひろめたい。
・この女の子は，すごい力がある。
・やさしことをいっぱいして，おほしさまのダイヤをたくさんつくりたい。
・おほしさまは，やさしいこころのダイヤでできているから，きらきらしているの
かな。
・わたしのつくった，おほしさまもあるかな。
・ほんもののほくと七せいを見てみたい。

7　掲載されている教科書

『新訂　新しいどうとく　2』東京書籍
『かがやけ　みらい　小学校　どうとく　2年　きづき』学校図書

『しょうがくどうとく1　はばたこうあすへ』教育出版

『どうとく　1　きみが　いちばん　ひかるとき』光村図書

『小学どうとく　生きる　力　2』日本文教出版

『しょうがく　どうとく　ゆたかな　こころ　1ねん』光文書院

『新・みんなのどうとく1』学研教育みらい

『みんなでかんがえ，はなしあう　しょうがくせいのどうとく1』あかつき教育図
　書

七つの　ほし

　とても　むかしの　ことです。雨の　ふらない　日が　つづいて，川の　水も　いどの　水も，なくなって　しまいました。

　女の子は，びょう気の　おかあさんの　ために，水を　さがしに　出かけました。

　一生けんめい　さがしましたが，水は　どこにも　ありません。女の子は，つかれて，たおれて　しまいました。

　どれくらい　たったでしょう。女の子が，目を　さますと，手に　もって　いた　ひしゃくに，水が　なみなみと　入って　いるでは　ありませんか。

　女の子は，おもわず，口を　つけそうに　なりました。

　（いけない。これは，おかあさんに　あげなくては。）
女の子は，ひしゃくを　もって　かけ出しました。

　しばらく　いくと，むこうから，ふらふらと　子犬が　あるいて　きました。いまにも　たおれて　しまいそうです。
「かわいそうに，お水が　ほしいのね。すこしだけよ。」

　女の子は，子犬に　水を　さし出しました。すると，ふしぎな　ことに，木の　ひしゃくが，ぎんいろに　ひかりました。

　女の子は，いそいで　いえに　かえりました。そして，おかあさんに　水を　のませようと　しました。おかあさんは
「わたしは　いいから，先に　のみなさい。」
と　いいました。

　とたんに，こんどは，ぎんの　ひしゃくが，金いろに　かわりました。
「おかあさん　ありがとう。」

　女の子が，水を　のもうと　した　とき，こえが　きこえました。
「たすけて　おくれ。水を　おくれ。」

　年おいた　たび人でした。しにそうな　力の　ない　こえです。
「おじいさん，これを　どうぞ。」

　女の子は，じぶんは　のまずに，たび人に　ひしゃくを　わたしました。

　その　ときです。ひしゃくの　中から　七つの　ダイヤモンドが　とび出し，みるみるうちに，きれいな　水が　あふれて　きたのです。

　やがて　七つの　ダイヤモンドは，空に　たかく　まい上がり，七つの　ほしに　なりました。

　ひしゃくの　かたちを　した　その　ほしたちは，いまも，きたの　空で，うつくしく　かがやいて　います。

（トルストイ　作による）

98

5　まどがらすと　さかな

① 主題名　正直，誠実　A−(2)

② ねらい　悩んだ末にガラスを割ったことを謝ろうと決心する主人公の道徳的変化を
　　　　　考えることを通して，過ちは素直に改め，正直に明るい心で生活しようとす
　　　　　る道徳的判断力を高める。

③ 出　典　『小学校　道徳の指導資料とその利用3』文部省

1　教材解説

① あらすじ：千一ろうが友達とキャッチボールをしていて，過って近くの家の窓
　ガラスを割ってしまったが，悪いと思いながらもつい逃げてしまう。現場を見に
　は行くもののなかなか謝れないまま暗い心で数日を送る千一ろう。しかし，飼い
　猫が魚をとってきたのを知って一軒一軒聞いて回る山田さんのお姉さんの誠実な
　態度に接し，正直にお母さんに話すことを決心する。

② 教材の読み

　(1) 生き方についての考えを深めるのは……千一ろう

　(2) 考えを深めるきっかけは……山田のお姉さんが謝りに来た

　(3) 考えを深めるところは……山田のお姉さんが訪ねてきた夜から朝にかけて

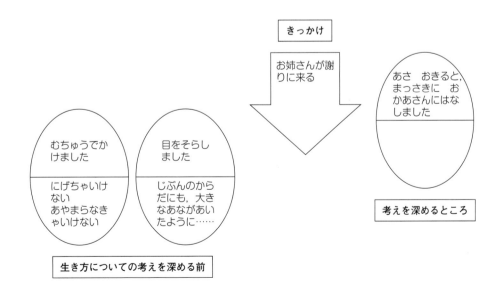

2　指導のポイント

① 「正直」という価値への導入から入ると反省になりがちで児童も構えてしまいがちなので，帰ってからの遊びを聞くという内容からの導入をすることで，明るい雰囲気で授業をスタートさせたい。

② 中心発問までの基本発問では，謝りに行けない主人公に批判的になるのではなく，主人公が悩みながらもなかなか謝れない心情に共感させたい。教員としても「小さな過ちはすぐに謝れても，身に余るような大きな過ちはなかなか謝れない。」という人間の弱さに子どもたちと共感しながら授業を考えていきたい。

③ 中心発問では，お姉さんが来てから次の日の朝までに主人公が葛藤しつつも，どう考えてお母さんに話そうと決めたのかを考えさせたい。自分の立場から考えたり，お母さんの立場から，または窓ガラスを割られた家の人の立場など，多面的・多角的に考えさせることを大切にすることで，道徳的な物事の見方・考え方を広げ，深めていきたい。

④ 謝罪に行く場面は，道徳的に解決している場面ではあるが，中学年（特に3年生）の発達段階を考えると，正直にした後の晴れやかさも感じさせ，正直にすることのよさも感じさせたい。

3　展開過程

	学習活動	発問と予想される児童の反応	指導上の留意点
導入	・今日の教材について知る。	帰ってから，みんなはどんな遊びをしていますか。 ・縄跳び　　・ゲーム　　・鬼ごっこ ・キャッチボール	・導入なので時間はかけない。
展開	・教材を黙読する。 ・ガラスを割って逃げる主人公の心情を考える。 ・何度もあやまろうとするができない主人公の心情に共感する。 ・正直に言おうと決心する主人公の判断力を考える。	夢中でかけだした千一ろうは，どんな気持ちだっただろう。 ・にげろ，見つかってしまう。 ・にげちゃいけない，あやまらなきゃいけない。 ・文助も逃げるんだからぼくも逃げよう。 次の日も次の日も遠回りして見に行き，あわててかけだした千一ろうは，どう思っていただろう。 ・「ぼくだ！」って言いたい。けど，いまさら言えない。 ・怒っているんだろうなあ。言えないなあ。 ・お母さんに知られたら…やばいなあ。 ・弁償しろって言われるかもしれない。 そして次の日の朝，まっ先にお母さんに話したよね。前の日の夜，どんなふうに考えて千一ろうは，話すことにしたのだろう。 ・黙っているのが苦しい。言ったほうが楽だ。＝自己中心的	・教材を範読する。 ・主人公への批判にならないようにする。 ・次の日も，また次の日も気になる主人公の行動を理解させ，しっかり共感させる。 ・悩んだ末の決断であることを理解させる。 補 そのときすぐにあやまらなかったのはどうしてだろう。

		・悪いことをしたと思いながらいるのはいやだ。＝自己中心的 ・お姉さんのように正直に言おう。＝上昇志向 ・お母さんも自分から言ったら許してくれる。＝母の立場 ・おじいさんの気持ちを考えると…あやまろう。＝自律的 ・割られたおじいさんの心にもひびが入った。＝他者の立場	
	・正直に謝った主人公の心情を考える。	ボールを返してもらった千一ろうは，どんな気持ちだっただろう。 ・なかなか言えなくて，ごめんなさい。 ・ボールを返してもらえてよかった。 ・許してもらえてよかった。 ・もっと早く言えばよかった。 ・正直に言ってよかった。	・正直にすることのよさも考えさせたい。 補 正直にすることのよさって，何だろう。
終末	・振り返りを書く。 ・教師の話を聞く。	「正直は一生の宝」という言葉があります。どうして一生の宝なのか，考えてみて下さいね。	・振り返りを書かせる。 ・余韻を残して終わる。

4　板書記録

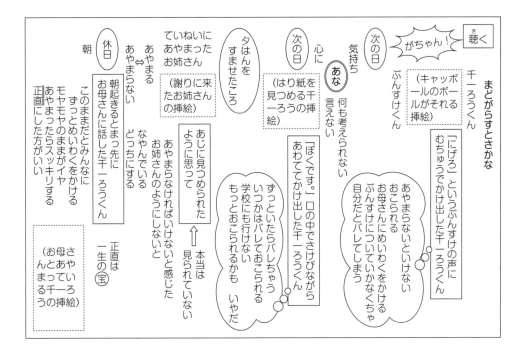

5　授業記録〈中心発問より〉

T：どう考えて謝ろうって，決めたのだろう。
C1：このままではずっと迷惑がかかると思う。
T：誰に？
C1：ずっと割られた人の家の人に迷惑がかかってしまう。
C2：ぼくは，自分の心の中のモヤモヤが続くのが嫌だし，我慢できなくなったからだと思います。
C3：似ていて，謝ったら自分の心の中がスッキリするから謝ったと思う。
C4：みんなに迷惑がかかってしまうからだと思います。
T：どういうこと？
C4：割られた家の人がお姉さんみたいに一軒一軒聞いて回っていたら，お母さんにもみんなにも迷惑がかかってしまう。
T：なるほど。
C5：黙っているのではなく，正直に謝った方がいいと考えたのだと思う。
T：正直にする方がいいの？　正直にすることのよさって，何？
C2：正直に言われた方も言う方も，どちらも気持ちが晴れることだと思います。
C4：気持ちが楽になって，うれしい気持ちになる。
T：正直に言われて分かったら，怒らないかなあ？
C1：自分がやったことだから仕方がない。
C3：怒られても，黙ってモヤモヤした気持ちが続くよりもスッキリしていいと思う。
C5：自分にとっては，正直に言うことが大切だと思う。

6　児童の感想

・このお話を読んで，千一ろうがガラスを割ってしまって，次の日にそのあとを見て，自分の体にもあながあいたように思ったのは，気持ちにあながあいて何も考えられなくなったということが友達の意見で分かりました。最後には，千一ろうは，その家の人にあやまって，やっぱり正直にやってしまったことを話すと，お互いの気持ちが楽になるから大切ということが分かりました。

・今日のお話にもあったけど，人に対して正直に言うことはとても大切だから，私も何か悪いことをしてしまったら正直に謝りたいです。うそをついてしまうことがたまにあるから，ばれてはいけない，おこられるなどと思ってにげずに，家に帰って家族に話してあやまりたいです。

・自分はあまり正直に言えていないから，もっと正直にほかの人にも言いたいです。あやまることは，人にめいわくをかけないようにするためだし，自分の責任だからです。

・今日，まどガラスと魚というお話を聞いて，最初は千一ろうはあやまらなかったけど，どんどん日にちがたっていくにつれてあやまるかどうか考えてきて。そして最後にはあやまることができてよかったです。なぜかというと，もしもこのままあやまらなかったら，一番苦労するのはあやまるかあやまらないか考えている自分で，ずっとモヤモヤがたまっていくし，まどガラスを割られた人も困るから，正直にあやまるといいと思います。ぼくは何か少しいけないことをしたら，なかなか自分からあやまることができないので，このお話をきっかけにして少しでもいけないことをしたらあやまりたいと思います。

・今日のお話で，千一ろうはまどガラスを割ったことをあやまっていて，とても勇気があるなと思いました。私はこの物語のように悪いことをしてもうそをついたり何も言えなかったりするので，気を付けたいと思いました。正直にするとおこられるときもあるからやらない方がいいと思っていたけど，今日の授業で正直にすることはとても大事だと分かりました。これからは何かをしたらだまらず，正直に言えるようにしたいです。そして，できるだけ悪いことをしないようにしたいです。

7　掲載されている教科書

『かがやけ みらい　小学校　どうとく　3年　きづき』学校図書
『小学どうとく3　はばたこう明日へ』教育出版
『小学どうとく　生きる 力　3』日本文教出版
『新・みんなのどうとく3』学研教育みらい
『みんなで考え，話し合う　小学生のどうとく3』あかつき教育図書

まどがらすと　さかな

　がちゃん！
　がらすの　われる　おとが　しました。
「だれだっ。」
と，いわれない　うちに，
「にげろ。」
と，ぶんすけが　かけだしたので，千一ろうも　むちゅうで　かけました。
かけながら，あたまの　中では，
「にげちゃ　いけない。あやまらなきゃ　いけない。」
と　おもいながら，足の　ほうは，どんどん　さきへ　はしりました。
　いまにも　うしろから，大きな手で　ぐいと　えりくびを　つかまえられそうな
きが　して。
　千一ろうの　なげた　ぼーるが，おもいがけなく　たかく　とんでいきました。
ぶんすけは，手をあげて　とびあがりましたが，てんで　とどきません。
「しまった。」
と　おもうまも　なく，がちゃんと　きました。
　とおくまで　にげのびると，ぶんすけは，千一ろうの　かおを　みて，
「よかったね。」
と　いうように，にやりと　しました。が，千一ろうは　わらいませんでした。
かおを　まっかに　して，いきを　はずませて　いました。
　つぎの　日——あさ　がっこうへ　いく　とき，千一ろうは　とおまわりを　して，
こっそり　とおって　みました。
　その　いえの　まどがらすは，一まいだけ　ぽかんと　あなが　あいて　いました。
　はっと　して，千一ろうは　目を　そらしました。じぶんの　からだにも，
ぽかんと　大きな　あなが　あいたように　おもわれました。そこから　さむざむと
した　風が，とおりぬけて　いきました。
　きに　なって，がっこうの　かえりにも　とおって　みました。こんどは，白い
かみが　はって　ありました。かみいっぱいに，すみで　くろぐろと，
　がらすを
　わったのは
　だれだ？
と，かいて　あります。
「ぼくです。」
と，口の　中で　さけびながら，千一ろうは　あわてて　かけだしました。

　つぎの　日は　雨でした。風も　ふいて　いました。

　やっぱり　きに　なって，千一ろうは　がっこうの　かえりに，また　とおまわりを
して　みました。

　まどは，きのうの　ままです。雨が　ふきつけて，白い　かみが　ぬれて
いました。もう　すぐに，やぶれて　しまうでしょう。

「がらすを　わったのは　だれだ？」

と　いう，ふとい　じが，千一ろうを　にらみつけました。

　千一ろうは，じぶんの　からだが　ぬれて，やぶれて，とんで　いくようなきが
しました。こころが　しめって，おもく　なりました。

　その　日の　夕がたです。

　雨が　あがって，きれいな　夕やけが，ぬれた　やねがわらを　赤く　そめて
いました。

　千一ろうは　つくえに　むかって，さんすうの　しゅくだいを　やって　いました。
すると，だいどころで　おかあさんが　いきなり，

「あらっ。」

と，さけびました。

「まあ，にくらしいこと。どこかの　ねこが，おさかなを　さらって　いったわ。」

　千一ろうも　おどろいて，だいどころへ　いきました。

おかあさんが，くやしそうに　そとを　のぞいて　いました。

「どこの　ねこか，ずうずうしい　ねこね。ちょっと　目を　はなした　すきに，

　一ぴき　さらって　いったのよ。これから，やこうと　おもったら——。」

　ものおとに　きが　ついて　ふりかえると，ねこは　もう　うらどおりを　まがる
ところでした。

　千一ろうの　すきな　あじの　ひものを　3びき　そろえて，おさらの　上に
おいたのです。まん中の一ぴきを　とられて　しまいました。

　こんやの　おさいが，一にんまえ　たりなく　なりました。けれど，おかあさんは
かいに　いきません。

「しかたが　ないわ。おかあさんが，がまんしましょう。」

「いいよ，おかあさん。ぼくと　はんぶんずつ　たべれば——。」

　千一ろうは，

「どこの　ねこだろう。こんど　みつけたら，ひどい　めに　あわせて　やろう。」

と　おもいました。

　2ひきの　さかなを　3にんで　たべて，ゆうはんが　すみました。

「こんばんは……。ごめんください。」

「はい。」

　おかあさんが　でて　みると，おきゃくは　きんじょの　山田さんの　おねえさん

でした。

「あのう，おたくで　もしや　ねこに，おさかなを　とられませんでしたか。」

「ええ，さっき　とられましたけど。」

「あら，おたくでしたの。ほんとうに　もうしわけ　ございません。うちの　ねこが
　とったのです。わかって　よかったわ。」

　山田さんの　おねえさんは，ねこが　さかなを　くわえて　きて，ぬれえんで
たべているのを　みつけました。おどろいて，一けん一けん　きいて　まわりました。

　おかあさんは，いらないと　いいましたが，おねえさんは　大きな
あじのひものを，2まい　おいて　かえりました。

「かんしんな　おじょうさんねえ。」

と，おかあさんは　おとうさんに　はなしました。

　つぎの　日は，にちようでした。

　あさ　おきると，まっさきに　千一ろうは，

「おかあさん。ぼく，よその　うちの　がらすを　わったよ。」

と，わけを　はなしました。

「まあ，どうして　その日の　うちに，いわなかったの。」

　おかあさんは，千一ろうと　がらすやを　つれて，そのいえへ，おわびに
いきました。まどには，もう　あたらしい　がらすが　はまって　いました。

　おかあさんは，がらすの　おかねを　さしだしましたが，その　いえの
おじいさんは，手を　ふりました。

「いや，がらすだいなんか　いりませんよ。わたしは，ただ　しょうじきな
　こどもの　くるのを，たのしみに　まって　いました。」

　そう　いって，千一ろうの　ぼーるを　かえして　くれました。

（奈街三郎　作による）

6　雨のバス停留所で

① 主題名　規則の尊重　C－(11)
② ねらい　雨の降るバス停留所でわれ先に乗車しようとしたところをお母さんに止められて考えることになる主人公の心情を通して，約束や社会のきまりの意義を理解し，それらを守ろうとする道徳的心情を育む。
③ 出　典　『わたしたちの道徳　小学校3・4年』文部科学省

1　教材解説

① あらすじ：雨が降り続く中，よし子とお母さんが行ったバスの停留所では，バスを待つ人たちがたばこ屋の軒下で雨宿りをしながら待っていた。よし子はバスが見えたので，停留所に駆け出しバスに乗ろうとしたが，お母さんに連れ戻された。乗り込んだ時には座席に空きがなく，不平を伝えようとお母さんを見ると，いつもとは違う顔で知らんふりをしている。お母さんの顔を見てよし子は，自分のしたことを考え始めた。

② 教材の読み
  (1) 生き方についての考えを深めるのは……よし子
  (2) 考えを深めるきっかけは……まどの外をじっと見て，知らんふりをするお母さん
  (3) 考えを深めるところは……お母さんの顔をみて考え始めた

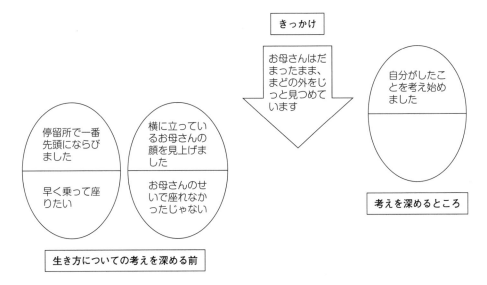

きっかけ

お母さんはだまったまま、まどの外をじっと見つめています

停留所で一番先頭にならびました
早く乗って座りたい

横に立っているお母さんの顔を見上げました
お母さんのせいで座れなかったじゃない

自分がしたことを考え始めました

考えを深めるところ

生き方についての考えを深める前

2　指導のポイント

①　よし子さんは，バスの停留所に到着する前に数人がいたことを認識している。
しかし，雨のため待っている人はたばこ屋の軒下におり，見える形でバス停に並
んでいるわけではない。バス停には並んでいる人がいなかったので，何の疑問も
抱かず先頭に並んだよし子さんの心情をおさえ，中心発問以降で比較し考えを深
めたい。

②　お母さんの様子からただならぬ雰囲気を察し，よし子さんは自分の行動を考え
始める。考えた内容は先頭に並びバスに乗り込もうとした時，お母さんにとめら
れたことに限定されるので，この行為に問題があったと推察できる。しかし，先
頭に並んだことがなぜ間違っていたのか，どこに問題があったのか考え始める段
階であることから，お母さんの反応に戸惑う心情を起因とする意見も少なくない
と考えられる。何が問題だったのか視点を変えて考えるために問い返しを活用す
る。

③　よし子さんは先頭に並ぶ際に，きまりを破ろうと考えたり，悪いことだと認識
したりしていたとは，その時々の様子から考え難い。しかし，お母さんが咎めて
いることは先頭に並んだ行為である。通常であれば先に来た人からバス停に並ぶ
ため順番は明らかであるが，今回は待つ人がたばこ屋の軒先に立っているため順
番は明らかではなく，更にバス停に並んでいない。一般的に見られる順番に並ぶ
というルールに則っていないことになるが，先に来た人から乗り込むという暗黙
の了解が成立する。状況や条件によってルールが変わったり，その場にいる人た
ちの中で話し合うことなくルールが成立したりすることに視点を向けることで，
ねらいとする規則の尊重の意義について考えを深めたい。

3　展開過程

	学習活動	発問と予想される児童の反応	指導上の留意点
導入	・「きまり」という言葉から想起する事を発表する。	「きまり」という言葉から，どんなことが思いうかびますか。 ・守らならければだめなもの　　・しばるもの ・大切なもの　　・きまっていること	・「きまり」という言葉から想起されることを，テンポよく発表させる。
展開	・教師の範読を聞く。 ・バスが来た時に先頭に並んだよし子の心情を考える。	よし子さんはどんなことを考えながら先頭にならんだだろう。 ・座れるといいな。　　・雨の中大変だったな。 ・お母さんに座ってもらいたいな。	・教材を範読する。 ・早くバスに乗り席を確保したい気持ちをおさえる。

・お母さんに不平を言おうとするよし子さんの心情を考える。	「ほら，ごらんなさい。」と言おうとしたよし子さんは，どんなことを考えていただろう。		・母親につれ戻された意味が分からず席を確保できなかったことに不満を抱く心情をおさえる。
	・座りたかった。 ・お母さんのせいで座れなかった。 ・お母さんが引っ張らなければ座れた。		
・いつもとは違うお母さんの顔を見たよし子さんの心情を考える。	お母さんの顔を見たよし子さんは，どんなことを考えただろう。		・母親の普段とは違う様子を見て，よし子さんは自分の行動を振り返るが，何が問題だったのか考えている段階だという意見も予想される。よし子さんが停留所の先頭に並んだ状況と，社会のきまりとの関わりを，問い返しから考えさせ，次の発問につなげたい。
	・いつものお母さんじゃない。 ・どうしてお母さんは怒っているのだろう。 ・先頭にならんだことが悪かった。 ・順番をぬかさなければよかった。 ・停留所には誰もならんでいなかったのに。 　　㊫ きまりを破ろうとしていたのだろうか。 　　　・そんなことは考えていなかった。 　　㊫ 悪いことだと思っていたのだろうか。 　　　・思っていない。 　　㊫ 停留所に並んでいる人をぬかしたわけではないが，この場合ぬかしたことになるのだろうか。		
・バスの停留所で起こったことからよし子さんが考えさせられたことについて考えを深める。	この出来事から，どのようなことをよし子さんは考えさせられただろう。		・よし子さんは先に待つ人がいたことを認識していたが，停留所の先頭に並ぶことに躊躇しなかった。その理由や待つ人の間にできる暗黙のルールの意味を考えることで，主題である「規則の尊重」について考えを深めさせたい。
	・自分勝手なことをしていた。 ・まわりをよく見てから行動するべきだった。 ・停留所にはならんでいなくても並んでいた。 ・空気を読む必要がある。 ・その場で作られる見えないルールがある。 ・相手への心づかいが大切。		
終末	・感想を書く。		・内容項目に関わる新たな気付きや，考えたことを書かせる。

4　板書記録

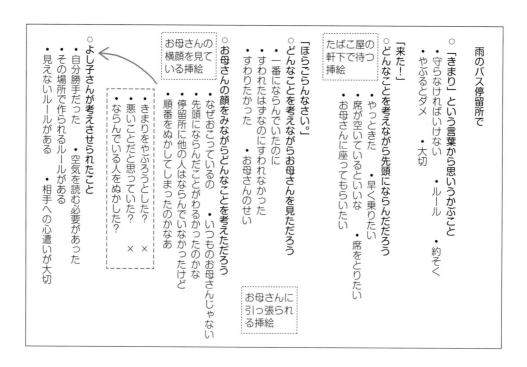

5　授業記録〈中心発問より〉

T：お母さんの顔を見ながらよし子さんはどんなことを考えただろう。

C1：何で怒っているのだろう。

C2：怒られるようなことしたかしら。

C3：一番前に並んだだけなのに。

C4：別にバス停に人は並んでいなかったのに怒られる理由はない。

C5：順番ぬかしをしたから。

T：お母さんは順番をぬかしたことを怒っているということですね。

　　しかし，一番にバスに乗ろうとしたことをよし子さんは悪いことだと…。

C：（思っていない。）

T：きまりをやぶろうとは…。

C：（思っていない。）

T：この部分がよくわからないところですね。

T：このことからよし子さんが考えさせられたことがきっとあると思うのですが，どんなことを考えさせられたと思いますか。

C6：先に来ていた人もいたのに自分勝手なことした。

T ：なるほど。

C7：ぬかさなければよかった。

C8：先にいた人の後によし子さんたちは軒先に入ったのだから，軒先が停留所の
ようなものとして考えないと，ルールとしておかしくなると思う。

C9：世の中には口に出さなくても雰囲気で察しないといけないルールがある。

T ：そういうものがあるのですか。

C9：あると思う。

T ：しかし，軒下はバス停ではないためによし子さんは停留所に先頭で並び，乗
り込もうとしたのではないですか。

C9：そうではなくて，並んでなくてもバスが来たら一番に来た人から乗りましょ
うという雰囲気ルールができている。

T ：なるほど。中には雰囲気のように見えないルールが存在するということです
か。

C9：例えば授業中に立ち歩かないのは，決まりというよりその場の集中した空気
を読むからしないのだと思う。

T ：ということであれば，「きまり」＝「空気を読む」ということですか。

C9：すべてではないけれど，そうだと思う。

T ：授業の始めに「きまり」という言葉から思いうかぶことを尋ねましたが，す
でに決められているものという意見が多く見られました。

T ：なぜ，今回のお話のように「きまり」や「ルール」がその場で作られること
があるのでしょうか。

C10：そこにいる人たちの間で物事がうまくいくようにルールが完成するから。

T ：なるほど。しかし，軒下の人たちは停留所に並んでいないことや，着いた順
番に乗り込むことを話し合っていないのに，どのようにしてルールが成立する
のだろう。

C11：相手への気づかいだと思う。

C12：もし，よし子さんより後に来た人が先に乗ったら，よし子さんも腹がたった
と思う。相手への気づかいがあれば順番をぬかすことにはならないと思う。

T ：気づかいですか。なるほど。

C13：雨の日や晴れの日というように，状況や条件が全く同じになることはないの
で，その時々でルールが作られることも必要だと思う。

T ：なるほど。「きまり」を守ることが大切なのはいろいろな理由がありそうだけ
れど，相手への気づかいという理由もありそうですね。

6　児童の感想

・いろいろなきまりはあるけれど，みんながよりよく過ごすためにきまりがあるから守らなければならないと思いました。

・学習する前きまりは何種類か決まったものがあるのかなと思っていましたが，その場の雰囲気で変わることがあるとわかりました。

・ならんでいなくても順番を守らなければいけないのは，先に来た人がならんでいなくてもならんでいるつもりだったらいやな気持になります。わたしはきまりをルールや約束だと思っていましたが，この勉強を通して思いやりだと思いました。

・「きまり」はわかりにくいもので，しっかりしていないきまりや，あまり知られていないきまりなど色々あると思います。見えない「きまり」はどこでも見えないということではなく，必ずどこかにあると思います。きまりが見えるといいなと思います。

・わたしも先にバス停に着いてベンチに座っていたのに，他の人に先に乗られて少しムカムカした経験があります。世の中には口にはしないけど守らなければならない暗黙のルールがあることに気がつきました。

・はじめ，きまりというのはルールや約束と思っていたので，守ることは常識だと思っていたけれど，まわりの空気を読んで自分たちのなかで作られるきまりもあるのだと思いました。心づかいが大切なのだと思いました。

7　掲載されている教科書

『新訂　新しいどうとく　4』東京書籍

『かがやけ みらい　小学校道徳　4年　きづき』学校図書

『小学道徳4　はばたこう明日へ』教育出版

『道徳　4　きみが いちばん ひかるとき』光村図書

『小学道徳　生きる 力　4』日本文教出版

『小学どうとく　ゆたかな心　4年』光文書院

『新・みんなの道徳4』学研教育みらい

『みんなで考え，話し合う　小学生の道徳4』あかつき教育図書

雨のバス停留所で

　今日は，お母さんといっしょに，おばさんの家に出かける日です。ところが，朝から雨がふっています。よし子さんは，少しつまらなくなりました。家を出るときには，雨はいっそう強くなり，おまけに風もふいてきました。おみやげが入っている紙ぶくろにも，大つぶの雨がどんどんふりかかります。

　バスの停留所では，バスを待つ人たちが，たばこ屋さんののき下で雨宿りをしています。のき下に入っても，雨はよし子さんの長ぐつや紙ぶくろにふきつけます。雨宿りをしている人たちは，バスが来る方を時々見ています。

　遠くの方に，小さくバスが見えました。

　よし子さんは，雨の中へタッタッとかけ出すと，停留所で一番先頭にならびました。バスが来たことを知った人たちは，ぞろぞろと停留所に向かって歩き始めました。

　その時です。

　後ろの方で，お母さんの声が聞こえたような気がしました。よその人の声も聞こえたように思いました。どしゃぶりの雨なので，よし子さんは別に気にもしませんでした。

　バスが止まりました。

　よし子さんがかさをすぼめようとした時，かたが強い力で後ろの方にぐいと引かれました。かたをしっかりつかんだ，ものすごく強い力でした。びっくりしてふり返ると，お母さんの手でした。よし子さんは，はっとしました。それでもお母さんは何も言わないで，よし子さんをお母さんがならんでいた所まで連れていきました。いつものお母さんの顔とちがって，とてもこわい顔でした。

　バスに乗る人たちの列が，動き始めました。よし子さんは首を横に出して，ならんでいる人の数を数えました。よし子さんは，前から6番目でした。一人一人がかさをすぼめてバスに乗るので，いつもとちがって時間がかります。

　（前の人たちは，どうして早く乗ってくれないのだろう……。）

　よし子さんは，こんなことを考えながら，少しじりじりした気持ちで前へ進みました。

　バスに乗りました。でも，もう席は空いていませんでした。

　（ほら，ごらんなさい。）

と言うつもりで，よし子さんは横に立っているお母さんの顔を見上げました。そんなよし子さんに知らぬふりをして，お母さんはだまったまま，まどの外をじっと見つめています。

　いつもなら，やさしく話しかけてくれるお母さんです。でも，今日のお母さんは，

いつもとは全然ちがうのです。

　そんなお母さんの横顔を見ていたよし子さんは，自分がしたことを考え始めました。バスのまどには，大つぶの雨がしきりにふきつけていました。

（成田国英　作による）

7　ヒキガエルとロバ

① 主題名　生命の尊さ　D−⑱
② ねらい　ヒキガエルにとったロバの行動を見て自分の行為を振り返り，過ちに気づ
　　　　　くことになる主人公の心情を通して，生命の尊さを知り，生命あるものを大
　　　　　切にしようとする道徳的心情を育む。
③ 出　典　『わたしたちの　道徳　小学校3・4年』文部科学省

1　教材解説

① あらすじ：学校帰りのアドルフたちはヒキガエルを見つけ，面白半分で小石を
　投げつけ始めた。ヒキガエルはアドルフたちに追われながら車のわだちへ転がり
　込んだ。するとロバが荷車を引いてやってきた。アドルフたちはそれを見てヒキ
　ガエルが荷車にひかれることを期待していた。しかし，ロバは，ヒキガエルに気
　づき，力を振り絞ってヒキガエルを避けた。それを見ていたアドルフの手から，
　石が足元へと滑り落ちていった。

② 教材の読み
　⑴　生き方についての考えを深めるのは……アドルフ
　⑵　考えを深めるきっかけは……ロバが，ヒキガエルを助ける場面
　⑶　考えを深めるところは……アドルフがヒキガエルの後姿を眺めている場面

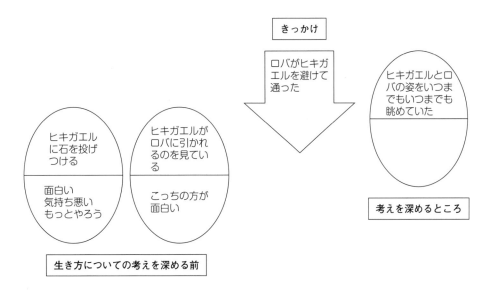

きっかけ

ロバがヒキガエルを避けて通った

ヒキガエルとロバの姿をいつまでもいつまでも眺めていた

ヒキガエルに石を投げつける

面白い
気持ち悪い
もっとやろう

ヒキガエルがロバに引かれるのを見ている

こっちの方が面白い

考えを深めるところ

生き方についての考えを深める前

2　指導のポイント

① 挿絵やフラッシュカードの利用

教材に描かれている内容をイメージしやすいようにするために，教科書の挿絵を使う。また，場面をより分かりやすいようにするために補助的にフラッシュカードを使う。フラッシュカードは，他にも道徳的な変化や重要な場面での言葉でも使うことがある。これも児童が考えやすいようにするための手立てである。

② 児童の思考に沿った発問や問い返し

発問は教員の思い描いた展開，もしくは目標を達成するために作られている。しかし，それが児童の思考とかけ離れていたり，あまりに唐突すぎたりすると児童の思考を止めてしまう。

そこで，発問に対する児童の発言をもとに，問い返しを行ったり，次の発問へつないだりする。そうすることで児童の思考が途切れることなく進めることができ，深い学びへとつないでいけるようになる。

③ 児童による「おたずね」を軸にした授業展開

児童の「おたずね」とは，疑問や情感，違和感，素直に聞きたいことを指し，児童と教員が一緒に考えるきっかけになるものとする。

「おたずね」は中心発問における児童の発言に対するものである。児童の発言に対して「おたずね」をするという意味では，児童への「問い返し」とよく似ている。しかし，児童から聞きたいこと，疑問に思うことを発信するところが教員の問い返しとは異なる。児童の「おたずね」を軸にすることで，児童同士の対話が深まるとともに児童主体の授業が実現する。児童の「おたずね」の中から目標を達成できるものや内容項目を理解できるものを教員が取り上げる。

3　展開過程

	学習活動	発問と予想される児童の反応	指導上の留意点
導入	・教材の内容を知る。	苦手な動物や昆虫はいますか？ ・蜂　　・ヘビ　　・カエル	・時間をかけないようにする。
展開	・教材を黙読する。 ・ヒキガエルに対して残酷な行為をするアドルフの心情を考える。	ヒキガエルに，小石をぶつけていたアドルフはどんな気持ちだったでしょう。 ・気持ち悪い！　　・どっか行け。 ・石をぶつけると面白い。 ・もっとやれ！	・教材を範読する。 ・ヒキガエルの命について何も考えず悪ふざけをする気持ちをおさえる。

	・ロバが来ることを楽しみにしているアドルフの心情に共感する。	小石を投げて楽しんでいたアドルフが，荷車を引いて近づいてくるロバを見て，どうして見ていることにしたのでしょう。 ・こっちの方が面白い。　　・引かれてしまえ。 ・どうなるか楽しみだ。 アドルフは，小さく息をするヒキガエルと遠く去っていくロバの姿を見ながらどんなことを考えていたのでしょう。	・小石を投げることよりもこっちの方が楽しみにしている気持ちをおさえる。
	・小さく息をするヒキガエルと遠く去っていくロバの姿を見ているアドルフの心情を多面的・多角的に考えていく。	・なんでロバはよけたんだろう？（疑問） ・ロバはなんて優しいんだろう（尊敬） ・自分たちは何をしていたんだろう（反省） ・ヒキガエルも自分と同じ命がある（生命の自覚） ・もう二度とこんなことをしない（決意） 　　返 アドルフが石といっしょに落としたものは何でしょう。 　　　・残酷な心 　　　・人間の命は特別と勘違いしている気持ち 　　返 アドルフが石の代わりにひろったものは何でしょう。 　　　・優しさ 　　　・すべての命を大切にする心	・児童による「おたずね」を取り入れながら話し合いを進める。
終末	・学習の感想を書く。		・感想を書かせる。

4　板書記録

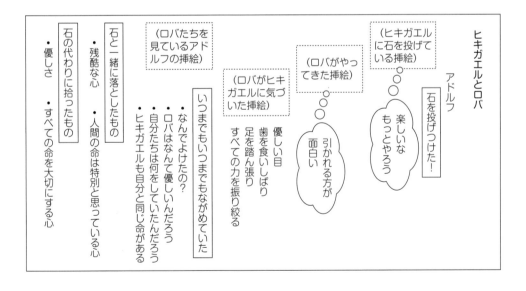

5　授業記録〈中心発問より〉

T ：小さく息をするヒキガエルと遠く去っていくロバの姿を見ながら，アドルフ
　　はどんなことを考えていたのでしょう？

C1 ：あんなことをして悪かったな。

C2 ：もうやめておこう。

C3 ：カエルに悪いことをしたな。

C4 ：命を大切にしないと。

C5 ：ごめんね。

C6 ：ヒキガエルに悪かったな。

C7 ：最初からやめておけばよかった。

C8 ：もうやめておこう。

C9 ：ロバは優しかったな。

C10 ：自分がカエルだったら嫌だったらだろうな。

C11 ：ロバは重いものを持っていたのにすごいな。

C12 ：ロバもかわいそう。

T ：少し意見をグループに分けました。わかるかな？
　　みんなの意見を見ておたずねしたいなって思うものありますか？

C13 ：ロバもかわいそうって何がかわいそうなんですか？

C14 ：ロバも重いのにってどういうことですか？

T ：ロバはかわいそうって何がかわいそうなんですか？

C15 ：鞭で打たれたりしているから。

C16 ：たくさん野菜を持っているのに。

T ：ロバは何でこんなことできるのかな？

C17 ：カエルが生きているから。

C18 ：ひいちゃったらかわいそう。

C19 ：見た目は違うけど命は同じだから。

T ：これどういうこと？

C20 ：生きているっていうことで，命は一個しかないから。

C21 ：どんなに小さな生き物だって命はある。

C22 ：自分が踏まれたら嫌。

C23 ：もしもカエルだったら嫌だから。

C24 ：ロバよりも大きいものに踏まれたらいやだから，カエルのことを大事にした。

T ：アドルフたちは持っていた石をポロリと足元に落としたんですね。石と一緒
　　に何を落としたと思う？　石だけではなくて何を落としたと思う？

C25：悪い心。

C26：命を粗末にせず大切にする優しい心を拾って，命を大事にしない心を落とした。

C27：石をぶつけていた自分。

C28：石を投げた悪い心。

　T：代わりに何を拾ったのかな？

C29：人も動物も傷つけない心。

C30：助ける優しい心。

C31：どんな生き物でも傷つけない心。

C32：自分がこれから悪いことをしてしまいそうになった時，今日のことを思い出そうとする気持ち。

C33：もし他の人がこんなことをしていたら注意する心。

C34：ヒキガエルにゴメンという気持ち。

6　児童の感想

・ロバは自分がされて嫌なことを考えながら，よけて通ったと思う。どんな生き物でも命は一つと考えてよけて通ったんだろうな。

・なるほどと思ったことは，小さくても大きくても命はあるということです。最初のアドルフの心は，石を投げてひかれるのを楽しみって見ていたけど，ロバがヒキガエルを助けたのを見てアドルフたちは悪かったなと考えたと思いました。

・生き物や人を絶対傷つけてはいけないし，命を大切にしないとだめだとわかった。拾ったものは人や気持ちを傷つけない心だなと思った。だから傷つける心は捨てないとだめだと思う。自分がされたら嫌なことは人や生き物に絶対しない。

・今回のこの勉強で大切だなと思ったことは，やっぱり命はあるということです。そして，それは，人間や動物，虫とか小ささとか大きさに関係がないということです。

・○○さんが言った「石を落とした代わりに何かを拾った」なんて考えなかった。拾ったものはほかの生き物とかの命も大切にするということです。アドルフたちもこの後ほかの命，自分の命を大切していくと思う。アドルフたちはもう悪いことはしないと思う。

・石を落とした時にアドルフたちは悪い心を捨てたのがわかりました。アドルフたちはカエルにも命があるのになぜいじめたんだろうと思いました。アドルフたちはそんな悪い心を落として，代わりに優しい心を拾ったんだと思います。

・最初は石だけを落としたと思っていました。でも，みんなの話を聞いて，その石と一緒に意地悪なひどい自分を落として，命を大切にするいい自分を拾えたと思

います。

・石の代わりに拾った物はどんな生き物にも命はあるから生き物を大切にしようという気持ちを拾った。アドルフたちはロバが見えなくなった後に，もうどんな生き物にもこんなことはやめようと思ったと思う。ロバはヒキガエルを見たときに自分と同じ生き物もいるんだなと思って，ヒキガエルをよけていこうと思ったんだと思う。

7　掲載されている教科書

『かがやけ みらい　小学校　どうとく　3年　きづき』学校図書
『小学どうとく3　はばたこう明日へ』教育出版
『小学どうとく　生きる 力　4』日本文教出版
『新・みんなのどうとく3』学研教育みらい
『みんなで考え，話し合う　小学生の道徳4』あかつき教育図書

ヒキガエルとロバ

　雨あがりの畑道。学校帰りのアドルフとピエールたちの前に，ヒキガエルが一ぴきとび出してきた。

「うわっ，なんだ！」

「気持ち悪い！」

「ヒキガエルだぞ！」

「石をぶつけてやれ！」

　子どもたちは口々にそうさけびながら，ヒキガエルを目がけて，小石を投げつけ始めた。

「当たった，当たった。」

「もっと石を持ってこいよ。」

　アドルフに言われて，ピエールたちは，道ばたから石を集めてきた。

　ヒキガエルは，子どもたちに追われながら，どろんこ道にある車のわだちへ転がりこんだ。

　ちょうどその時，年をとったロバが，荷車を引いてやってきた。荷車だけでなく，背負っている大きなかごにも，野菜がいっぱいに積まれていた。荷車に乗った農夫から，たえずピシリピシリとむちが打たれていた。きっと一日のつらい仕事を終えて，自分の馬屋に帰っていく長い道のりの途中なのだろう。一歩一歩ふみしめるように，どろんこ道を進んできた。

「アドルフ，ヒキガエルのやつ荷車にひかれるぞ。」

「そっちを見ている方がおもしろそうだ。」

アドルフたちは，見守った。

　ガタン，ゴトン，ガタン，ゴトン。くぼみにロバが近付いてくるが，坂道にあるわだちのあとがでこぼこで，なかなか前に進まない。

　農夫は，ぐいぐいとたずなを引っぱり，むちを打ち続ける。

「ハァハァ……。」

　ロバの息があらくなる。一歩一歩近付いてきたロバはそのときふと，自分の足元できずを負って，じっとしているヒキガエルに気が付いた。

　くぼみの中のヒキガエルは，もう動く力もないようだった。

　ロバは，目をとじている小さな生き物に鼻を近付け，友達を見るようなやさしい目でじっと見続けていた。

　農夫は，急に前に進まなくなったロバにはらを立て，何度もむちを打っている。

「ヒヒーン！」

　とつ然ロバはいななくと，グーンと足をふんばった。自分に残った全ての力をふり

しぼるかのように，歯を食いしばって，足に力を入れたのだ。背負ったかごが横にふられた。重い野菜がたくさん積んである荷車も少し動いた。ロバの顔は，さらに苦しそうになった。

　そしてついに，車輪はゆっくりと動きだし，新しいわだちをつけていったのである。荷車はヒキガエルのいるくぼみの横を，ガタン，ゴトンと大きな音を立てながら，通りすぎたのだった。

　ヒキガエルは，助かった。

　それを見ていたアドルフの手から，石が足元に静かにすべり落ちていった。ピエールたちも何も言わずに立っている。

　やがて，荷車の音もロバのいななきも遠くになっていった。子どもたちは，くぼみの中で小さく息をしているヒキガエルと，遠く去っていくロバのすがたを，いつまでもいつまでも，ながめていた。

（徳満哲夫　作による）

8　花さき山

① 主題名　感動，畏敬の念　D－⑳
② ねらい　山んばの話をきいてあやが思ったことを通して，美しいものや気高いもの
　　　　　に感動しようとする道徳的心情を養う。
③ 出　典　『みんなで考え，話し合う　小学生の道徳4』あかつき教育図書

1　教材解説

① あらすじ：10歳の少女あやは，山で白髪の山んばと出会う。山んばは，咲き乱
れる一面の花を指差しながら，やさしいことをすると美しい花が咲くのだと語り
始める。あやの足元の赤い花は，あやが母親や妹のことを思って着物を買っても
らうのを辛抱した時に咲いた花。今まさに咲こうとしている小さな青い花は，双
子の赤ん坊の上の子が，弟を思っておっぱいを我慢することで咲かせている花
……。山から帰ったあやは，村のみんなにこの話をするが，誰も本気にはしなか
った。けれど，あやは優しいことをするたび，「あっ！　いま花さき山で，おら
の花が咲いてるな。」と思うのであった。

② 教材の読み
　(1) 生き方についての考えを深めるのは……あや
　(2) 考えを深めるきっかけは……山んばによる赤い花や青い花の話
　(3) 考えを深めるところは……山んばの話を思い出したときのあや

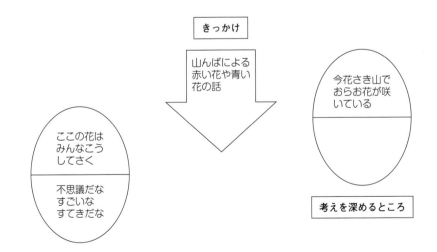

2　指導のポイント

①　不思議な話である。山んばは……

　山んばが，あやの心やあやがしてきたこと等を何でも知っている。なんでも知っている山んばは何者なのか？

②　赤い花を通して，山んばはあやに「何」を伝えたいのか？

　赤い花の話を通して，山んばがあやに伝えたいことを考えることを通して，人の生き方を考え，苦しい時，つらい時，しんどい時に，自分たちは誰かに見守られている，誰かに支えられているというような不思議な感覚を味わう。

③　ふと思い出すあやの思いを見つめる

　山んばの話を村のみんなにするが，誰も本気にはしなかったけれども，あやは，優しいことをするたびに「あっ！　いま花さき山で，おらの花が咲いている」と思う。そう思うあやの心を見つめその心に共感する。

3　展開過程

	学習活動	発問と予想される児童の反応	指導上の留意点
導入		「赤い花・青い花」と黒板に書く。	・導入は簡単に。
展開	・範読を聞く。 ・お話の感想を発表する。 ・山んばの思いを考える	このお話をみなさんはどう思いますか？ ・不思議だな。心に響くな。うそみたい。 赤い花で，山んばはあやに「何」を言いたいのですか？ ・自分は我慢して相手を喜ばそうとするあやはすてき。 ・自分は犠牲になってもと思うあやの心を応援する。 ・自分ももっと大切にしなさい。いまのままでいい。 ・あやはよく頑張っている。きっといい人になる。 ・あやは今の気持ちを大切にして生きてほしい。 ・これからもあやは美しい心でいてほしい。 ・これからもあやはしっかりがんばるんだ。 ・これからも見ているから精一杯生きてほしい。 補 どうして，山んばは「何」でも知っているの？　どこで見ている？　山んばって「何」ですか？　人間ですか？ 　　・山中一人住んでいるおばあさん 　　・妖怪　・魔物　・化け物　・山の精 　　・妖精　・神様　・仏様　・神様の使い 　　・神様のしもべ	・教材を範読する。 ・素直な感想を引き出したい。 ・山んばがあやに言おうとしたことを考えさせる。 ・山んばの正体を想像させる。
	・赤い花が咲いていると思うあやの心を多面的・多角的に考えていく。	山んばの話をみんなにすると「ゆめでも見てきたんだべ」等と言われたが，どうしてあやは赤い花がときどき咲いていると思うのですか？	・みんなに信じてもらえないあやだが，自分はふと思い出すあやの心をしっかり見つめ共感させたい。

| | | 【自分（あや）】
・私はちゃんと自分の目で見た花だから。
・私の花があの花畑にあったから。きれいな赤い花だったから。
・自分が頑張った証拠が赤い花だと思うから。
・我慢したしるしだと思うから。
・我慢するためにそんな花があったらいいと思うから。
・しんどくなった時その花を思うと我慢ができると思うから。
・頑張っている褒美が赤い花のように思えるから。
【相手（山んば・神様・怪奇現象等）】
・山んばの話を信じたい。信じたら楽しくなるから。
・山んばが悪い人でないと思うから。
・山んばは神様だと思うから。
・神様がこんな素敵なことをしたと思うから。
・神様が応援してくれて，その応援がこの赤い花だと思うから。
【畏敬の念】
・人間の力を超えた神の存在があれば何でも夢がかなうと思うから。
・人間の力を超えた神がいると思うとしんどさも我慢できるから。
・人間の力を超えた神が見守っていると思えば安心できるから。
・人間の力を超えた神が見守ってくれていればうれしいから。 | ・教材を通して，子どもたちが，人間が本来持っている，人間らしい美しさや気高さに感動し，それを行為として行うことへのあこがれの気持ちを高めたい。 |
| 終末 | ・感想を書く。 | 「赤い花・青い花」⇒「この花たちは不思議な花だけれども，でも素敵な花だね！」 | ・感想はまとめ通信にする。 |

4　板書記録

赤い花　本当の話　山んばを信じる　信じたい

〈山んば〉
いい話をしてくれたから
悪い人でないから
話を信じたいから
〈神様〉
自分を見ているから
応援してくれているから
助けてくれるから

ど う し て

〈自分〉
赤い花を目で見たから
赤い花があったから
がんばりの証拠だから
がまんできるから
ほうびだから
やさしさのしるしだから

赤い花　自分の頑張っている証拠だから
　　　　つらいことも我慢できるから
　　　　私のがんばっていることへのご褒美だ
　　　　私のがんばっていることを認めてくれた証
不思議な話　信じたいと思うから
　　　　　　心に残してつらい時に思い出すから
不思議なこと　うれしい　自分は見守られている
不思議なことは起きる　神様が応援してくれている

あや

あやはすてき
あやの心を応援する
あやはいまのままでいい
あやは本当によく頑張っている
あやは美しい心でいてほしい

山んば　ようかい　山の神　神様　山の精
不思議だな　面白い　山んばはすてきだ

お話をどう思う

花さき山
「赤い花・青い花」
⇒不思議な花だけれども、でも素敵な花だね！

125

5　授業記録

T：山んばは，赤い花のことを通して，あやに何を言いたかったのですか？

P1：自分は我慢して相手を喜ばそうとするあやはすてき。

T：それってどういうこと？

P1：あやが妹のためにしんぼうしたことがよいことだということをいいたかった。

T：そうですね。他に，伝えたかったことは何ですか？

P2：あやはその優しさを大切にしてほしいということ。

T：どうして，山んばはあやがやさしいって知っているの？　あやがやっていたこと見ていたのですか？

P2：見ていた。

T：どこから見ていたの？

P2：……。

T：山んばって何ですか？　何で山んばはあやのやったことを知っているの？

P3：妖怪？

P4：山の妖精？

P5：神様？

T：妖怪，妖精，神様……。山んばって何でしょうね。でも，どうして何でも知っているの？

P5：神様だから，何でもお見通し。

T：神様はどこにいるの？

P5：上？

T：上ってどこ？

P5：ずっと上？

T：他，神様ってどこにいるの？

P6：体の中。

T：体の中って？

P6：体の一部に宿っている。

T：神様か？　妖怪か？　山んばは何かわからないけれども，山んばの話をみんなにしても「ゆめでも見てきたんだべ」等とあやは言われましたが，でも，ときどき花が咲いたと思うあや。どうして，あやは花が咲いたと思うのですか？

P6：赤い花が咲いていると思えばつらいことでも頑張れるから。

T：そうだね。頑張れるね。ほかどうですか？

P7：本当に不思議なことは起きる。起きてほしいと思うから。

T：そうだね。起きるものだね。ほかどうですか？

P8：神様が自分を見てくれている。赤い花はその褒美だと思うから。

　T：神様が見ているからね。褒美。すごいね。ほかどうですか？

P9：本当に不思議な話だけれども自分はそれを信じていきたいから。

　T：本当に不思議な話だね。でも，神様はあやもそうだけれども，みんなのこと
　　　を見ているかもしれないね。不思議だね。でも見ていてくれたらうれしいね。

6　児童の感想

・私は花さき山を読んで山んばが言っていたことは本当にありそうだと思いました。
　それは，赤い花も青い花も自分ががまんしたりしんぼうしたりすることで咲く花
　だからです。その花は，自分の心の中に花が咲くのだと信じたいと今日の勉強を
　して私は思いました。

・きれいな花はいいことをした人の心の中で咲いていると思った。思いやりやしん
　ぼうは大切だと思った。自分もいいことをした分，花が咲くんだなって思った。

・この話を勉強して，自分もやさしくし誰かに見てもらってあやみたいになりたい
　なって思った。神様がいるかいないかわからないけれども，また何をしているか
　わからないけれども，いいことをすれば何か起こるのかなと思いました。

・花さき山で人にやさしくしたら花が咲くのは現実ではそんなことないけれども，
　人にやさしくしたら自分の心の中で花が咲いてきれいな心になるのだと思った。
　自分も心がきれいになりたいので，花さき山を読んでもっとやさしい人になろう
　と思った。

・ほんとうは花が咲いていないかもしれないけれど，咲いていると思って自分も誰
　に対しても公平に優しくしたいなって思った。きれいな心をもってきれいな花を
　咲かせたいなって思った。

・世の中には，まだわかっていないこと，ふしぎなことがいっぱいあるように思う。
　がまんをしたあやのことがどうしてわかるのかふしぎに思った。授業では，山ん
　ばは何なのか？　神様？　山の主？　いろいろな意見が出たが，私は山の神様だ
　と思った。私もあやみたいにきれいな花を咲かせたいと思った。

・これからは自分がやった「やさしさ」「思いやり」は必ず返ってくるだろうから
　いいことはしようと思いました。神様は一人一人の体の一部に宿っているのでは
　ないかと思いました。

7　掲載されている教科書

『新訂　新しいどうとく　4』東京書籍

『かがやけ みらい　小学校どうとく　3年　きづき』学校図書

『小学どうとく 3　はばたこう明日へ』教育出版

『道徳　4　きみが いちばん ひかるとき』光村図書

『小学道徳　生きる 力　4』日本文教出版

『小学どうとく　ゆたかな心　3年』光文書院

『新・みんなの道徳 4』学研教育みらい

『みんなで考え，話し合う　小学生の道徳 4』あかつき教育図書

花さき山

　おどろくんでない。おらはこの山に一人で住んでいるばばだ。山んばと言う者もおる。山んばは，悪さをすると言う者もおるが，それはうそだ。おらはなんにもしない。おく病なやつが，山ん中でしらがのおらを見て勝手にあわてる。そしてはべん当をわすれたり，あわてて谷さ落ちたり，それがみんなおらのせいになる。

　あや。おまえはたった十のおなごわらしだども（女の子だけれども），しっかりもんだから，おらなんどおっかなくはねえべ（こわくはないだろう）。ああ，おらは，なんでも知ってる。おまえの名前も，おまえがなして（どうして）こんなおくまで登ってきたかも。もうじき祭りで，祭りのごっつぉう（ごちそう）のにしめ（にもの）の山菜（さんさい）をとりに来たんだべ。ふき，わらび，みず，ぜんまい。あいつをあぶらげといっしょににるとうめえからなあ。

　ところがおまえ，おくへおくへと来すぎて，道にまよってこの山さ入ってしまった。したらば（そうしたら），ここにこんなに一面の花。今まで見たこともねえ花がさいているので，どでんしてるんだべ（びっくりしている）。な，当たったべ。

　この花が，なしてこんなにきれいだか，なしてこうしてさくのだか，そのわけを，あや，おめえは知らねえべ。それはこうしたわけだしゃ――。

　この花は，ふもとの村の人間が，やさしいことを一つすると一つさく。あや，おまえの足元にさいている赤い花，それはおまえが昨日（きのう）さかせた花だ。

　昨日，妹のそよが，
「おらさもみんなのように祭りの赤いべべ（着物）買ってけれ。」
って，足をドデバダして泣いて（な）おっかあをこまらせたとき，おまえは言ったべ，
「おっかあ，おらはいらねえから，そよさ買ってやれ。」

　そう言ったとき，その花がさいた。おまえは家がびんぼうで，二人（ふたり）に祭り着を買ってもらえねえことを知ってたから，自分はしんぼうした。おっかあは，どんなに助かったか！　そよは，どんなによろこんだか！

　おまえはせつなかったべ。だども，この赤い花がさいた。この赤い花は，どんな祭り着の花もようよりも，きれいだべ。ここの花はみんなこうしてさく。

　それそこに，つゆをのせてさきかけてきた小さい青い花があるべ。それはちっぽけな，ふたごの赤んぼうの上の子のほうが，今さかせているものだ。

　兄弟といっても，おんなしときのわずかな後先で生まれた者が，自分はあんちゃんだと思ってじっとしんぼうしている。

　弟は，おっかあのかたっぽうのおっぱいをウクンウクンと飲みながら，もうかたほうのおっぱいもかたっぽうの手でいじくっていてはなさない。上の子はそれをじっと見てあんちゃんだからしんぼうしている。目にいっぱいなみだをためて――。

　そのなみだがそのつゆだ。

　この花さき山一面の花は，みんなこうしてさいたんだ。つらいのをしんぼうして，自分のことより人のことを思ってなみだをいっぱいためてしんぼうすると，そのやさしさと，けな気さが，こうして花になって，さき出すのだ。

　うそではない，本当のことだ……。

　あやは，山から帰って，おとうやおっかあや，みんなに山んばから聞いたこの話をした。しかし，だあれも笑って本当にはしなかった。

「山さ行って，ゆめでも見てきたんだべ。」

「きつねに化かされたんではねえか。そんな山や花は見たこともねえ。」

　みんなそう言った。

　そこであやは，また一人で山へ行ってみた。しかし，今度は山んばには会わなかったし，あの花も見なかったし，花さき山も見つからなかった。

　けれどもあやは，そのあとときどき，

（あっ！　今花さき山で，おらの花がさいてるな。）

と思うことがあった。

（斎藤隆介　作による）

9 手 品 師

① 主題名 正直，誠実 Ａ −(2)
② ねらい 友人からの大劇場に出演することができるという誘いを断り，男の子との
約束を選んだ手品師の心情を通して，誠実に，明るい心で生活しようとする
道徳的心情を育む。
③ 出 典 『道徳の指導資料とその利用１』文部省

1 教材解説

① あらすじ：うではいいがあまり売れない手品師が，町で小さな男の子と出会う。
男の子の境遇を聞きかわいそうに思った手品師は，自分の手品を見せ男の子を元
気づける。明日も来てほしいという男の子に軽い気持ちで約束した手品師のもと
へ，その晩親しい友人から電話がかかる。夢である大劇場へ出演できるという内
容を聞き，男の子との約束と迷う手品師であったが，きっぱりと大劇場出演を断
る。次の日，手品師は男の子一人を前にして素晴らしい手品を演じるのであった。

② 教材の読み
(1) 生き方についての考えを深めるのは……手品師
(2) 考えを深めるきっかけは……友人からの電話
(3) 考えを深めるところは……男の子との約束を選んだところ

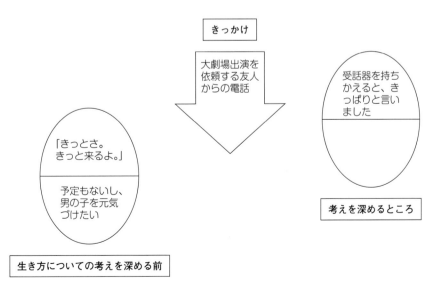

131

2　指導のポイント

① 「約束」という言葉からは，規則など外側から自分を縛るというものが想起されやすいと考えられる。中心発問以降で手品師が男の子との「約束」を守った理由を考える際に，より考えを深める材料としても扱いたい。

② 手品師は，男の子を不憫に思う気持ちとともに自身の都合がつくために男の子と明日会う約束をする。手品師の心情を確認した後，約束は手品師と男の子の間で交わされたことをおさえたい。

③ 男の子との約束を選んだ手品師に迷いがないことは，きっぱりと友人に断りを伝える場面から読み取れる。二つの選択について天秤を使い，手品師が決断した意味の重さをおさえ，中心発問である手品師が約束を守るために大切にしたかったことを問いたい。

④ 男の子のために約束を守るという意見が多く出ると予想される。男の子の境遇が約束を左右するのかと問い返し，また，約束は手品師と男の子二人で交わされたことを確認する。

⑤ 問い返しをした後，中心発問の一部を修正し，約束を守ることで大切にしたかったことは何かと問うことで，教材のねらいである誠実に生きることの大切さや良さについて考え，深められるようにする。

3　展開過程

	学習活動	発問と予想される児童の反応	指導上の留意点
導入	・「約束」という言葉から想起する事を発表する。	「約束」という言葉から，どんなことが思いうかびますか。 ・きまり　・ルール　・大切なもの　・必要 ・守らなければならないもの　・制限するもの	・学習後の考えと比較するため，「約束」という言葉から想起されることを問う。
展開	・範読を聞く。 ・登場人物を把握する。 ・男の子に手品を明日見せると約束した手品師の心情を考える。 ・男の子との約束を選んだ手品師が大切にしたものについて考える。	・手品師…うではいいがあまり売れない 　　　　　お金がない　大劇場に出演する夢 ・男の子…お父さん（亡くなった） 　　　　　お母さん（働きに行き帰ってこない） 手品師はどんな思いで男の子に話しかけただろう。 ・男の子がかわいそう。 ・男の子を元気づけてあげたい。 ・男の子が笑顔になるように役立ちたい。 ・どうせひまだからいいだろう。 男の子との約束を守ることで手品師が大切にしたかったものとはなんだろう。 ・男の子の気持ち。　　　・男の子の笑顔。 ・男の子をがっかりさせないこと。	・教材を範読する。 ・男の子の境遇ををおさえる。 ・時間をかけすぎないようにする。 ・手品師が男の子を不憫に思い，手を差し伸べたいということと，明日の予定はないので約束しても構わないと思っていることをおさえる。 ・手品師にとって大劇場を選ぶことの意味を確認し，その重大さよりも男の子との約束が重かったことをおさえる。

		・男の子との約束を守ること。 ・男の子を元気づけたいという気持ち。 ・手品師としてのプライド。 　㊉男の子が幸せとは言えない境遇だけれど，男の子が幸せなら約束は守らなくて良いのか。 　㊉約束に関わっているのは男の子だけだろうか。 　　・男の子と手品師の二人で交わした。 男の子との約束を選んだ手品師が大切にしたかったものはなんだろう。 ・男の子の気持ち。 ・男の子を裏切らないこと。 ・男の子との信頼関係。 ・約束を守ることの大切さ。 ・自分の都合によって約束を変えないこと。 ・自分自身に後悔のない生き方。	・男の子の事情に関する発言が多いことが予想されるため，発言を整理し問い返す。 ・手品師が約束を守ることを通して大切にしたかった生き方について考えを深めさせたい。
	・手品師が約束を守ることで，大切にしたことについて考える。		
終末	・感想を書く。		・内容項目に関わる新たな気付きや，考えたことを書かせる。

4　板書記録

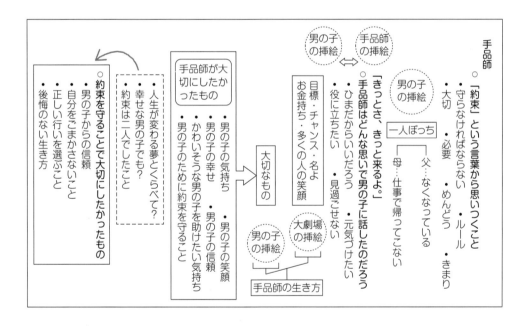

5　授業記録〈中心発問より〉

T：男の子との約束と大劇場に行くことを天秤にかけ，手品師にとって重かったのは。

C：男の子との約束。

T：つまり，男の子との約束は大劇場に行くことより重かったということですよ

ね。

　　　では，男の子との約束を選んだ手品師が大切にしたかったものとは何だろう。

C1：せっかく自分の手品を好んでくれる人との出会い。

　T：もう少し詳しく。

C1：自分の手品を大切にしてくれるだろうし，手品のことを広めてくれそうだから。

C2：自分の手品を面白いという男の子の気持ちを大切にしたかったから。

C3：「きっと来るよ。」とまで言ってしまったらやめられないから。

　T：どうして。

C3：約束だから。

　T：なるほど。約束だからですか。

C4：男の子はお父さんが亡くなり，お母さんも働きに行き帰ってこない。ひとりぼっちで毎日悲しい生活を送っているから，かわいそうだし元気づけたいと思ったから。

　T：確かに境遇はかわいそうですよね。

C5：大劇場のお客さんよりも，男の子の方が喜んでくれると思ったから。

　T：男の子は確かにかわいそうですが，もし男の子の元に両親がおり，幸せな境遇だったらこの約束は破ってもよかったと思いますか。

　C：（えーっ。いや…。それはちょっと…。）

　T：男の子が幸せな境遇だったとしたら，男の子は幸せだから行かなくてもいい。大劇場に行こうとなるのかな。

C6：それなら，相手次第で約束がコロコロ変わってしまう。

　T：そうだよね。

　T：約束を守ることで手品師が大切にしたかったことは何だろう。また，約束は誰のために守る必要があるのだろうか。

C7：約束をしたら守る必要があるから。

　T：誰のために約束を守る必要があるのですか。

C7：相手と自分のため。

　T：自分のために約束を守るということを，もう少し教えてください。

C7：約束を守ると，なんだかいい気持がするから。

C8：嫌な約束の場合は，守っても嫌な気持ちになる。

　T：約束の種類によって変わるということですね。

C9：男の子の笑顔を大切にしたかった。

　T：なるほど。

　T：約束を守ることは当たり前なのに，守るとすっきりした気持ちになるのはなぜだろう。

C10：自分と相手がいて，二人でした約束を果たしたら相手のことを信用できるから。

　T：相手のことを信用できるからいい気持ちになるということですね。

C11：約束を破ると相手は嫌な気持ちがするし，自分もやってしまったと落ち込んでしまう。

　T：どうして落ち込んでしまうのだろう。

C12：約束を破ると相手の男の子が悲しむし，モヤモヤした気持ちになるから。

　T：悲しむ男の子のことを思うとモヤモヤする。そのモヤモヤとはなんだろう。

　C：（えーっ。うーん。なんだろう…。）

　T：日常生活の中で，約束を守らなくてモヤモヤしたことはないですか。

　C：（あるある。）

C13：きまりごとや大切なことを守れないから。

　T：人にばれないものでも，約束を破るとモヤモヤしませんか。

　C：（よくある。）

C14：ばれたときに相手を傷つける可能性があるから。

C15：罪悪感があるから。

　T：なぜ約束を守らないと罪悪感がでてくるのだろう。

C16：約束というのは決まっている硬いもののように感じる。

　T：面白い表現ですね。

C17：約束は守らないと，自分のちゃんとした道からははみ出してしまう。約束を守るとちゃんとした道を進めた気がする。

　T：なるほど。ちゃんとした道ってどういうものですか。

C17：自分の中にある気持ちの線。

　T：気持ちの線とは。

C17：うーん。難しい。うまく説明できません。

　T：わかりました。授業の始めに確認したものと，イメージが違う様々な意見がたくさん出てきました。このように考えると，約束はなかなか奥が深いですね。

6　児童の感想

・男の子に自分と同じような思いをさせるのはだめ。大劇場に行くことは約束ではないし他の人でもできることだけど，男の子との約束を守れるのは手品師しかできない。

・約束は自分と相手がいっしょに決めたことだから，破ると相手は悲しい思いをするし，信頼を失ってしまう。約束は守らないと最後には自分に返ってくるので守らなければいけないと思った。

・約束を守るということは，その人の信用の器の大きさだと思う。だから約束を守れないような人は，有名になったり成功したりしない。

・約束を守るということは自分の責任を果たすことだと思う。約束を破ることは自分にうそをついていることになるので，そのことはずっと心に残ると思う。

・約束とは自分と相手とのかけ橋で，守れないと切れてしまうようなものだと思う。だから約束を守ろうという気持ちになると思うし，守れなければ罪悪感を残すのだと思う。人の生き方にはいろいろな「道」があるけれど，約束もそれに含まれていて自分の気持ちが関わっている。だから「約束を守る」ことは相手にとっても自分にとっても大切なことだと改めて考えた。

・約束を平気で破ることができるのは，約束したことについて自分が正しいと思えず，これは違うと思った時だけのように考えた。約束は守らなければならないものだけど，自分の将来を決めるような大切な場面で，正しいことなのか間違ったことなのかよく考えることが大切だと思う。

・人は，事の重大さで約束を守るか判断するからこそ，大切にしなければいけないことからからはみ出したときに落ちこんでしまう。友だちが「約束とはかたいものだ」と言っていたけれど，それを守ることができればもっと固く強く信頼のあるものとなり，逆に破ってしまえば信頼にひびが入りもろくなりくずれてしまうと思う。

7　掲載されている教科書

『新訂　新しい道徳　6』東京書籍
『かがやけ みらい　小学校道徳　5年　きづき』学校図書
『小学道徳6　はばたこう明日へ』教育出版
『道徳　6　きみが いちばん ひかるとき』光村図書
『小学道徳　生きる 力　6』日本文教出版
『小学道徳　ゆたかな心　5年』光文書院
『新・みんなの道徳5』学研教育みらい
『みんなで考え，話し合う　小学生の道徳6』あかつき教育図書

手品師

　あるところに，うではいいのですが，あまりうれない手品師がいました。もちろん，くらしむきは楽ではなく，その日のパンを買うのも，やっとというありさまでした。
「大きな劇場で，はなやかに手品をやりたいなあ。」
　いつも，そう思うのですが，今のかれにとっては，それは，ゆめでしかありません。それでも，手品師は，いつかは大劇場のステージに立てる日の来るのを願って，うでをみがいていました。

　ある日のこと，手品師が町を歩いていますと，小さな男の子が，しょんぼりと道にしゃがみこんでいるのに出会いました。
「どうしたんだい。」
　手品師は，思わず声をかけました。男の子は，さびしそうな顔で，おとうさんが死んだあと，おかあさんが働きに出て，ずっと帰って来ないのだと答えました。
「そうかい。それはかわいそうに。それじゃおじさんが，おもしろいものを見せてあげよう。だから元気を出すんだよ。」
と，言って，手品師は，ぼうしの中から色とりどりの美しい花を取り出したり，さらに，ハンカチの中から白いハトを飛び立たせたりしました。男の子の顔は，明るさをとりもどし，すっかり元気になりました。
「おじさん，あしたも来てくれる？」
　男の子は，大きな目を輝かせて言いました。
「ああ，来るともさ。」
　手品師が答えました。
「きっとだね。きっと来てくれるね。」
「きっとさ。きっと来るよ。」
　どうせ，ひまなからだ，あしたも来てやろう。手品師は，そんな気持ちでした。

　その日の夜，少しはなれた大きな町に住む仲のよい友人から，手品師に電話がかかってきました。
「おい，いい話があるんだ。今夜すぐ，そっちをたって，ぼくの家に来い。」
「いったい，急に，どうしたと言うんだ。」
「どうしたも，こうしたもない。大劇場に出られるチャンスだぞ。」
「えっ，大劇場に？」
「そうとも，二度とないチャンスだ。これをのがしたら，もうチャンスは来ないかもしれないぞ。」

「もうすこし，くわしく話してくれないか。」

　友人の話によると，今，ひょうばんのマジック・ショウに出演している手品師が急病でたおれ，手術をしなければならなくなったため，その人のかわりをさがしているのだというのです。

「そこで，ぼくは，きみをすいせんしたというわけさ。」

「あのう，一日のばすわけにはいかないのかい。」

「それはだめだ。手術は今夜なんだ。あしたのステージに，あなをあけるわけにはいかない。」

「そうか………………。」

　手品師の頭の中では，大劇場のはなやかなステージに，スポットライトを浴びて立つ自分のすがたと，さっき会った男の子の顔が，かわるがわる，うかんでは消え，消えてはうかんでいました。

（このチャンスをのがしたら，もう二度と大劇場のステージには立てないかもしれない。しかし，あしたは，あの男の子が，ぼくを待っている。）

　手品師は，まよいに，まよっていました。

「いいね，そっちを今夜たてば，あしたの朝には，こっちに着く。待ってるよ。」

　友人は，もう，すっかり決めこんでいるようです。手品師は，受話器を持ちかえると，きっぱりと言いました。

「せっかくだけど，あしたは行けない。」

「えっ，どうしてだ。きみが，ずっと待ち望んでいた大劇場に出られるというのだ。これをきっかけに，きみの力が認められれば，手品師として，売れっ子になれるんだぞ。」

「ぼくには，あした約束したことがあるんだ。」

「そんなに，たいせつな約束なのか。」

「そうだ。ぼくにとっては，たいせつな約束なんだ。せっかくの，きみの友情に対して，すまないと思うが……。」

「きみが，そんなに言うなら，きっとたいせつな約束なんだろう。じゃ，残念だが……。また，会おう。」

　よく日，小さな町のかたすみで，たったひとりのお客さまを前にして，あまりうれない手品師が，つぎつぎとすばらしい手品を演じていました。

（江橋照雄　作による）

10 友の肖像画

① 主題名　友情，信頼　B−⑩
② ねらい　正一の作った木版画を見て涙を流したぼく（和也）の心情を通して，友達
　　　　　と互いに信頼し，友情を深め，人間関係を築いていこうとする心情を育む。
③ 出　典　『小学校　道徳の指導資料とその利用３』文部省

1　教材解説

① あらすじ：ぼく（和也）と正一は幼馴染で兄弟のように仲が良かった。しかし，正一が小学３年生のときに難病にかかり，療養所のある九州へと転校してしまうことになった。ぼく（和也）は正一を励ますために文通をすることを約束するが，時間がたつにつれ手紙を出さなくなってしまう。手紙を出さなくなって一年たったころ，正一たちの学校の子どもたちが作った作品の展示会が開かれていることを知り，急いでその展示会に行く。そこには正一が木版画で作ったぼく（和也）の肖像画が展示されていた。それを見たぼく（和也）は感動し涙を流す。

② 教材の読み
　(1) 生き方についての考えを深めるのは……ぼく（和也）
　(2) 考えを深めるきっかけは……正一の作った木版画を見た場面
　(3) 考えを深めるところは……正一の作った木版画を見て涙を流すところ

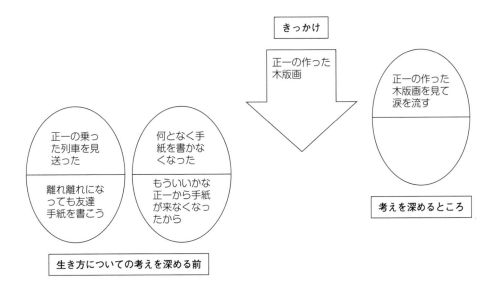

2　指導のポイント

① 挿絵やフラッシュカードの利用による板書の構造化

　教材に描かれている内容をイメージしやすいようにするために挿絵を使う。また，場面をより分かりやすいようにするために補助的にフラッシュカードを使う。フラッシュカードは，道徳的な変化や重要な場面での言葉でも使うことがある。

　板書については時系列に挿絵を並べるのではなく，登場人物の想いを比較しやすいように構成する。そうすることで児童が内容項目について考えやすくなる。この教材では，ぼくと正一の友情に対する気持ちを比較しやすいように構成する。例えば，板書の右にぼく，左に正一，真ん中に「木版画」と構成することで，正一のことをだんだん忘れてしまっていたぼくと，ずっとぼくのことを考えていた正一といった形で比較できるようになる。

② 児童の思考に沿った発問や問い返し

　発問や問い返しは教員の思い描いた展開，もしくは目標を達成するために作られている。しかし，それが児童の思考とかけ離れていたり，あまりに唐突すぎたりすると児童の思考を止めてしまう。

　そこで，発問に対する児童の発言をもとに，問い返しを行ったり，次の発問へつないだりする。そうすることで児童の思考が途切れることなく進めることができ，深い学びへとつないでいけるようになる。例えば，「親友」というキーワードが児童から出れば「親友とは何か？」と問い返したり，「なぜ正一はここまでできたのだろう」という問いが児童から出れば「なぜ正一はここまでできたのかな？」と問い返したりする。

③ 児童による「おたずね」を軸にした授業展開

　児童の「おたずね」とは，児童の疑問や情感，違和感，素直に聞きたいことを指し，児童と教員が一緒に考えるきっかけにするものである。

　児童の「おたずね」は中心発問の児童の発言に対するものである。児童の発言に対して「おたずね」をするという意味では，教員の「問い返し」とよく似ている。しかし，児童から聞きたいこと，疑問に思うことを発信するところが教員の問い返しとは意味が大きく異なる。児童の「おたずね」を軸にすることで児童同士の対話が深まるとともに児童主体の授業が実現する。児童の「おたずね」の中から目標を達成できるものや内容項目を達成できるものを教員が取り上げる。

3 展開過程

	学習活動	発問と予想される児童の反応	指導上の留意点
導入	・涙を流すときの心情を思い出す。	涙ってどんな時に出るかな。 ・悲しい時　　・うれしい時	・時間をかけないようにする。
展開	・教材を黙読する。 ・正一と離れ離れになるぼくの気持ちを考える。	正一の乗った電車を見送りながらぼくはどんなことを考えていたのでしょう。 ・やっぱりさみしい。 ・離れ離れになっても友達だよ。 ・手紙を書いて励まそう。	・教材を範読する。 ・離れ離れになる寂しさだけでなく，これからも友達として手紙を書くことを決意した思いも考えさせる。
	・ぼくが手紙を書かなくなってしまった理由を考える。	ぼくはなぜ何となく手紙を書かなくなってしまったのだろう。 ・自分ばかり手紙を書いてもつらい。 ・正一がつらくて手紙を書けないのであれば，もう手紙を出さないほうがいいかな。 ・何となくもういいかな。	・本文では「何となく」と書かれているが，書かなくなった理由を具体的に発言できるようにさせる。
	・肖像画を見たときのぼくの心情について考えさせる。	木版画を見て涙を流しながらぼくはどんなことを考えていたのでしょう。 【反省】 ・正一ごめん。 ・正一はぼくのことを考えてくれていたのに，ぼくは何もできなかった。 【感謝】 ・ここまで思ってくれてありがとう。 【友への想い】 ・ここまでぼくのことを考えてくれる友達はいない。 ・正一は親友だ。 　　㊎ 親友って何ですか？ 　　　・友達を勇気づける存在。 　　　・離れていても友達のことを思い続ける存在。 　㊎ 正一はなぜぼくの木版画を作ろうと思ったのだろう？ 　　　・ぼくの顔を思い出すと勇気が湧いてくるから。 　　　・幼いころを思い出し，また友達と遊べるようになりたいという強い思いを持てるから。 　　　・友達のことを思い出せばつらい思いを忘れられるから。	・正一の木版画を通して，いろいろな意見を出させるとともに，その理由も考えさせる。 ・児童による「おたずね」を取り入れながら話し合いを進める。
	・これからの自分について考えているぼくの気持ちを考える。	ぼくは電車の中でどんなことを考えていたのだろう。 ・今日のことは忘れない。 ・次は自分が正一の支えになろう。 ・正一に手紙を書こう。	・これからの自分について考えさせる。
終末	・感想を書く。 ・教員の話を聞く。		・感想を書かせる。

4　板書記録

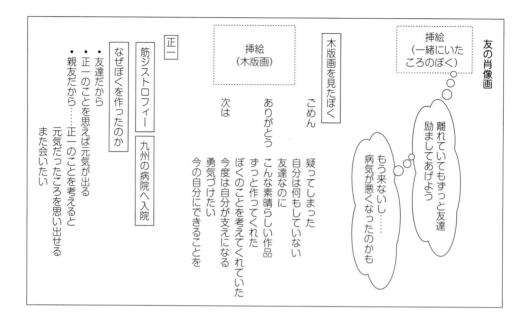

5　授業記録〈中心発問より〉

T：木版画を見て涙を流しながらぼくはどんなことを考えていたのでしょう。

C1：正一君には正一君なりの理由があった。

C2：病気と必死に闘って治ってきている。いろいろ持てるようになってきたって書いていたから，この版画を彫ったおかげで治ってきている。

C3：手紙が書けない理由が分かった。

C4：手紙をもう少し書いたらよかったとちょっと悔しい。

C5：正一君の方がすごい。

C6：そういうことなら言ってくれたらよかったのに。

C7：ぼくが，正一が行く前に「正ちゃん病気になんて負けないでね。」って言ったのに，その約束がはたせてない。

C8：嬉しい。

C9：戻ってこない理由が分かった。

C10：皆が言っていたみたいに手紙が戻ってこなかったのは鉛筆が持てなくなったって書いてあったから。この作品が完成するのに約一年かかったって書いてあって，正一に手紙を書かなくなってそろそろ一年になるって書いてあるから，その手紙を書いてない間，正一はぼくの顔の版画を書いてくれていた。とっても嬉しかった。

C11: ずっと病気と闘っていたのにずっと作ってくれてうれしい。

T ： みんなの意見の中で「おたずね」はありますか？

C12: 嬉しいという意見があるんですが，和也（ぼく）のためでもあるけど，正一は自分の手を鍛えるためでもあるから，ぼくのことを思ってではないんじゃないですか？

C13: 正一君のほうがすごいって何がすごい？

C14: 何が悔しいんですか？

C15: 嬉しいって言っていたんですけど，どんな風にうれしいんですか？

T ： まずはこのおたずねからいきましょう。この版画を，正一君は自分のためにつくったのではないかという質問です。どうでしょうか？

C16: それだったらわざわざそんなのを作らない。

C17: 自分のためだったら，わざわざぼくの顔を作らない。

T ： 正一はなぜぼくの顔を作ったのかな？

C18: ぼくの顔を忘れないように。

C19: C18君と同じで自分の顔とかサッカーボールとかを作ってもいいけど，和也君の顔を作っているからぼくのことを思って作ったんだと思う。

C20: ぼくたちずっと友達だよって書いてあって。なんか手紙をやっているときは友達だって，手紙を書けなくなってしまったから，せめて木版画をつくって和也君（ぼく）に届かなくてもいいから自分の心だけでも。心の中の友達として。

C21: C20君に質問で。心の中の友達って何ですか？

C20: 心の中の友達はなんか気持ちを伝えなくても，なんか友達。

T ： C20君の言いたい事ってわかる？

C22: 心の中の友達は。向こうに気持ちを伝えてなくても友達と判断している。

C23: それやったら手紙でその絵を書いたらいいんじゃないですか？

C24: C22君に質問でぼくがずっと友達だって言っているのに。なんで伝えてなくても友達なんですか？

C25: 同じような質問で相手に伝えなくてもって言っているんですが，伝えなかったら分からないんじゃないですか？

T ： 伝えないとわからないんじゃないのかっていうおたずねがありますがどうでしょう？

C26: 正一はずっと友達っていうのを信じているから。

C27: C26君と同じで友達だと信じているから伝えなくてもわかっていると思う。

C28: 何で信じることができたんですか？

C29: 多分，前から手紙を送ってくれていたから。

C30: ずっと前から手紙を送ってくれたから。

C31: 手紙に一緒にサッカーをやりたいなっていう言葉があったから信じていたと

　　思います。

C32：「ぼくたち大きくなってもずっと友達でいるんだ。」って言っていたから。

C33：手紙がなくても正一とぼくは幼馴染って書いてあるから，正一はぼくを信じているっていう想いを持っているから。手紙がなくても。

6　児童の感想

・友達は離れていても，この話だったら肖像画で気持ちを伝えられるんだなと思った。正一は大変なのに一年もかけて和也のために木版画を作って優しいし，本当に和也のことを想っているんだなと思いました。始めは何で和也は手紙を返さないのかなと思ったけど，みんなの意見を聞いて和也も正一君のことを考えているんだなと思った。

・最後に木版画で正一君は和也君に全部の気持ちを伝えたのがよくわかったし，自分もこういうことがあったらこの「友の肖像画」の話を思い出して和也君の気持ちになって考えてみたいなと思いました。

・最初，正一君の病気のことで心配していたけど，最後に正一君が心を込めて作った木版画をみて，正一君の言いたいことすべてがわかって，僕は涙が出たと思う。

・二人の友情がすごくわかった。仲の良い相手に自分ができることをして，相手に喜んでもらいたい気持ちやまた一緒に遊びたい気持ちが伝わった。二人ともそのことを一番に考えていたと思う。私はそのことがすごく感じられて感動しました。

・入院しているときはつらいと思います。でも友達と手紙をやり取りしていると，何だかこちらが「がんばろう」と正一君は心の中で言っていたと思います。肖像画の絵は自分の気持ちを絵で表したんだと僕は思います。

7　掲載されている教科書

『かがやけ　みらい　小学校道徳　6年　きづき』学校図書

『道徳　5　きみが　いちばん　ひかるとき』光村図書

『小学道徳　生きる　力　5』日本文教出版

『小学道徳　ゆたかな心　6年』光文書院

『新・みんなの道徳5』学研教育みらい

『みんなで考え，話し合う　小学生の道徳5』あかつき教育図書

友の肖像画

　ぼくと正一は幼なじみである。家が近かったせいもあり，毎日いっしょに学校に通った。学校から帰っても，近くの空き地でよく野球をしたものだ。

　宿題をするのもいっしょ，遊ぶのもいっしょ。そんなぼくたちを見て母は，

「和也たちはほんとうに仲がいいのね。まるでふたごの兄弟のようね。」

と，笑った。

「ぼくたち，大きくなっても，ずっと友だちでいるんだ。」

ぼくは得意そうに答えたものだった。

　あれは，3年の一学期のことだった。

　正一が，突然，体の筋肉がだんだん弱くなって，縮んでいくという難病にかかってしまった。

　その年の秋，正一は親せきのすすめで，九州の療養所に入院することになった。その療養所の中には学校があり，療養しながら勉強ができるということだった。

　正一が九州へ出発する日，ぼくは両親と東京駅まで見送りに行った。正一はこれからの療養生活を考えているのか，あまり元気がなかった。

　ぼくはわざと明るく，

「正ちゃん。病気なんかに負けないでね。ぼく，きっと，手紙書くよ。」

と言うと，正一もうれしそうに，

「うん，ありがとう。ぼくも手紙書くよ。運動会のかけっこ，がんばってね。」

と言って，列車に乗りこんだ。

　ぼくは正一の乗った列車が見えなくなるまで，いつまでもいつまでも手をふっていた。

　それから，ぼくと正一の文通が始まった。

　正一の手紙には，療養所での生活がくわしく書かれていた。だんだん足の筋肉が弱くなって，自由に走り回ることができなくなったこと，看護婦さんが一生けん命に世話をしてくれること，毎日，院内の学校に通っていること，そこには，正一と同じように療養しながら勉強している子どもがたくさんいることなどである。いつも手紙の最後には，「もう一度，きみたちと野球がしたいな。」と書いてあった。

　ぼくの方も，正一がいなくなってさみしくなったこと，学校で友だちとけんかしてくやしかったこと，先生にしかられたことなどを書き送った。こうしてぼくたちは手紙を通して友情を深め，はげまし合った。

　そのうちに正一からは，だんだん手紙が来なくなってしまった。（いったいどうした

のだろう。なぜ、手紙をくれないのだろう。）正一の家族も引越してしまって様子も分からなくなり、ぼくの方もなんとなく手紙を書かなくなって、何か月かが過ぎていった。

　　正一から手紙が来なくなって、そろそろ一年になる。

　　ある土曜日のことだった。ぼくは、夕食をすませて宿題をやっていた。

　　そのとき、テレビのニュースを見ていた母が、大きな声で

「和也、今うつっているのは、正ちゃんの学校のことじゃないの。」

と言った。

「えっ、ほんと。」

　　ぼくは急いでテレビの前に行った。

　　テレビの画面には、新宿のデパートでもよおされている「療養しながら学ぶ子どもたちの作品展」の様子がうつし出されていた。やはり正一の学校のことだった。ぼくの胸は早がねのように鳴った。

　　テレビによると、その作品展は5日も前から開かれ、明日の日曜日が最終日ということだった。

　　翌日、ぼくと母はデパートの開店と同時に、会場へ急いだ。

　　会場には、いろいろな病気で長い間療養している小学生から高校生までの作品が、たくさん展示されていた。水彩画、木版画、ガラス絵、切り絵、手芸など、作品は多彩だった。

（正一の作品はどこだろう。）

　　ぼくはむちゅうになって、正一の作品を探した。

「あった。」

　　正一の作品は、「友の肖像画」という題の木版画だった。その横には、つぎのような解説がつけてあった。

　　前の学校のときの友だちK君の顔です。ぼくの手や指の筋肉がだんだん弱くなり、えんぴつも持てないようになったので、筋肉をきたえるために版画に挑戦しました。この作品は完成するのに約1年かかりました。現在は、いくらか物が持てるようになってきました。

　　Kというのはぼくのことだ。

（そうか、それで手紙をくれないわけがわかった。）

　　ぼくの目からはなみだがあふれ、版画がかすんでしまった。そばにいた母も、

「不自由な手で、よく、こんなりっぱな作品ができたわね。」

と、ハンカチを目にあてていた。

　　正一は病気に負けまいとがんばっているのだ。そして、正一の作品は、

（和也君，いつまでも友だちでいようね。）

と，語りかけてくるようだった。

　帰りの電車の中で，ぼくはじっと目をつむっていた。まぶたのうらには，幼い日の正一とぼくの姿がうつっては消えていった。

（家に帰ったら，すぐに正一に手紙を書こう。）

　電車の窓から見える空は，青くすきとおっていた。

（井美博子　作による）

11　ぼくの名前呼んで

① 主題名　家族愛，家庭生活の充実　C−⒂

② ねらい　父親の心の底からほとばしり出るような手話を，まばたきもせず見つめている太郎の心情を通して，父母を敬愛し，家族の幸せを求めて，進んで役に立つことをしようとする道徳的心情を育む。

③ 出　典　『道徳　6　きみが　いちばん　ひかるとき』光村図書

1　教材解説

① あらすじ：両親が共に聴覚障害者であり，言語障害者である太郎。そのことについて何の疑問も持たずに生きてきたが，ある時クラスのけんか相手に両親から一度も名前を呼ばれたことがないだろうとばかにされ，言いようのないさびしさ，切なさに襲われる。帰宅するやいなや泣き叫びながら「名前を呼んでほしい」と訴える太郎に，父は，太郎が生まれた時の思いや，どのように生きてほしいと願っているかを涙を流しながら伝える。その父の姿を太郎はまばたきもせず見つめていた。

② 教材の読み

⑴　生き方についての考えを深めるのは……太郎

⑵　考えを深めるきっかけは……父親の心の底からほとばしり出るような手話

⑶　考えを深めるところは………父のなみだと手話を，まばたきもせずに見つめていた

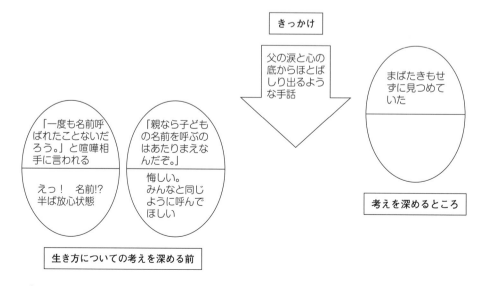

2　指導のポイント

① 本教材の主題である家族愛のベースとなるものは，家族がお互いに愛し合っていることである。父母が愛情をもって子を育てている。そのことに子が気付き応える。互いの愛を感じ，かけがえのない存在であることに気付き，敬愛の念をもって接することができる。そのきっかけをつくることが道徳における役割の一つである。

② 家族が互いを思い合う姿が描かれているのが本教材である。一度も名前を呼ばれたことがないさびしさや切なさから両親の愛情を必死になって求める太郎。太郎の思いを真正面から受け止め，太郎への思いを力強い息づかいを感じさせる手話で伝える父親。この互いを思う心情について考えることが本時の中心となる。

③ まず，両親から一度も名前を呼ばれたことがないことをばかにされた太郎のさびしさや切なさについて考える。その上で泣き叫びながら「一度でいいから名前を呼んで。」と訴える太郎の心情について考える。必死になって両親の愛情を求める太郎の心情について考えさせたい。

④ 太郎の訴えに対し，父は心の底からほとばしり出るような手話で応える。その父の姿を太郎はまばたきもせずに見つめている。父は何を太郎に伝えたかったのか。その父の思いを太郎はどのように受け止めたのか。それらについて考えることで本時の主題へと迫りたい。

3　展開過程

	学習活動	発問と予想される児童の反応	指導上の留意点
導入	・本時の教材について知る。	お家の人に名前を呼ばれてうれしかったことはある？ ・ほめられたとき。　　・うーん。いつだろう？	・さっと触れるのみ。すぐに範読に入る。
展開	・範読を聞く。 ・感想を発表する。 ・名前を呼ばれたことがないことに気付いた太郎の心情を考える。 ・必死になって手話で父親に訴えている太郎の心情について考える。	○　読んでみてどうでしたか。 ・感動した。　・すごい話。　・父の姿がいい。 「突然せきを切ったようになみだがぽろぽろとこぼれた」この時太郎はどんな思いだった？ ・ちくしょう。どうしてぼくだけ……。 ・名前を呼ばれるのが自然だったんだ。 ・俺って，俺って，不幸なのか？ 太郎はどんな思いで泣き叫びながら手話を始めたのだろう。 ・ぼくも一度でいいから名前を呼ばれたい。 ・ぼくだけ名前を呼ばれたことがないなんて嫌だ。 ・ぼくのことを愛しているなら名前を呼んでよ。 ・つらい，さびしい，苦しい。お願いわかって。	・教材を範読する。 ・感動的な話であり，初読の感想を聞いた上で，発問へとつなぐ。 ・喧嘩相手の指摘と町で目の当たりにしたことから，太郎の感じたさびしさ，切なさ，孤立感を押さえたい。 ・「ぼくの名前読んで」「ぼくなんか生まれなければよかった」という表現に注目させ，両親の愛を必死になって求めていることを押さえる。

	・心の底からほとばしり出るような父の手話を見つめる太郎の心情を多面的・多角的に考える。	まばたきもせず父の手話を見つめていた太郎は、どんなことを考えていただろう。 【後悔・反省】 ・ひどいことを言ってしまった。 ・父さんを悲しませてしまった。ごめんなさい。 【喜び・安心】 ・名前を呼ばれるかどうかは関係なかったんだ。 　㊲どうして？　呼んでほしかったのでは？ ・父さんはここまで思っていてくれたんだ。 　㊲ここまでって？ ・ぼくは愛されている。何を言われても気にしない。 ・素晴らしい両親、大切にしなければ。 ・父さんや母さんも悲しさを乗り越えたんだ。 ㊢お父さんが太郎に伝えたかったことはどんなことなのだろう？ 　　・名前は呼べないけど、あなたを愛しているよ。 　　・あなたは大切な子、心配しなくていいよ。 　　・名前は呼べない。でも、その中で最高の生き方をする。ぜひあなたも。	・父親の手話をもう一度読み直した上で中心発問を行う。 ・後悔・反省の思いと喜び・安心の思いが出てくると思われるので、整理して板書したい。 ・父の愛情を感じているところは問い返しながらより深めたい。 ・補助発問として父の思いについて考える。その後、中心発問に戻って考えさせてもよい。
終末	・感想を書く。	○　今日の授業で一番強く感じたことを書いてください。	・感想を書かせる。

4　板書記録

ぼくの名前呼んで

「突然せきをきったように涙が…」
太郎はどんな思いだった？
・自分だけ名前を呼べないのはどうして？
・一回だけでいいから呼んでほしい
・名前を呼ばれないだけで、なんであんなこと言われるの

太郎はどんな思いで泣きさけびながら手話を始めた？
・名前を呼ばれない　悲しい　ひどい
・くやしい
・なんで呼んでくれないの？
・名前を呼ばれなかったら、↑生まれてきた意味がない。　↑生きている実感がない。
・自分だけ名前を呼ばれない

まばたきもせず父の手話を見つめていた太郎
どんなことを考えていた？

・お父さん、お母さんも苦しんでいるんだ
・お父さん、お母さんも苦しんでいるんだ　同じ悲しみをもっていたんだ
・お父さん、お母さんの方が苦しかったかも
・呼んでと言った自分がまちがっていた　みっともない
・お父さんたちは名前を呼びたくなかったわけじゃない
・名前を呼ばれないのは変じゃない
・名前を呼べないことなりの生き方をしよう
・名前を呼べないから愛されていないわけじゃないんだ
・ぼくは愛されているんだ
・生まれてきてよかった

・今は、今を受け止めよう
・名前を呼びたい気持ちは同じ

【父の思い】
・愛している
・呼びたい気持ちは同じ
・できる限りのことをしよう

5　授業記録〈中心発問より〉

T：まばたきもしないでお父さんの手話を見つめていた太郎は，どんなことを考えていただろう。

C1：自分も苦しんでいるように両親も苦しんでいるんだ。

C2：名前を呼ばれないから生まれてきた意味がないのではなくて，できないことがあってもできないなりの生き方をしていきたい。

C3：ぼくも両親もどちらも悲しい思いをしていたのだなあ。

C4：名前を呼んでと言っていた自分が間違っていた。

T：間違っていた？　名前を呼んでほしかったんじゃないの？

C4：呼んでほしかった。でも，お父さんがしゃべれないのは仕方がないこと。それなのに名前を呼んでと言っていたのは，よくなかった。

C5：お父さんもとても真剣に話している。こんなに真剣なお父さんの姿を見たことがない。お父さんも悲しい思いをしていたんだなあ。

C6：名前を呼ばれないだけで泣いている自分がみっともない。

T：みっともない？　どうして？

C6：自分より両親の方が苦しいから。それに気付けていなかったから。

C7：ぼくの人生はこれでいいのかな，いいんだと思った。

T：どういうこと？

C7：両親は耳が聞こえない。自分も名前を呼んでもらっていない。でも，それは変わらない事実。どちらも悲しい思いをしているけど，それ以上は何もならない。それだったらいつも通り楽しくこれで生きていこうと思った。

T：それはあきらめるということ？

C7：あきらめるというより，受け止める。受け入れる。今を，今の世界を。

T：ここでみなさんに聞きたいのですが，お父さんが息子に伝えたかったことはどんなことだったと思いますか。

C8：お父さんもお母さんも太郎の名前を呼んであげたいのだけど，障害があって言えない。でも，同じ気持ちなんだよ。

T：同じ気持ちとは？

C8：名前を呼びたいのだよ。呼びたいのは同じ気持ちだよということ。

C9：愛している。

T：愛している。もう少しくわしく。

C9：名前を呼べないのが愛していないとかそういうことではなくて，自分も本当は名前も呼びたくて声も聞きたい。愛しているということを伝えたい。

C10：他の家庭とは違うけど，大丈夫だよ。

C2：しゃべれない，耳の聞こえない両親から生まれてきた子供。でも生まれてきたからには死んでほしくない。できる限りのことをしていこう。

C11：呼びたくなくて呼んでいないわけじゃない。名前を呼ばれないなら生まれてこなければよかったなんて思ってほしくない。

T：お父さん，このようなことを伝えたかったんだね。こういうお父さんの思いを受けて，太郎はどう思っただろう？

C12：ぼくは生まれてきてよかった。

T：どうしてそう思った？

C12：お父さんとお母さんの思い，ぼくのことを愛してくれているってよく分かったから。

C13：愛していないから名前を呼ばれていないのではない。それはしゃべれないだけなんだ。

C14：耳の聞こえない両親から生まれてきたのをはずかしいと思わないで，最高の生き方をしていこう。

T：それまで生まれてこなければよかったと言っていたのに，どうしてそう変わったの？

C14：両親の思いというか，願いみたいなものが知れたから。

C15：生まれてきてよかった。

T：どうしてそう思ったの？

C15：名前を呼ばれなくても生まれてきたこと自体が幸せと気付いたから。

6　児童の感想

・両親の耳が聞こえなくて話せなくて苦しいと思っていた太郎だけど，名前を呼んでもらえないかわりに，愛っていうか良いものをちゃんともらっているなあって思った。

・私は今日の学習で，太郎は「自分は愛されている」と改めて思えたのではないかなと思いました。名前を呼ばれないことで愛されていると強く実感することができなくて泣いていたけど，お父さんの気持ちを聞いて愛されていると知れたと思います。

・今日勉強して，この両親は子どもの名前を呼びたくなくて呼んでいないわけじゃないから，そんな「生まれてこなければ」とかを言ってほしくないと思って，お父さんは泣いたのかなと思いました。しゃべれなくても気持ちは人一倍大好きと思っていると思いました。

・私は教科書のこういう家族がもしかしたらいるかもと思いました。太郎くんは名前を呼んでほしいけど，両親は呼べない家族だけれども，ちゃんと思いがあってつながっている家族だと思いました。今日の学習は本当に感動しました。

・お父さんは必死な思いで伝えたいことを全部伝えられたから，太郎はちゃんと伝わってきてうれしかったんじゃないかなと思いました。まわりとは少し違った家族かもしれないけど，幸せに暮らさせてあげるということをお父さんは言いたかったんだと思いました。

・主人公の気持ちになってみて。父の話を聞いた時，私は父と母はたくさん苦しい思いをしてきた。だから名前を呼べないということも苦しいから，自分の名前が呼ばれないだけで死にたいと思うのは違うなと思った。前を向いて進んで生きていったらいいと思った。

・もし私の両親が聴覚障害者だったら，私も名前を呼んでほしいと思うと思います。でも，両親も呼びたくなくて呼んでいないわけじゃないから，本当の気持ちを知ったら私もそれをちゃんと受け止めたいと思いました。

7　掲載されている教科書

『道徳　6　きみが　いちばん　ひかるとき』光村図書
『みんなで考え，話し合う　小学生の道徳5』あかつき教育図書

ぼくの名前呼んで

　太郎の両親は，共に聴覚障害者であり，言語障害者だ。しかし，そのことで太郎が両親に反抗したことは，まずなかった。ただ，一度だけ，太郎にとって忘れられない出来事があった。

　ある日の放課後，学芸会の練習をしていたとき，軽い脳性まひで思うようにせりふが言えず，教室のすみでべそをかいていた「ブヤちゃん」こと渋谷くんをからかった者がいた。そいつと太郎が大げんかになったときのことだった。

　自分より背丈の大きな相手と組んずほぐれつ，ゆかをごろごろ転げ回り，ようやく相手を組みふせた。馬乗りになった太郎が，こぶしをふり上げた瞬間，下じきになりながら必死にもがいていた相手がさけんだ。

「やあい，おまえ，父ちゃん母ちゃんから，一度も名前呼ばれたことないだろう。

　これからもずっと呼ばれないぞ。いい気味だ。」

　太郎は息をのんだ。こぶしをふり上げたまま，体が動かなくなってしまった。

　それは，太郎にとって思いもかけぬ言葉であった。両親に名前を呼んでもらうこと——，そんなこと，太郎は考えたこともなかった。

　相手につき飛ばされ，転んだまま，「名前——，名前——。」と，力なくつぶやいていた。半ば放心状態だった太郎は，突然立ち上がり，校門目がけてかけだした。今までに感じたことのなかったさびしさ，言いようのない切なさにおそわれ，なみだがこみ上げてきた。

　おだやかな夕暮れ時の商店街は，買い物帰りの人たちで，いつものようににぎわっていた。泣きわめきたい，大声でさけびたい衝動をぐっとこらえ，ひたすら走った。路地をぬけると，自転車に乗った豆腐屋さんが，ラッパをふきながらゆっくりと走っていく。

「ひろこ，もうすぐご飯よう。」

どこからともなく，そんな声が聞こえてきた。

　突然，せきを切ったようになみだがぼろぼろとこぼれた。太郎は両手で耳をふさぎ，無我夢中でわが家に向かって走った。

　ガラガラガラッと大きな音を立てて，乱暴に玄関の戸を開けた。父親のくつが見えたが，家の中は物音ひとつなく，母親は出かけているようだった。

　父親のいる部屋にかけこんだ太郎は，入り口のところで，ドン，ドン，ドンと足をふみ鳴らした。

　それまで，太郎が帰ってきたのにも気づかずに机に向かっていた父親は，ゆかを伝わってくる振動でやっと後ろをふり向いた。そこには，目を真っ赤に泣きはらし，くやしそうに自分をにらみつけている太郎の姿があった。いつもとはちがうむすこの様

子におどろいて立ち上がった父親に，太郎はむしゃぶりついてさけんだ。

　とっさのことで，理由も分からず，ただ立ちすくむ父親から体をはなすと，太郎は泣きさけびながら手話を始めた。

「ぼくの　名前　呼んで。親なら　子どもの　名前を　呼ぶのは　あたりまえなんだぞ。この　前　運動会が　あったよね。走ってる　とき，みんな　転んだろ。転んだ　とき，みんなは──。」

　太郎の手が一瞬(いっしゅん)止まった。しばらくためらっていたが，こらえ切れずにまた激しく両手が動きだした。

「転んだ　とき，みんなは　父さんや　母さんに　名前を　呼ばれて　応援(おうえん)されたんだぞ。ぼくだって　転んだんだ。転んだんだよお。でも，ぼくの　名前は　聞こえて　こなかったぞ──。父さん，父さん，名前　呼んでよ。一度で　いいから，ぼくの　名前　呼んで──。名前を　呼べないんなら，ぼくなんか，ぼくなんか　生まなければ　よかったんだよお。」

　ぶつかるように父親にしがみついた太郎は，声を上げて泣いた。必死の力でゆさぶられるままに，じっと両目を閉じていた父親は，力いっぱいむすこをだきしめた。そして，静かに太郎の体を引きはなすと，無言の中にも力強い息づかいを感じさせる手話で語り始めた。

「私(わたし)ハ，耳ガ　聞コエナイ　コトヲ　ハズカシイト　思ッテ　イナイ。神ガ　アタエタ　運命ダ。名前ガ　呼バレナイカラ　サビシイ。母サンモ　以前　ソウダッタ。君ガ　生マレタ　トキ，私タチハ　本当ニ　幸セダト　思ッタ。声ヲ　出シテ　泣ク　コトヲ　知ッタ　トキ，本当ニ　ウレシカッタ。君ハ，体ヲ　フルワセテ　泣イテ　イタ。大キナ　ロヲ　開ケテ，元気ニ　泣イテ　イタ。何度モ　何度モ　ヨク　泣イタ。シカシ，ソノ　泣キ声ハ　私タチニハ　聞コエナカッタ。母サンハ，一度デ　イイカラ　君ノ　泣キ声ガ　聞キタイト，君ノ　クチビルニ　聞コエナイ　耳ヲ　オシ当テ（ワガ　子ノ　声ガ　聞キタイ。コノ　子ノ　声ヲ　聞カセテ。）ト，何度願ッタ　コトカ。シカシ，母サンハ　悲シソウナ　顔ヲ　シテ，首ヲ　左右ニ　フルダケダッタ。私ニハ　聞コエナイガ，オソラク，母サンハ　声ヲ　上ゲテ　泣イテ　イタト　思ウ。デモ，今ハ　チガウ。私モ　母サンモ，耳ノ　聞コエナイ　人間ト　シテ，最高ノ　生キ方ヲ　シテイコウト　約束シテ　イル。君モ　ソウ　シテ　ホシイ。耳ノ　聞コエナイ　両親カラ　生マレタ　子ドモト　シテ──。ソウ　シテ　クレ。コレハ，私ト　母サン　二人(ふたり)ノ　願イデス。」

　太郎は，初めて父親のなみだを見た。父の心の底からほとばしり出るような手話を，太郎はまばたきもせずに見つめていた。

（丸山浩路　作による）

12　青の洞門

① 主題名　感動，畏敬の念　D −(21)
② ねらい　実之助が了海の中に見たもの・感じたもの・思ったものを通して，美しい
　　　　ものや気高いものに感動する心や人間の力を超えたものに対する畏敬の念を
　　　　もとうとする道徳的心情を養う。
③ 出　典　『みんなで考え，話し合う　小学生の道徳6』あかつき教育図書

1　教材解説

① あらすじ：主殺しを犯し，罪をつぐなうために僧になっていた了海は，豊前国（ぶぜんのくに）
の難所「くさりわたし」に岩をくり抜いて道を作ろうと決心し，一人で掘り続け
た。了海が掘り始めて19年目，昔，父親を殺された実之助が現れた。了海の哀れ
な姿を目の当たりにした実之助は，この道が完成するまで仇（かたき）討ちを待ってやろ
うと決心し，一緒に掘り始めた。1年半が過ぎたある日，道はとうとう完成した。
自分を斬るように促す了海に，実之助はなみだを流すばかりであった。二人は手
を取り合い感動の涙にむせびあった。

② 教材の読み
(1) 生き方についての考えを深めるのは……実之助
(2) 考えを深めるきっかけは……「さあ，お切りなされ」
(3) 考えを深めるところは……いま一度，了海の手を取った

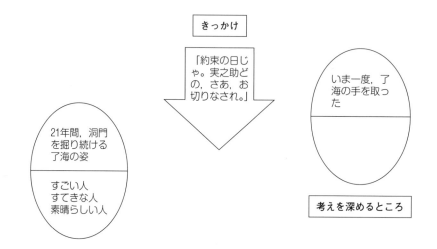

2　指導のポイント

①　21年間の長さ

　了海が穴を掘り始めてから21年。児童にこの21年の長さを感じさせる。1日2日ではなく，21年間ずっと槌とのみで穴を掘り続けた了海。その思いの深さを考える。

②　親の仇の意味

　親の仇。実之助にとっては，親殺しの了海である。その了海とともに1年半穴を掘り続けた実之助が感じていたもの。その実之助の心を考える。

③　仇を討たない実之助の心

　親の仇を討つことができない実之助。その心をじっくり見つめる。仇討ちをするしないというよりも，そのこと自体ができない実之助。何を思い，何を考えているか，そこのところを児童とじっくり考える。

3　展開過程

	学習活動	発問と予想される児童の反応	指導上の留意点
導入			・「生きる」と板書し，簡単にすませる。
展開	・範読を聞く。 ・実之助の印象を発表する。 ・実之助が仇討ちをしない理由を多面的・多角的に考えていく。	○　実之助のことをみなさんはどう思いますか？ ・優しい人　　　・すてきな人　　　・我慢した人 ・わからない人 　どうして，実之助は仇討ちをしないのですか？ ・了海を殺すことは自分にはできないと思った。 ・了海を殺すことは神が許さないと思ったから。 ・了海を殺してしまえば本当に大切なものを失うと思ったから。 ・了海のやりきったことの意味がとても大きいと思ったから。 　㊀ 実之助にとって，親の仇を討ち取ることが「絶対しなければいけないこと」（使命）であるのに，それができないのは，どうして？ 　　・了海のしたことの素晴らしさ偉大さに圧倒されているから。 　　・了海の偉業の大きさに我を忘れてしまった。 　　・了海は父への罪を償ったと思ったから。 　　・了海の強い意志に圧倒されているから。 　　・了海の偉大さの前では仇討ちがちっぽけに感じている。 　　・了海が人間の域を超え，神の領域に入っていると思ったから。 　　・了海は命のすべてをここで使い果たしていると思ったから。 　　・了海のことを心の底から尊敬，慕っている自分がいるから。 　　・了海を心底から惚れ込んでいるから。好き	・教材を範読する。 ・教材に描かれている実之助の印象を自由に発表させる。 ・実之助が仇討ちをしなかった理由について，たっぷりと時間かけて考えさせていく。 ・問い返しの発問を多用しながら実之助の思いを突き詰めて考えさせていく。

	・実之助の思いを味わう。	になったから。 ・了海を人でなく神様，生き仏のように思っている。 ・了海を殺しては絶対ダメだと思ったから。 ・了海にこれからもついていきたい，師事したいと思ったから。 補 実之助は了海のことをどんな風に思っていますか？ 　・偉大な人　　・すごい人　　・やり抜く人 　・かっこいい人　・素敵な人　　・神様 　・現人神　・神様のような人　　・神様の使い 　・神様のシモベ　・自分には到底かなわない人 　・自分の思考を超えた人 　・自分が手を出せない人 　・自分がこれからもついていきたい人 　・自分のこれからを託せる人，託したい人 補 了海と涙にむせび合いながら，実之助はどんなことを思っていますか？ 　・私は，生きることのすばらしさが分かりました。ありがとう。 　・私は，あなたのように生きたいです。必ずそう生きていきます。 　・私は，これからあなたに師事します。ずっとついて行きます。 　・あなたは，なんて気高い人なんだ。人ではない神様だ。生き仏だ。	・補助発問として，実之助の思いを考えさせていくことにより，主題とする「感動，畏敬の念」を深めていく。
終末	感想を書く。		・「生きる」⇒「よりよく生きる」と板書し，感想を書かせる。 ・感想ははまとめて通信にする。

4　板書記録

5 授業記録〈中心発問より〉

T：「どうして，実之助は了海に仇討ちしようとしないのですか？殺さないのですか？」

P1：殺したらだめだと思ったから。

P2：憎しみが消えてしまったから。

P3：仇討ちはもう必要ないと思ったから。

T：「殺したらだめ。」「憎しみが消えた。」「仇討ちはもう必要ない。」 どうして，実之助はそんな風に思うのですか？

P4：了海が必死でやったことはすごいから。

T：了海がやったことがすごいから仇討ちはしないの？

P4：了海はみんなのために21年も掘り続けたから。

T：みんなのために了海が頑張ったのは事実だね。でも，それと仇討ちは関係ないのではないの？ 実之助にとって了海は親の仇でしょう。みんな自分のお父さんが殺されたらどう？ 相手がすごいからって許す？

P5：了海は昔の罪滅ぼしのために21年間もやってきた。そのことで罪が許されたと思う。

T：そうだね。21年ってすごいね。みんな何歳？

P：（口々に）11歳，12歳

T：みんなの生きてきた時間と比べるとほぼ倍だね。その間ずっと了海が掘り続けたことは，ほんとうにすごいし考えられないね。

P6：実之助も1年6か月間掘ってそのすごさが分かったと思う。だから，殺すことができなかったのだと思う。

T：了海のすごさはほんとうにわかるね。そんな了海のことを実之助はどう思っている？

P7：偉大な人，すごい人

T：偉大な人，すごい人だね。ほかにどうですか？

P8：人間じゃない。

T：人間じゃない。人間じゃなかったら，何なの？

P8：人間じゃなく，神，神様みたいに思っている。だから殺せない。

T：人間じゃなくって，神様と思っているから殺せない。それすごいね。

P9：了海は人間を超えている。21年間もずっとやり続けることができたのは神業。ほんとうにすごい。

T：そうだね。ほんとうにすごいね。実之助は了海のことをどう思っている。ほかどうですか？

P10：了海についていきたい。了海とこれからも一緒にいたいと思っている。

　T：そう，そんな風に実之助は思っているんだ。

6　児童の感想

・何事もあきらめないでやり遂げた了海はすごい人。周りからそんなことできない
　と言われても他人のためにやり続けた了海が，実之助にとっても大切な存在にな
　った。実之助は了海をはじめは父の仇で殺したいと思っていたが，心の広さの違
　いを実感して仇討ちをすることはできなかったのだと思う。

・了海はものすごく悪いことばかりをしたからこそ，人の命の大切さがわかったん
　だと思う。そんな了海を実之助は1年6か月横で見ていて，この人を殺すことは
　できないと思ったんだと思う。

・父を殺した了海に対する実之助の気持ちを変えさせたものは，生きた人間と思え
　ない姿になるまでみんなのために村人のためにやり続けた了海の思いだと思う。
　そのすごさが実之助の心を変えたのだと思う。

・実之助に仇うちを辞めさせるぐらい了海はすごいことをやったのだと思う。実之
　助にとっては人間ではなく神様のような存在になったのではないか。それぐらい，
　1年6か月一緒に穴を掘っていて実之助は了海に深く感じたのではないか。

7　掲載されている教科書

『新訂　新しい道徳　6』東京書籍

『かがやけ みらい　小学校道徳　6年　きづき』学校図書

『小学道徳　生きる　力　6』日本文教出版

『小学道徳　ゆたかな心　6年』光文書院

『新・みんなの道徳6』学研教育みらい

『みんなで考え，話し合う　小学生の道徳6』廣済堂あかつき

青の洞門

　1725（享保9）年の秋であった。旅の僧，了海は豊前国の山国川に沿って歩いていた。かつて了海はさむらいであったが，大罪である主殺しをおかし，にげて身をかくしている間に，さらにむごい罪を重ね，それらの罪をつぐなうために僧となった。それからは苦しい修行にはげみ，少しでも多くの人の役に立ちたいと，諸国をめぐり歩いているところであった。

　ふと気がつくと，近くの村の者だろうか，何人かが道のそばに集まってさわいでいる。近づいていくと，村人たちは，傷だらけの一人の死人を囲んでいるのだった。訳をたずねると，この男は「くさりわたし」から落ちて死んだのだという。

　話によると，「くさりわたし」とは非常な難所で，1年に3，4人，多ければ10人も，この男と同じように足をふみ外して命を落とすということである。

　了海は，死人に経を読んだあと，その足で「くさりわたし」へと向かった。

　なるほど，それは絶壁の中ほどにわたされている細々とした桟道であった。了海は岩はだにすがりながら，おそるおそる歩を進めていった。ふるえる足を一歩ずつふみしめ，ようやくわたりきることができた，そのときである。一つの大きな思いが，了海の心の底からわき上がってきた。

　（そうだ。この絶壁をほりつらぬいて道を作ろう。そうすれば，1年に10人，10年に百人，百年，千年とたつうちには，千万の命を救うことができるではないか。これこそ，この了海が，命をかけてなすべき仕事にちがいない。）

　了海はさっそく村々をめぐって，岩をくりぬいて道を作るための寄付を求めた。だが，了海の言葉に耳をかたむける者はなかった。

「できるわけがない。」

「うまいことを言って，だまそうとしているのだろう。」

　そんなことを言って，了海をあざ笑う者まであった。

　了海は，一人で岩をくりぬくことを決意した。つちをにぎり，のみを構えると，いのりをこめ，最初のつちをふり下ろした。こん身の力でふるったつちは，ただ，二片，三片の小さなかけらを飛び散らせただけであった。だが，了海はひるまなかった。朝は夜が明けぬ前から，夜は明かりもなくなるまで，1日も休むことなくつちをふるい続けた。

　1年がたち，2年がたっても，村人たちの多くは了海を笑った。だが，3年，4年とたつにつれて，了海を笑う者はいなくなり，ときには洞くつの入り口に食べ物が置かれるようになった。しかし，それでも了海を手伝うものはなかった。

　やがて9年がたつと，了海のほった穴は40メートル近くになっていた。だが，これでもまだ，絶壁の4分の1にも達していなかった。

　暗く冷たい岩の上で，了海は一人，もくもくとつちをふるい続けた。顔は青白くなり，目はくぼみ，やせこけて，とても生きた人間とは思えない姿になっていた。

　つちをふるい始めてから18年目，ついに穴は，絶壁の半分に至った。村人たちは，もはや了海を疑わなかった。村人によって多くの石工がやとわれ，了海を手伝うようになった。

「あなたは指図だけしてくだされ。そんな体で，自らつちをふるうことはありません。」

　石工たちはうったえたが，了海はがんとしてつちをふるうのをやめなかった。

　その翌年のことである。一人のさむらいがこの地にやってきた。それは昔，了海があやめてしまった主のむすこ，実之助であった。実之助は，父のかたきである了海を，およそ10年にわたって，諸国をめぐり探し続けていたのである。

　そのかたきをようやく見つけたのだ。長年の念願を果たさんと，実之助は刀に手をそえ，油断することなく，了海が穴から出てくるのを待ち構えた。

　しかし，洞くつから出てきた了海の姿を一目見たとたん，実之助の張りつめていた心はたじたじとなってしまった。年老いた了海は，やせ細った体に，のび放題のかみやひげで，みすぼらしく，あまりにもあわれな姿をしていたのである。

　ひるんだ実之助であったが，かたきはかたきである。

「おぬしが了海か！　父のかたき，覚悟せよ！」

　了海は実之助のもとに進み出た。洞門を完成させられなかったのは心残りだが，もともと罪ほろぼしで始めたことだと，いさぎよく切られようとしたのだ。

　だが，石工たちが実之助の前に立ちはだかった。

「どうか，どうかこの仕事が完成するまで，お待ちくださらんか。」

　そう言われて，その場は実之助も刀を収めざるを得なかった。しかし，その心中のほのおは消えていなかった。

（機会があれば洞くつにしのび入って，了海を切り捨てよう。）

　そう心に決めていた。

　5日目の夜，実之助はそっと足をしのばせて小屋を出た。洞つへと入ってくと，暗やみの中を手探りで進んでいく。しだいに洞くつのおくから，「クワッ，クワッ」とひびいてくる音が聞こえてきた。進むにつれて音は大きくなり，洞くつの中でこだまし始めた。

　それは，了海が岩に向かってつちをふるう音であった。音の合間には，ささやくような，うめくような，経文を唱える了海の声が聞こえてくる。草木もねむる深夜に，洞くつの底で一人すわってつちをふるう了海の，その姿が，暗やみの中でも実之助の

目にはありありと映っていた。

　実之助の体はふるえた。背中に冷たいあせが流れ，にぎりしめた刀の柄がいつの間にかゆるんでいた。決心を打ちくだかれた実之助は，何もできず，その場を立ち去るよりほかなかった。

　こうなれば，実之助は仕事の完成の日を待とうと思った。そして翌日から，自分も洞くつに入ってつちをふるい始めた。力を貸したほうが，完成の日は早くおとずれるとさとったのである。かたきをとる側ととられる側，敵と敵とが横に並んで，もくもくと洞門をほり続けた。石工たちが休んでいる間も，二人はつちをふるうのをやめなかった。

　了海が最初のつちをふり下ろしてから21年目のこと。実之助が了海を手伝うようになってから1年6か月後の夜であった。

　了海が力をこめてふるったつちが，何の手応えもなく，勢い余って岩に当たった。のみが岩をつらぬき，そこにはぽかりと小さな穴が開いていた。

「おう。」

　穴の先で山国川が月の光に照らされていた。石の破片で傷つき，ほとんど見えなくなっていた了海の目にも，その美しい光景がありありと映っていた。

　了海はくるったように泣いた。そして実之助の手を取ると，小さい穴から山国川の流れを見せた。

「実之助どの。ごらんなされ。21年の願いが，今かないもうした。」

　二人は，手を取り合って喜びのなみだにむせんだ。

　しばらくすると，了海は実之助から身を引いて，そのしわがれた声で言った。

「約束の日じゃ。実之助どの。さあ，お切りなされ。」

　だが，実之助は了海の前にすわったまま，じっと動かず，なみだを流すばかりであった。心の底からわいてくる喜びになみだしている老僧を見て，実之助はただただ，胸がいっぱいであった。彼をかたきとして殺すことなどできようはずがなかった。

　実之助は，いま一度，了海の手を取った。

　二人はそこにすべてを忘れ，感激のなみだにむせび合ったのであった。

（菊池寛　作による）

第8章

中学校における道徳科の授業

1　ネット将棋〈A −⑴〉

2　言葉の向こうに〈B −⑼〉

3　二通の手紙〈C −⑽〉

4　卒業文集最後の二行〈C −⑾〉

5　加山さんの願い〈C −⑿〉

6　一冊のノート〈C −⒁〉

7　海と空〈C −⒅〉

8　樹齢七千年の杉〈D −⒇〉

9　銀色のシャープペンシル〈D −⒇〉

10　足袋の季節〈D −⒇〉

1 ネット将棋

① 主題名　自主，自律，自由と責任　A−(1)
② ねらい　ネット将棋で腕を上げた敏和の話を聞き，自らを振り返ることになる主人
　　　　　公の心情を通して，自律の精神を重んじ，自主的に考え，判断し，誠実に実
　　　　　行してその結果に責任をもとうとする道徳的判断力を高める。
③ 出　典　『わたしたちの 道徳　中学校』文部科学省

1　教材解説

① あらすじ：将棋の対戦で，僕は格下だと思っていた敏和に追い詰められ，時間
切れをよそおい逃げる。にもかかわらず嫌な顔ひとつせず駒を片付ける敏和が，
かえって癪にさわる。僕は実力を上げようとネット将棋を始めるが，技量が上
の相手に負けそうになっても，弱い相手に勝ってもいきなりログアウトしてしま
う。ある日，友達との会話の中で，敏和の「ネット将棋では，顔の見えない相手
に心から『負けました』と言うことで力が伸びる」と言った話題でみんなが盛り
上がる一方で，「僕」だけは笑うことができなかった。

② 教材の読み

(1) 生き方についての考えを深めるのは……僕
(2) 考えを深めるきっかけは……敏和から上達した理由を聞く
(3) 考えを深めるところは……僕だけは，笑えなかった

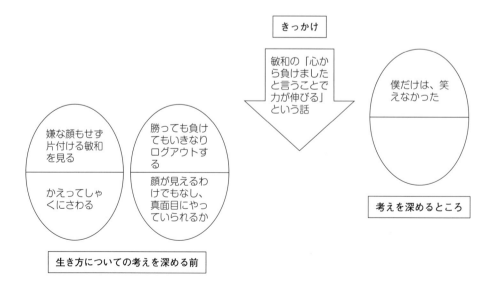

2　指導のポイント

① 嫌な顔もせず後片付けをする敏和の行動に対し，僕が「かえってしゃくにさわる。」と感じる場面は，道徳的問題の発端の場面であることを授業者が理解しておく必要がある。僕が敏和の行動を「自律」「誠実な行動」として捉えてはいないことは明らかである。しかし，以後の発問を考える時間確保のために，この発問を省略するほうがよい。ログアウトに関する発問で主人公の道徳的課題を十分捉えさせられるからである。

② 基本発問の第1問で，負けた時にいきなりログアウトする主人公の心情や考えについては意見が出やすいと思われる。しかし，勝った時にログアウトする主人公の心情や考えは，生徒にとってイメージしにくいので，十分時間を取って考えさせたい。本教材の主題である「自主，自立，自由と責任」という道徳的価値に関する考えを深める中心発問に向けて，道徳的問題の所在に気づくのに重要な場面だと思われるからである。

ただし，主人公の持つ道徳的課題について批判するのではなく，誰しもが持ちうる課題であることも授業者自身が理解しておく必要がある。

③ 基本発問の第2問は，道徳的価値について深く理解するための発問と言える。したがって，ネット将棋だけに関わらず，広い視点で敏和の「自律」「誠実」に関わる学びを理解させたい。また，相手のせいにするのではなく，自分の心の姿勢を語る敏和の考えを生徒から引き出すように心がけたい。

④ 中心発問は，僕がどのように自らを振り返ったかを考えさせる意図で設定している。そこで，生徒の発言が心情に関わる内容だけにとどまらないように問い返しを行い，主人公が具体的に自分の道徳的問題についてどのように捉えたかを考えさせ，本授業のねらいに迫りたい。

3　展開過程

	学習活動	発問と予想される児童の反応	指導上の留意点
導入	・将棋について知る。（教材への導入）	将棋をしたことがある人はいますか？　将棋ってまだ打つ手があっても勝敗がわかるって本当ですか？ ・わかる。　　・上手な人は，先を読むからわかる。	・将棋の特性を知らせ，打つ手があっても先を読めば勝敗が分かるものであることを知らせる。
展開	・教材を黙読する。 ・勝っても負けてもログアウトする「僕」の道徳的課題に気付く。	僕がネット将棋で勝っても負けても，いきなりログアウトするのはなぜだろう。	・教材を範読する。 ・中心発問に向けて，勝っていてもログアウトする「僕」の思いを十分考えさせる。

	・敏和の学びを理解する。	〈負けの時〉 ・悔しいので，負けを認めたくない。 ・どうせ顔が見えないから，自分だとわからない。 〈勝ちの時〉 ・格下の相手だからと見下している。 ・勝つと分かっている対局だから面白くない。 　⟮返⟯ そういう時は勝っても面白くないのはなぜ。 ・相手に失礼だとしても，対面ではないから平気。 ・どうせみんな対面の時みたいには挨拶しないと思っているから。	・下線部のネット将棋ならではの意見（無責任，不誠実）を浮き彫りにしたい。
		┌─────────────────────────┐ │「心から『負けました』と言うことで，力が伸びていく」とはどういうことだろう。│ └─────────────────────────┘	・問い返しの発問として，智子の「だからといって，強くなる訳じゃあないでしょ。」という発言も含めて考えさせる。
		・自分の弱点を認めて，初めて克服の努力ができる。 ・勝つことや変なプライドにこだわらないことで，将棋や相手に純粋に向き合える。 ・素直に感想戦で相手から学ぶことができる。 ・負けを人のせいにせず自分の責任と捉えられる。 ・真剣にやれば，素直に負けを認められる。	
	・敏和が自分をどう見つめたか，心の姿勢を理解する。	⟮補⟯「見えない相手とどう向き合うかで，自分が試されてる」とは，敏和はどんな事が試されていると思ったのだろう。 　・自分は本当に将棋が好きか，強くなりたいのか。 　・誰からでも学ぼうという姿勢があるか。 　・勝敗の責任を相手のせいにしていないか。 　・いつ，どんな相手でも礼儀正しく向き合えるか。	・試されている内容を考えさせ，将棋に関わらず広い視点で自律や誠実さについて考えさせる。 ・自己の成長につながることに気付かせる。
	・「僕」が自らを振り返る内容について考える。	┌─────────────────────────┐ │笑えなかった僕はどんな事を考えていただろう。│ └─────────────────────────┘	・問返しにより下線部を具体的に説明させる。 （例）
		・言い訳ばかりして逃げていた。情けない。 ・みんなに自分の弱さを笑われているようだ。 ・本当に将棋が好きと言えるのか。 ・自分は勝敗にこだわり，何も学べていない。 ・敏和たちに比べ，自分だけ取り残されている。 ・自分ってなんてちっぽけなんだ。（心が狭い） ・ネット将棋の相手に失礼なことをしていた。	→友達は自分の弱点を克服しているのに。 →成長できていない。 →相手を認められない。 →ログアウト（不誠実）
終末	・感想を書く。	┌─────────────────────────┐ │今日の授業で考えた事や感じたことを自由に書こう。│ └─────────────────────────┘	・広い視点で自由に書かせる。

4　板書記録

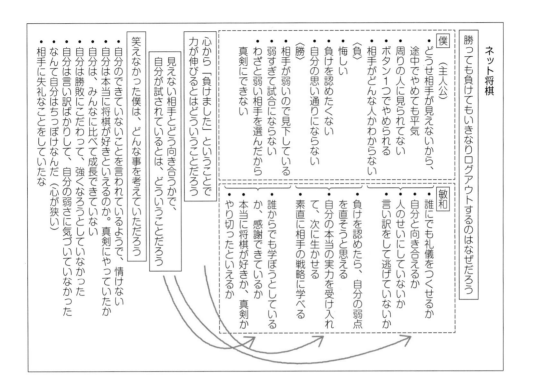

5　授業記録

T：（第2基本発問から）心から負けましたと言うことで力が伸びるとはどういうこと？　智子は,「負けましたって言えば強くなる訳じゃあないでしょ。」とも言ってるよ。

S1：心から「負けました。」って言えたら,次に向けて練習して,絶対勝とうと思えるっていうことだと思う。

T：え？　じゃ,いきなりログアウトするのは,勝とうと思えないっていうこと？

S1：途中でログアウトして心から思っていなかったら,言い訳できるから甘くなる。思っていたら,次はどうしようかって思える。

S2：負けを認めたら,その時に何が足りないか考えるから,弱点がわかる。

S3：心から負けましたって言ったら,自分を認めて反省点を考えられる。

T：自分って？　もう少し具体的に言ってみてくれる？

S3：自分の弱さを認めるってこと。

T：わー,面白いね。将棋じゃなくて,自分？（S3うなずく）自分の弱さか……。

S4：心から負けたって思っていなかったら，じっくり落ち着いて何がダメだったか考えようとしないと思う。

T：じっくり落ち着いて……。それってどういうこと？　冷静？　時間をかけて？

S4：……冷静……かな。

T：なるほど。敏和は，それだけじゃなくて，見えない相手とどう向き合うかで自分が試されているって言ってるよね。これも難しいよね。これはどういうことなんだろうね。

S5：ネットであろうと対面であろうと失礼であるかないかが試されている。

S6：将棋以前に，人としてどうかっていうことだと思う。

T：うわー，人として。すごいこと言うね。それってもうちょっと具体的に言って。

S6：対面でできないことが，本当はネットでもできるはずがない。それがわかっているかどうかってこと。

T：あー，なるほど。例えば，対面の時に途中でいきなり席を立てないよね。ネットのログアウトも同じってこと？（S6うなづく）なるほどねー。例は先生があげたけど，ログアウトに限らないかもしれないね。（S6うなづく）

S7：将棋への愛があるかどうか。（周囲でクスクス笑いがある）

T：将棋愛ってことだね。確かに！　本当に将棋が好きなのかってことだね。

S8：勝っても負けても最後までやり切れるかどうかってことだと思う。

S9：真剣にやってるかどうかっていうこと。

T：そうかー。いろんな意味があるんだね。すごい深いなー。そんな話をして，みんな納得したりして笑って盛り上がってるのに，「僕」だけ笑えなかったよね。どうして？

S10：「僕」は，試合の前と後で心からちゃんと挨拶が言えてるか考えていたから。

S11：自分ができてない事ばっかりだったから弱いままなのかもしれないって。

T：おー，なるほど。そのできてないことって，例えば？

S11：素直になれなくて負けを認めなかったこととか。それって本当に将棋がずっと好きだったのかなーとかって。

S12：自分は負けた言い訳ばかりしていて，図星だったから。

S13：みんな当たり前みたいに負けを認めているのに，自分はできてないからみんなと同じ土俵に立ててないなぁって。

S14：相手としっかり向き合えてなくて，話を聞いて自分がみじめに見えたから。

S15：自分がしてきたことを恥ずかしいと思っているから。

T：自分がしてきたことって？

S15：負けた言い訳とかして，逃げてばっかりいたから。「負けた言い訳かい。」っ

て自分が言われたように感じたんだと思う。

S16：最後までやり切ってなかったし，感想戦で教えてもらえてないから強くなれない。

S17：自分のことを見直してみたら，ちゃんと自分と向き合えてなかったなって思っている。

　T：え，自分と？　相手ではなく，自分となの？

S17：相手もあるけど，周りに誰もいなかったら自分とも向き合わないとだめだから。

S18：相手してくれた人に感謝するんじゃなくて，イライラしたり見下したりしていた自分が情けなく感じたと思う。

　T：なるほどねー。うわ，時間がなくなってきたので，感想を書いてください。

6　生徒の感想

・僕が笑えなかったのは，自分の弱さや情けなさを感じたから笑えなかったんだと思う。この話の僕は，弱い自分を受け入れようとせず，逃げていたから将棋も自分自身も強くなれなかったんだと思う。今回の話で私が考えた事は，勝負とは自分自身に勝つことだと考えた。何をしていても順位がつくことが多い。でも，誰かと比べて良かったから嬉しいとか，悪かったからおもしろくないではなくて，自分と比べてどうだったのかが大切だと思う。そしてもう1つ，上手くなるため，強くなるために必要なことは負けをマイナスにとらえるのではなく，プラスに考える。要するに，負けや反省をどれだけ自分のものにできるかだと思う。自分にとって都合の悪い事があった時，言い訳ばかりして逃げたとしてもどうにもならない。自分と向き合ってどうするかを考えなければならない。そのためにも，自分だけには常に素直でいないといけないと思う。勝負とは自分と戦うことだと思った。

・自分がどれだけ自分に甘くて悔しさを知らないかとか，負けるのは嫌だけど，それを自分にとって良い事にするのか悪い事にするのかを自分で選んで決められるんだというのを学びました。どこでも選択というものがあるけど，それを選んでハズレだとか言うのではなく，選んだものをどのように良い事にしてもっていけるかが大切だと思いました。同じものを選んだ人がいても，その本人の行動で後悔するのか満足するかが決まる。私は負けず嫌いだから良いとか悪いとかではなく，しっかりと現実を認めて悔いのないようにしたい。

・ネットでは相手が見えないからといって，相手の気持ちを考えずに行動してしまうのは良くないと思った。それをされて嫌な気持ちになる事は，他の人にしたりしない事が大切だと思う。また，自分の気持ちをコントロールすることも大切だ。

主人公が最後笑えなかったのは，自分のした事の悪さを見つめているか，それは本当に正しいかと考えているかのどちらかだと思う。一番良いのは，ネットも現実も同じように相手の気持ちを考えて行動できたらよいけど，実際は難しいと思う。

・かえってしゃくにさわったのは，自分が逆に卑怯な奴と自分のことを思ってしまうから。いきなりログアウトすることについては，対面なら簡単に勝負をやめることはできないし，自分が余裕で勝っていても相手が認めるまではやめられない。でも，ゲームならいきなりやめても，負けているという，その結果が帳消しにできる。（中略）自分の弱さというのは，もちろん自分の実力や上手い下手さもあるけど，メンタルの強さのことだと思う。

7　掲載されている教科書

『中学道徳　あすを生きる　2』日本文教出版
『中学生の道徳　明日への扉　1年』学研教育みらい
『中学生の道徳　自分を見つめる　1』あかつき教育図書
『道徳　中学校2　生き方を見つめる』日本教科書

ネット将棋

「うむむ，これは厳しいなぁ。」

　僕と敏和との将棋を横で見ている拓也がつぶやく。

（分かっているよ。僕の負けだと言いたいのだろ。早く投了しろってことか。そんな
　ことが簡単にできるか。）

　春休みが明けて，久しぶりの学校だ。金曜日の昼休み，多目的室での将棋タイムは
楽しみの一つで，腕前は僕よりは下だと思っていた敏和と，一戦交えていた。簡単に
勝てると思っていたのに，僕の知っている敏和ではない。40手ほどの指し手で，圧倒
的に僕は不利な状況に追い詰められてしまった。

（敏和のやつ，いつの間に強くなったんだ。こんな恥ずかしい負け方ができるものか。
　こうなれば，指し手を遅くして時間切れで逃げよう。）

　対局時計を使っての対戦ではないので，1手1手に考え込んでいる振りをして，徹
底的に時間稼ぎをした。見ている和夫たちは退屈したのか，別の組の観戦に回った。

　やっと昼休み終了のチャイムが鳴った。僕はいかにも残念そうに言った。

「いいところなのに，時間切れだな。とりあえず引き分けということにしとくか。」

　敏和は嫌そうな顔もせず，手早く駒を片付けるのが，かえってしゃくにさわる。

　教室への廊下を歩きながら，拓也が敏和に話し掛けた。

「敏和，どうした。ちょっとの間に強くなっているじゃないか。」

　すると，敏和は笑いながら言った。

「実は，インターネット将棋を始めたんだ。そこで，定跡の勉強をしたり，対局を申
　し込んで実戦したりして。まだまだだけど，少しは強くなったかも。時間があった
　ら，やってみて。いろんな道場があるから。」

（敏和のやつ，そんなことをしていたのか。）

　聞き耳を立てていた僕は，さっそく試してみることにした。

　帰宅して，飛びつくようにパソコンに向かった。幾つかのサイトに当たってみて，
これならまあ勝てそうだと思った中学生に対戦を申し込んだ。「持ち時間20分，切れた
ら1手30秒」の条件で応じてくれた。

　ところが，勝てるどころか，あっという間に僕の陣形は壊滅的な状態になった。こ
れが同じ中学生の実力なのかと，情けなくなってきた。王将が詰むまでにはまだ手数
はかかると思われたが，僕は完全に戦意を喪失して，これ以上やっても無駄だ，と感
じた。ボロボロになった盤面を見ているのも嫌になり，僕は黙ってコンピュータ画面
を閉じた。

（どうせ顔が見えるわけでもなし，本名を名乗っているわけでもなし，相手だって本

当に中学生かどうか怪しいものだ。みんなこんなものだろ。真面目にやっていられるか。）

　しかし，そうは言っても何とか勝ちたくて，土曜日と日曜日はネット上の対戦をあちこち見物し，弱そうな相手に見当をつけて勝負を申し込んだりした。そういう時は，勝つには勝つが面白くない。技量が上の相手には，やはり勝つことができず，面白くない。どっちにしても，いきなりログアウトしてやる。

（敏和はネット将棋で強くなったと言っていたけど，本当だろうか……。）

　週明けの月曜日，僕の隣の席で，明子の元気がない。落ち込んでいます，という沈んだ空気が体中から出ている。思わず声を掛けた。

「明子，どうした。相当へこんでいるな。」

　すると，後ろの席から智子が言った。

「無理ないよ，昨日，ソフトボールの地区大会でヒロインになり損ねたもの。1点差で負けている7回裏，ツーアウトでランナー2・3塁，一打，逆転サヨナラの大チャンス。ここで打たなくてどうする。ところが，何とも情けない見逃しの三振，ゲームセット。これでへこまずにいられますかって。ヒロインじゃなくても，せめてデッドボールで塁に出たかったよ。最後のバッターにはなりたくないもん。『私のせいで負けました，ありがとうございました。』なんて絶対に嫌だから……。」

　僕は内心，つぶやいた。

（それは，そうだ。そんな気分の悪いこと，言えるか。）

「なのに，監督は終わりの挨拶で，『明子は二重にいい体験をしたな。ラストバッターの経験に加え，悔しさ紛れに，心を忘れた挨拶しかできなかった自分というものを知ったことだ。目の前の相手にお礼を言うことすらできないようでは，決して強くはなれないぞ。』だって。訳が分からないね。」

　間髪入れずに，

「私，今なら分かる気がする……。」

と，明子が言った。

　そこへ，敏和も話に入ってきた。

「僕の好きな将棋では，誰もがいつも最後のバッターだよ。誰も代わってくれないし，それに『負けました。』って，自分で言わないと対局が終わらない。」

　智子が驚いたように言う。

「それって，きついでしょ。」

「きつかったよ。特にネット将棋なんか，見えない相手に『お願いします。』で始まって，勝負がついたと思ったところで，自ら『負けました。』って言う。そして，終わりには『ありがとうございました。』と挨拶するんだけど，こういうのは，最初，実感がなかったなあ。でも，目には見えない相手とどう向き合うかで，自分が試され

てる気がしてきて，きちんと挨拶できるようになったよ。」

　静かに聞き入っている明子をよそに，智子は更に尋ねた。

「だからといって，強くなるわけじゃあないでしょ。」

「強くなるために，『負けました。』って言うのじゃないと思う。心から『負けました。』って言うことで，対局後の感想戦で検討される好手や悪手がスーッと頭に入ってきて，心に住みつく。それで，力が伸びていくのだと思う。初めての人とも仲良くなれるしね。だから，最後は『ありがとうございました。』って，本気で言えるんだ。」

　智子は，敏和と明子を交互に見ている。自分に言い聞かせるように，明子が言った。

「まあ私も，試合の前と後で，『お願いします。』『ありがとうございました。』は言っているけど，そこまで考えたことはなかったなあ。敏和くんって大人なんだ……。そうか，『負けました。』と言える試合をすればいいんだ。」

「ほぉー。明子，深いこと言うなあ。それとも，負けた言い訳かい。」

　敏和のツッコミに明子と智子は笑ったが，僕は笑えなかった。

※　投了…不利な方が負けを認め，指さずにただちに勝負が終わること。

※　対局時計…対戦を行う際に競技者の持ち時間や制限時間などを表示して時間管理を行うための時計。

※　定跡…昔から研究されてきて最善とされる，決まった指し方。

※　王将が詰む…将棋の最後の場面，王手。

※　感想戦…対局後に，対局を再現し，差し手の善し悪しや最善手を検討すること。

2　言葉の向こうに

① 主題名　相互理解，寛容　B−(9)
② ねらい　ネットでのコミュニケーションの難しさに直面した主人公の心情を通して，それぞれの個性や立場を尊重し，いろいろなものの見方や考え方があることを理解し，寛容の心をもって謙虚に他に学ぼうとする道徳的判断力を育む。
③ 出　典　『私たちの　道徳　中学校』文部科学省

1　教材解説

① あらすじ：ネット上で，大好きなA選手が非難され，必死に反論する加奈子。その反論がファンサイト仲間からも責められ，訳が分からなくなる。そこへ「匿名だからこそ，あなたが書いた言葉の向こうにいる人々の顔を思い浮かべてみて。」と書き込みがくる。椅子の背にもたれて考えた加奈子は「そうだ。」と，一番大事なことを忘れていたことに気付く。

② 教材の読み

　⑴　生き方についての考えを深めるのは……加奈子

　⑵　考えを深めるきっかけは……「匿名だからこそ，あなたが書いた言葉の向こうにいる人々の顔を思い浮かべてみて。」との書き込み

　⑶　考えを深めるところは……椅子の背にもたれて考えた

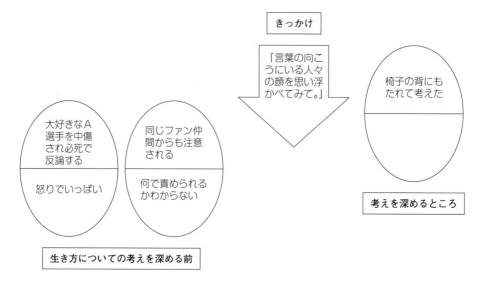

2　指導のポイント

①　導入は時間をかけず，道徳的価値にあえて触れない。授業のめあてとして，道徳科の授業は「人間の魅力」（その人の素敵な，かっこいい心）を考える時間だと説明する。

②　登場人物，内容確認は，板書で整理しながら教師が説明するだけでもよい。できるだけ時間をかけず，中心発問以降に時間をとるようにする。

③　中心発問とその問い返しに時間をかける（25分から30分，全員発表を目指す）。発問に対し，４人までのグループを利用し，できるだけ書かさずに対話を重視する。発表もグループの代表ではなく，できるだけ班員全員に発表させる。

④　「匿名だからこそ，あなたが書いた言葉の向こうにいる人々の顔を思い浮かべてみて。」という書き込みを契機に，加奈子が何に気付き，加奈子が発見した「すごいこと」のために大切にする心（人間の魅力）を生徒とじっくり考えたい。

⑤　終末で，導入で提示した「人間の魅力」（人間の素敵な，かっこいい心）を問うことで，ネットでの書き込みでの気をつける点，今日学んだことを整理（集約・収束）させる。

3　展開過程

	学習活動	発問と予想される児童の反応	指導上の留意点
導入	・授業の目的を把握する。	道徳の授業は何をする時間？	・「人間の魅力」を考える時間だと説明するに留め，時間をかけず軽く扱う。
展開	・範読を聞く。 ・登場人物を整理し，内容を理解する。 ・「言葉の向こうにいる人々の顔を思い浮かべて」と言われた加奈子が何を考えたのかを考える。	・加奈子（ヨーロッパのサッカーチームのファン） ・大好きなA選手が非難され，必死に反論する。サイト仲間からも責められ，訳が分からない。 「匿名だからこそ，あなたが書いた言葉の向こうにいる人々の顔を思い浮かべてみて。」と言われ，椅子にもたれて加奈子は何を考えたのだろう。 ・自分の言いたいことだけ言って，相手のことを考えていなかった。 ・互いに顔も出さずに（匿名で）書き込んでいた。それでは話し合いになるはずがない。 ・会って話しているのではないから，互いに相手の顔の表情（気持ち）がわからない。 ・私の書き込みは相手だけでなく，多くの人たちも見ているんだ。書き込みを読んでいる人たちの気持ちを考えていなかった。 ・ネットで相手と理解し合う（コミュニケーションをとる）のは難しい。 ・ネットの文字は内容が本当かどうかわからない。	・教材を範読する。 ・内容を簡単に説明する。 ・実際，目の前にいる相手ではない，ネットの向こうにいる相手とのやりとりで大事なことは何か。加奈子が気づいたことを考えさせる。 ・中心発問に対する生徒の反応で深まれば問返しはなくてもかまわない。

	・私が発見した（気がついた）ことを考える。	・人には個性があり考え方もいろいろある。 ・相手の顔（表情や気持ち）を考える必要がある。 ・読む人々の顔やその表情，気持ちを考えることが大事だ。 補 私が発見した「すごいこと」って何だろう。 　・ネットの書き込みだけでは相手の本当の気持ちがわからないし，こちらの気持ちも伝わらない。 　・自分の書き込みも文字だけでは相手にどう伝わるかわからない。 　・ネットの書き込みの本当の意味を考えることが大事 　・そのためには，相手の顔，表情，気持ちを考えないとだめだ。 返 それで，なぜそのことはすごいことなの。	・「すごいこと」の意味を捉えさせるとともに，「一番大事なことって何だろう。」「コミュニケーションしているつもりとはどういうことだろう。」についても考えさせていく。
	・今日の魅力を考える。	今日の「人間の魅力」は何だろう ・色々な立場　・相手のことを考える。　・思いやり ・色々な見方　・広い心　・寛容　・個性の尊重	・大切にする心（人間の魅力）を捉えさせる。
終末	・感想を書く。	・言えなかったこと　・感じたこと　・考えたこと ・人間の魅力　など	・道徳ノート（感想用紙）に記入させる。

4　板書記録

人間の魅力

発見したすごいこと
・自分の意見とは違う意見の人が多くいるということ
・相手の気持ちを考えて文字を打たないとダメ
・感情的になるのではなく，意見を交換し合うこと
・文字だけだと，気持ちは伝わらない

・顔を想像すること（相手の気持ちを考える）
・顔も知らず，顔も出さずに，話し合いになるはずがない
・相手の表情がわからない，こちらの気持ちも伝わらない
・読んでいる人たちの気持ちも考えていなかった
・ネットで相手と理解し合うのは難しい
・ネットの文字は内容が本当かどうかわからない
・人には個性があり，考え方もいろいろある

・自分が情けない→自分も中傷しているんだ
恥ずかしい。自分のことしか考えていなかった
相手も傷ついているかもしれない
周りから傷ついたら，わたしのしたことはとてもみじめだ
まったく関係ないひとが傷ついているかもしれない
・自分は何をしていたんだと，我に返った
確かに，字だけ見て判断してたなぁ
その人が何を思って打ち込んだのか考えた
顔なんか見えない。「顔」ってどういうことかな ←

・相手の顔→想像したら怖くなった
字面だけ見ていて，人ということを忘れていた
本当にそう思って，中傷しているのかはわからない

言葉の向こうに
ネットで大好きなA選手が中傷される ⇒ 訳が分からない ⇒ 必死で反論するファン仲間から責められる ⇒
匿名だからこそ，あなたが書いた言葉の向こうにいる人々の顔を思い浮かべてみて

5　授業記録〈中心発問より〉

T：「えっ，顔。」と言って，椅子の背にもたれた加奈ちゃんは何を考えたの？
　（4人班で1分程度話し合い，挙手のあった班毎に班員全員が発表）

T：「加奈ちゃん，何を考えたの？」

S1：加奈ちゃんがひどいことを言ったときの相手の顔。言い返した人の顔を思い

浮かべた。想像したら怖くなった。

S2：字面だけ見ていて，向こうが自分と同じような人ということを忘れていた。

S3：本当にそう思って，中傷しているのかはわからない。

S4：反論している自分が情けない。自分も相手からみたら中傷しているんだ。

　T：次の班。加奈ちゃん，椅子にもたれて何を考えたの？

S5：自分がやっていることが恥ずかしい。自分のことしか考えていなかった。

S6：自分が言ったことで，相手がどんなこと思うのか。相手も傷ついているかもしれない。

S7：周りからみたら，わたしのしたことはめっちゃみじめだ。

S8：私の文章をよんで，まったく関係ないひとが傷ついているかもしれない。

　T：次の班は。加奈ちゃん，椅子にもたれて何を考えたの？

S9：一回落ち着いて考えたら，自分は何をしていたんだと，我に返った。

S10：確かに，字だけ見て判断してたなぁ。

S11：自分は悪口と思ったけど，その人が何を思って打ち込んだのか考えた。

S12：顔なんか見えない。「顔」ってどういうことかな。

　T：この「顔」って何かな？　ネット上で顔は見えないよ。

　S：顔を想像すること。

　T：顔を想像するってどういうこと？

S13：相手の気持ちを考える。相手はA選手が褒められているのがおかしいと思った。

　T：なるほど。ところで，この後，加奈ちゃんが発見した「すごいこと」って何だろう？

　　（グループで1分程度話し合う。挙手がある。）

　T：加奈ちゃんが発見したすごいことって何？

S14：世界には色々な人がいるんだなあ。

　　（教室がざわつく。）

　S：それってどういうこと？

S14：……。

　T：誰か説明できる人？

S15：世の中には，A選手が好きな人もいれば嫌いな人もいるということ。

S14：（うなずく。）

　T：そういうことだね。それでは次の班。加奈ちゃんが発見したすごいことって何？

S16：自分の意見とは違う意見の人が多くいるということ。

S17：ネットは匿名だから，相手の気持ちを考えて文字を打たないとダメ。

S18：感情的になって意見をだすのではなく，意見を交換し合うこと。

S19：文字だけだと，気持ちは伝わらない。コミュニケーションできない。

　T：なるほど。それでは次の班。加奈ちゃんが発見したすごいことって何？

S20：A選手を中傷していた人と同じことを自分もしていたこと。

S21：自分は被害者だと思っていたけど，加害者だった。

S22：自分の意見だけを言うのではなく，他の人の意見もちゃんと理解してから言う。

S23：自分はコミュニケーションしているつもりだったけど，みんなそれぞれ言いたいことを言っているだけだった。

　T：なるほど。次の班。加奈ちゃんが発見したすごいことって何？

S24：実際に人と会ってコミュニケーションをとることは大事なんだな。

S25：匿名だからといって，相手のことを考えず，好きに書いたらダメ。

S26：ネットで考えるときは相手の顔，気持ちまで考えることがコミュニケーション。

S27：自分の書いた文字を読み返すと最初の思いと違うことがある。

　T：相手は中傷したけど，加奈ちゃんは悪いことしたの？

　S：（多くの生徒から）したした。

　T：悪口言われたら言い返さない？

　S：中傷している人に中傷した。

　T：それは悪いことなの？

　S：（多くの生徒から）ある程度は……。いい。ダメ。よくはない。
　　（挙手）

S28：中傷した人に対して，「やめましょう，そういうことは。」という注意だったらいいけど，それに乗っかって「そっちもシュートでも決めたら。」と一緒になって中傷したからダメ。

　T：なるほど。それでは，そのすごいことのために，大切にする心とは何かな？
　　（挙手）

S29：ネットでも相手の気持ちを考える。

　T：うん，待って。それは普通のことじゃない。相手の気持ちは普通は考えない？

S30：世の中にはいろいろな人がいるから，考えない人もいるから。

S31：ネットでもいろんな意見があるのだから，コミュニケーションとるためには相手の気持ちを考えて理解しなければならない。

S32：ネット上でも一人の匿名のファンとして礼儀をもって接しないといけない。

S33：相手の気持ちを考えて，冷静な判断が必要。

S34：書き込むことが，相手に面と向かって言えることかを考える。相手を思いやる心。

S35：客観的に自分を観る。周りから見た自分を考える。

S36：理解することはできなくても，理解しようと努力すること。

6　生徒の感想

・ネットでは顔も見えず，文面だけだから人と話している感じはしないけれど，画面の向こうにはいろいろな意見を持った様々な人がいる。だからどんなに自分が納得できないようなことでも，そんな意見もあるという事実を認め，理解し，受けとめることが大切なんだと思いました。

・自分が好きなものは誰かに悪く言われるとムカつく気持ちも分かるけど，だからといって相手や周りの人も傷つけていい理由にならないと思う。相手の気持ちを考えて，礼儀をもって話す。自分の感情をもっともっとコントロールできるようになると，もっと良い素敵な人になれるんじゃないかなと思った。

・ネットの言葉はたった一言でも，相手の表情とか顔が分からないから怖いなと思いました。今の時代，ラインとかSNSとかで色んな言葉を発すると思うから，一つ一つしっかり相手の事を考え，理解しようと努力して，文字を打たないといけないと思いました。もし中傷されたとしても，相手の事を考え理解し，反論しない強い心を持つことが大切だと思いました。

・人とコミュニケーションをとる時はやっぱり相手の事を考えて「こんなこと言ったら相手が嫌な気持ちになるなぁ。」とか自分より相手の気持ちを思うことが大切なんだと改めて感じたし，相手の事を思うにはやっぱりその意見などを理解しようとする努力が必要だとすごく思ったので，自分もこの努力を続けていけるようにしたいと思いました。

・私が加奈ちゃんだったら同じようにイライラすると思います。動画のコメントなどで，投稿している人の悪口を見たことがありますが，その時の気持ちで言い返すのはどうかと思うし，その意見を流すことも大事なことだと分かりました。友だちの意見で「世界にはいろいろな人がいる」という意見を聞いて，最初はよく分からなかったけど，確かに，自分と違う意見の人がいることを知るのは大事だと感じました。

7　掲載されている教科書

『中学道徳1　きみが　いちばん　ひかるとき』光村図書出版

『中学道徳　あすを生きる　3』日本文教出版

『中学生の道徳　自分を見つめる　1』あかつき教育図書

『道徳　中学校2　生き方を見つめる』日本教科書

言葉の向こうに

　夜中に，はっと目が覚めた。すぐにベッドから起き出してリビングへ降り，パソコンの電源をつける。画面の光が部屋の片隅(かたすみ)にまぶしく広がった。

　私は，ヨーロッパのあるサッカーチームのファン。特にエースストライカーのＡ選手が大好き。ちょうど今頃(ごろ)，向こうでやっている決勝の試合が終わったはず。ドキドキしながら試合結果が分かるサイトをクリックした。

「やった，勝った。Ａ選手，ゴール決めてる。」

　思わず声が出てしまった。大声出したら家族が起きちゃう。そっと一人でガッツポーズ。

　みんなもう知ってるかな。いつものように日本のファンサイトにアクセスした。画面には，「おめでとう」の文字があふれてる。みんな喜んでる。うれしくて胸が一杯(いっぱい)になった。私もすぐに「おめでとう」と書き込(こ)んで続けた。

「Ａ選手やったね。ずっと不調で心配だったよ。シュートシーンが見たい。」

　すると，すぐに誰(だれ)かが返事をくれた。

「それなら，観客席で撮影(さつえい)してくれた人のが見られるよ。ほら，ここに。」

「Ａのインタビューが来てる。翻訳(ほんやく)も付けてくれてる。感動するよ。」

　画面が言葉で埋め尽(う)(つ)くされていく。私は夢中で教えてくれたサイトを次々に見に行った。

　学校でもサッカーの話をするけど，ヨーロッパサッカーのファンは男子が多い。私がＡ選手をかっこいいよね，って言っても女子同士ではあんまり盛り上がらない。寂(さび)しかったけど，今は違(ちが)う。ネットにアクセスすれば，ファン仲間が一杯。もちろん顔も知らない人たちだけど。今この瞬間(しゅんかん)，遠くの誰かが私と同じ感動を味わってる。なんか不思議，そしてうれしい。気が付くともうすぐ朝。続きはまた今夜にしよう。

　今日は部活の後のミーティングが長かった。家へ帰ると，食事を用意して待っていた母に，

「ちょっと待ってて。」

と言って，パソコンに向かった。優勝後のインタビューとか，もっと詳(くわ)しく読めるかな。楽しみ。

「Ａは最低の選手。あのゴール前はファールだよ，ずるいやつ。」

　開いた画面から飛び込んできた言葉に，胸がどきっとした。何，これ。

「人気があるから優遇(ゆうぐう)されてるんだろ。たいして才能ないのにスター気取りだからな。」

　ひどい言葉が続いてる。読み進むうちに顔がほてってくるのが分かった。

　怒りでいっぱいになって夢中でキーボードに向かった。ファンサイトに悪口を書くなんて。

「負け惜しみなんて最低。悔しかったら，そっちもゴール決めたら。」

　すると，また次々に反応があった。

「向こうの新聞にも，Aのプレイが荒いって，批判が出てる。お前，英語読めないだろ。」

「Aのファンなんて，サッカー知らないやつばっかり。ゴールシーンしか見てないんだな。」

「Aは，わがまま振りがチームメイトからも嫌われてるんだよ。」

　必死で反論する私の言葉も，段々エスカレートしていく。でも絶対負けられない。

「加奈子，いい加減にしなさい。食事はどうするの。」

　母の怒った声。はっと気付いて時計を見た。もう一時間もたってる。

「加奈ちゃん，パソコンは時間を決めてやる約束よ。」

　ずっと待たされていた母は不機嫌そうだ。

「ごめんごめん。ちょっと調べてたらつい長くなっちゃって。」

「そうなの。なんだかこわい顔してたわよ。加奈ちゃん，こっちに顔を向けて話しなさい。」

「はあい，分かりました。ちゃんと時間守ります。お母さんの御飯おいしいよね。」

　そう言いながらも，私の頭はA選手へのあのひどいコメントのことで一杯だった。

「まったく調子いいんだから。でもね，ほんとかどうか目を見れば分かるのよ。」

　私は思わず顔を上げて母を見つめた。その表情がおかしかったのか，母がぷっと吹き出した。つられて私も笑った。急におなかがすいてきちゃった。

　食事の後，サイトがどうなっているか気になって，恐る恐るパソコンを開いてみた。

「ここにA選手の悪口を書く人もマナー違反だけど，いちいち反応して，ひどい言葉を向けてる人，ファンとして恥ずかしいです。中傷を無視できない人はここに来ないで。」

　ええーっ。なんで私が非難されるの。A選手を必死でかばってるのに。

「A選手の悪口を書かれて黙っていろって言うんですか。こんなこと書かれたら，見た人がA選手のことを誤解してしまうよ。」

「あなたのひどい言葉も見られてます。読んだ人は，A選手のファンはそういう感情的な人たちだって思っちゃいますよ。中傷する人たちと同じレベルで争わないで。」

　なんで私が責められるのか全然分からない。キーボードを打つ手が震えた。

「だって悪いのは悪口書いてくる人でしょ。ほっとけって言うんですか。」

「挑発に乗っちゃ駄目。一緒に中傷し合ったらきりがないよ。」

　優勝を喜び合った仲間なのに。遠くのみんなとつながってるって，今朝はあんなに

実感できたのに。何だか突然真っ暗な世界に一人突き落とされたみたいだ。

　もう見たくない。これで最後。と，もう一度画面を更新した。

「まあみんな，そんなきつい言い方するなよ。ネットのコミュニケーションって難しいよな。自分もどうしたらいいかなって，悩むことよくある。失敗したなーってときも。」

「匿名だからこそ，あなたが書いた言葉の向こうにいる人々の顔を思い浮かべてみて。」

　えっ，顔。思わず私はもう一度読み直した。そして画面から目を離すと椅子の背にもたれて考えた。

　そうだ……。駄目だなあ。何で字面だけにとらわれていたんだろう。一番大事なことを忘れていた。コミュニケーションしているつもりだったけど。

　私は立ち上がり，リビングの窓を大きく開け，思いっきり外の空気を吸った。

「加奈ちゃん。調べ物はもう終わったの。」

台所から母の声がする。

「調べ物じゃないの。すごいこと発見しちゃった。」

私は，明るい声で母に言った。

3 二通の手紙

① 主題名　遵法精神，公徳心　C−⑽

② ねらい　幼い姉弟を入園させ受けとった二通の手紙から考えることになる主人公の心情を通して，法やきまりの意義を理解し，それらを進んで守るとともに，そのよりよい在り方について考えようとする道徳的判断力を育む。

③ 出　典　『私たちの　道徳　中学校』文部科学省

1　教材解説

① あらすじ：動物園の入園係だった元さんは，毎日やってくる姉弟の気持ちを察し，入園時間が過ぎているにもかかわらず子どもだけで入園させてしまう。ところが，二人は閉門時間になっても戻ってこない。園内職員を挙げて捜索がはじまり，約1時間後，ようやく二人は見つかる。数日後，姉弟の母からお礼の手紙が届いたが，動物園からは懲戒処分の通告を受けることになる。二通の手紙を前に考えた元さんは，長年勤めた園を去っていく。

② 教材の読み

(1) 生き方についての考えを深めるのは……入園係の元さん

(2) 考えを深めるきっかけは……二通の手紙

(3) 考えを深めるところは……二通の手紙を見比べながら考えているところ

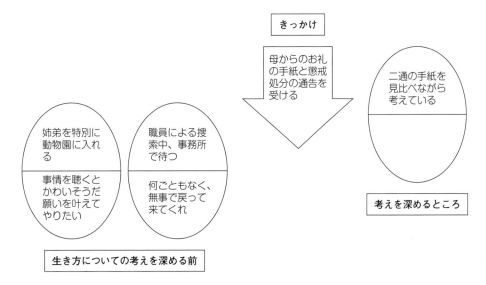

2　指導のポイント

①　元さんの行動（姉弟を入園させたこと）の是非を問う授業案が散見されるが，この指導案ではそれは行わない。元さんの行動は，「思いやり」とも言えるが，姉弟に対しての配慮が足りず不十分な対応である。この教材は，「思いやり」と「遵法」の対立というものではなく，また，「対立」を軸に「思いやり」か「遵法」かの是非を問う授業は適切ではないと考える。

②　グループでの話合い活動を取り入れることを意識した発問を設定した。話し合いにどの程度馴れているかは学校ごとで異なる場合があるで，何を話すかがぶれにくいように単語をあげていく形の発問にした。この発問によって，「きまり」が関わる人や物の多さを意識させたい。

③　中心発問は「元さんが，この年になって初めて考えさせられたこととは何でしょう？」とした。これによって「きまり」の意義や必要性について考えさせたい。それとともに，姉弟を入れたことについて，元さんの配慮のなさにも気づかせたい。また，「元さんは，何故，はればれとした顔で，身の回りを片付けはじめたのでしょう？」を補助発問として設定した。これよって，「きまり」に関しての元さんの思いや，元さんの人間性等について考えを深め，この作品が，生徒にとってより味わい深く，印象に残る作品となるようにしたい。

④　感想等を書く時間は，7～8分は確保したい。そのためには，範読や内容理解に関わること，一つ目の発問にはあまり時間をかけず，スピーディに展開する。授業では，元さんが姉弟を入れたことを評価しないが，感想文の中で元さんの優しさを認める文章がでてくることは予想でき，それは元さんの人間性を踏まえれば当然のことと言える。

3　展開過程

	学習活動	発問と予想される児童の反応	指導上の留意点
導入			・導入の発問は行わず，範読に入る。
展開	・範読を聞く。 ・元さんが，二人を入場させた理由を考える。 ・きまりと，まわりの人との関係性を考える。	元さんは，どうして，姉弟を入園させたのでしょう？ ・姉が一生懸命たのむから。 ・弟の誕生日と言われたから。 ・姉がしっかりしてそうだから。 ・何か事情があって，かわいそうだから。 元さんは，自分の無責任な判断といいましたが，何に対して，無責任だったのでしょう？	・教材を範読する。 ・元さんが規則に違反していることを押さえておく。 ・日が暮れかかったころ池で発見されたことを確認する。 ・班で考え，できるだけたくさん出させる。

・元さんが考えたことを通して，きまりについての考えを深める。	・姉弟（の母）　・従業員　　・会社　　・きまり ・自分　　・組織　　・仕事 ┌──────────────────────────┐ │元さんが，この年になって初めて考えさせられたこと│ │とは何でしょう？　　　　　　　　　　　　　　　│ └──────────────────────────┘ 【きまり】 ・きまりは人（入園者）を守るためにあるのだ。 ・きまりを安易に破ると，他に迷惑をかけるのだ。 ・きまりの意味を考えられていなかった。 【反省】 ・思いやりと思っていたことは，浅はかだった。 　　㊀何が浅はかだったの？ 　　　　・もっと色んなことを考えて二人を入れるべき 　　　　　だった。 ・たんなる同情ではだめだ。 ・自分は，よいことをしたとも思うが，それはただの結 　果にすぎない。 【動物園】 ・自分は，この仕事がわかっていなかったのかも。 ・潔くやめることが自分の責任の取り方だ。 ・これで，処分に不満をもらせば，他の従業員もきまり 　を破るおそれがある。 ┌補┐元さんは，何故，はればれとしたし顔で，身の回り └─┘を片付けはじめたのでしょう？ 　　　・これが，自分の責任の果たし方だ。 　　　・今回の件で学んだことで，新しくやり直せる。 　　　・人間として，否定されたわけではない。 　　　・けじめをつけることで，きまりの重要性が受け継 　　　　がれてほしい。 ┌補┐この動物園に受け継がれていったものは？	・元さんは，自ら職を辞していることを確認しておく。
終末	・感想を書く。		・感想を書かせる。

4　板書記録

┌───┐
│ 二通の手紙   │
│   │
│ ┌─────┐ 元さんは、何に対して無責任？   ┌──────┐ ┌─────────┐ │
│ │姉弟を入れる│   │二通の手紙│ │晴れ晴れとした顔│ │
│ └─────┘ ・姉弟（の母）　・従業員   └──────┘ └─────────┘ │
│   ・きまり　・自分　・組織   ┌────────┐   │
│   ・会社　・仕事   │この年になって│ ・今回学んだことで新しくやり直せる │
│   │はじめて考えさ│ ・人間として、否定されたわけではない │
│ ・きまりは人（の命を）守   │せられたこと │ ・けじめをつけることで、きまりの重要性が受け継がれ │
│ 　るため   └────────┘ 　てほしい │
│ ・きまりを安易に破ると他   │
│ 　に迷惑   ・自分はこの仕事がわかっ   │
│ 　　・自分の思いやりは浅はか   　ていなかった   │
│ 　　　だった。   ・やめることが自分の責任   │
│ 　　・もっと色んなことを考え   　の取り方   │
│ 　　　て二人を入れるべきだっ   ・処分への不満は、きまり   │
│ 　　　た。   　を破ることにつながる   │
│ 　　・たんなる同情ではだめだ、   │
│ 　　　よいことをしたとも思う   │
│ 　　　が、それはただの結果に   │
│ 　　　すぎない   │
└───┘

5　授業記録〈中心発問より〉

T：二通の手紙を見比べながら，元さんがこの年になって初めて考えさせられた
　　ことってどんなことだろう？

S1：何もなかったからよかったけど，何かあったら大変だったし，自分の判断が
　　どうだったんだろうって思った。

T：自分の判断が，どうだったのかっていうこと？

S1：やっぱり考えが足りなかったかもって思った。

T：他はどうですか？

S2：同情だけじゃいけないと思った。なんかあったら取り返しがつかない。

T：そうだね。でも，お母さんから感謝の手紙をもらったけど。そこはどうか
　　な？

S2：なんかあったら，あの手紙になってないと思う。反対の感じの手紙になって
　　いることもある。入れてあげないのもやさしさとかみたいなものかもしれない。

T：では，それ以外にはどうですか？

S3：やはり，きまりって大事なんだなって思った。きまりの必要性とか感じたと
　　思う。

T：なるほど，きまりの必要性ね。でも，きまりが必要なんて，この年になるま
　　でも考えてたと思うけど，どうかな。

S3：今までより，もっとわかったと思う。きまりがなかったら命が本当に危なく
　　なるとか。自分もこのぐらいやったらいいんじゃないかと思ったりするし。

T：きまりについての話が出ましたけど，他にありますか。

S4：きまりは，必要だし，適当にしたらいろいろな人に迷惑がかかる。

T：そうだったねえ，今考えてもらったように，たくさんの人とかに関わりがあ
　　って，迷惑がかかることもあるね。元さん自身が無責任って言ってたしね。

S4：だから，責任とってやめるって言ったのかも。

T：でも，会社からは懲戒処分やったけどね。でも，自分で辞めるのを決めたん
　　だね。この自分で辞めたことについて何か意見ありますか？

S5：元さんの決めたことだから仕方ないけど，辞めなくてもよかったと思う。で
　　も，晴れ晴れとした顔で辞めていったし，それで，入園時間を守るということ
　　が続いていったと思う。

T：元さんは，晴れ晴れとした顔で，身の回りを片付けていたんですが，何故，
　　晴れ晴れとした顔ができたたんでしょうか？

S6：結果がよかっただけかもしれないけど，子どもたちにいい思い出を作ってあ
　　げられたのはよかった。それは人のためになった。

T ：そうやね。子どもたちが喜ぶことにはなったね。ただ，みんなが言ってくれ
　　たように逆の場合もあったかもね。他はどうかな？

S7：なんか，新たにもう一度やりなおそうとか思った。子どもに被害もなかった
　　し，喜んでもらえたし，ただ，ちゃんと責任はとってとか。けじめみたいな感
　　じ。

T ：けじめね。他はどうかな？

S8：暗い顔をしてたら，なんか，みんな不満な感じになって，入園のルールとか
　　を守ることがいい加減になるかもしれないから。

T ：そうだね。暗い顔してたら，周りが納得しないよね。姉弟を入れたこととか，
　　けじめをつけて会社をやめる。そして，晴れ晴れとしてとか，元さんの，なに
　　か，人がらが出てるよね。

　　（以下，省略）

6　生徒の感想

・この授業を通して，無責任な判断をするのはよくないと思いました。誕生日だと
　しても，誕生日に事故にあう可能性だってあるし，事故が起きてたら，取り返し
　のつかないことになっていたのかもしれないから正しくないと思いました。なん
　のために規則があるのかよく考えて，規則を守るために規則があるから，子ども
　たちに危険をおかすようなことはしない方がいいと思った。

・この世の中には，色々なルールがあって，守らないと大変なことになるからある
　んだとは思うけど，今日の話みたいな事が起きたときにどういう判断を下すのが
　正しいのか難しいなと思った。

・自分の感情で判断したらダメということ。もう自分たちは自分の感情で言葉や行
　動をしていい年ではない。そして，自分の行動に，自分の言葉に責任をもつ。あ
　とクラスで出た，子どもの夢を選ぶか，子どもの安全を守るかという言葉に何か
　感動しました。また，ルールは命を守るためにあるもという意見もすごいです。

・元さんは，優しさから子どもたちを園にいれてあげたけど，その結果危険にさら
　すことになったかもしれないので，入れてあげないのも優しさなんじゃないかな
　と思いました。元さんは，「優しさだけが優しい訳じゃない。」ということを伝え
　たかったんじゃないかなと思いました。

・ルールは守らないといけないけど，破るにも覚悟がいると思いました。先を考え
　て，その子が安全に楽しめるようにするルール破りはいいと思いました。でも保
　護者がいなくてその子の安全を保障できなくて，ルールを破った元さんは，もう
　ちょっと上手に立ち回ってほしかったです。

7　掲載されている教科書

『新訂　新しい道徳Ⅲ』東京書籍

『中学道徳 3　とびだそう未来へ』教育出版

『中学道徳 3　きみが いちばん ひかるとき』光村図書出版

『中学道徳　あすを生きる　3』日本文教出版

『中学生の道徳　明日への扉　3 年』学研教育みらい

『中学生の道徳　自分をのばす 3』あかつき教育図書

『道徳 中学校 2　生き方を見つめる』日本教科書

二通の手紙

「駄目だと言ったら駄目だ。」

「どうしてですか。かわいそうじゃないですか。僕，入れてあげますよ。」

「お前が言わないのなら俺が言う。そこをどくんだ。」

　立ちはだかる山田を押しのけて，佐々木は窓口に顔を出した。

「申し訳ございません。お客様。あいにくたった今，入場券の販売を終了いたしま
　したので，規則上お入れするわけにはまいりません。またの御来園をお待ちいたし
　ております。」

　高校生くらいだろうか，流行のファッションに身を包んだ2人組の若い女の子たち
は，佐々木の言葉に不服な顔をしながらもきびすを返して去って行った。

　この市営の動物園の入園終了時刻は，午後4時，今わずかに数分を回ったところだ
った。

「まったく，佐々木さんは頭が固いんだから，2，3分過ぎたからってどうしたって
　言うんですよ。今日はまだ随分客が入っているんですよ。」

「お前がかわいそうだと思う気持ちは分かる。しかしまあ待て，俺の話を聞いてくれ
　ないか。」

　そう言うと佐々木は，何かを思い出すかのように，ゆっくりと話し始めた。

　何年か前，今お前がやっている入園係の仕事をしていた元さんっていう人がいたん
だ。元さんは，定年までの数10年をこの動物園で働いていたんだ。その働きぶりは誰
もが感心するものだった。ところが定年間際に奥さんを亡くしてしまって，子供がい
なかったものだから，話相手も身寄りもなかった。その落胆ぶりは，見ていても気の
毒なくらいだったよ。「このまま職場を去ったら，何を楽しみに生きていこうかねぇ。」
元さんのいつもの口癖だった。しかし，それまでの勤勉さと真面目さをかわれて，退
職後も引き続き臨時で働かないかという話がもち上がったんだ。元さんの生きがいが，
またできたっていうわけだ。

　確か学校が春休みに入った頃だな，きっと。毎日終了間際に，決まって女の子が弟
の手を引いてやって来たんだ。小学校3年生くらいの子なんだよ。弟の方は，3，4
歳といったところかな。いつも入場門の柵の所に身を乗り出して園内をのぞいていた
んだ。時々弟を抱っこしてのぞかせてやったりしてね。そんな様子がほほ笑ましくて
俺と元さんは顔を見合わせて眺めていたよ。

　そんなある日のこと，入園終了時間が過ぎて入り口を閉めようとしていると，いつ
もの姉弟が現れた。何だかいつもと様子が違う。

「おじちゃん，お願いします。」

「もう終わりだよ。それにここは，小さい子はおうちの人が一緒じゃないと入れないんだ。」

「でも……。これでやっと入れると思ったのに……。キリンさんやゾウさんに会えると思ったのに……。今日は弟の誕生日だから……だから見せてやりたかったのに……。」

　今にも泣き出さんばかりの女の子の手には，しっかりと入園料が握り締められていた。何か事情があって，親と一緒に来られないということは察しが付いた。

「そうか，そんなにキリンやゾウに会いたかったのか。よし，じゃ，おじさんが2人を特別に中に入れてあげよう。その代わり，なるべく早く見て戻るんだよ。もし，出口が分からなくなったら係の人を探して，教えてもらいなさい。おじさんはそこで待っているからね。」

　入園時間も過ぎている。しかも小学生以下の子供が，保護者同伴でなければならないという園の規則を元さんが知らないはずがない。けれども，何日も2人の様子を見ていた元さんだった。元さんのそのときの判断に俺も異存はなかった。

　2人を中に入れた元さんは，雑務を済ませてすぐに出口の方に回った。

「御来園のお客さまに閉園時刻のお知らせをいたします。5時をもちまして当園出口を閉門いたします。本日は，中央動物園に御来園，誠にありがとうございました。またのお越しをお待ち申し上げております。」

　閉門15分前の園内アナウンスだった。別れの曲が流れ，園内の人々は足早に出口へと向かう。出口事務所の前で持っていた元さんは，さっきから何度も自分の腕時計と，歩いてくる人々とに交互に視線を向けていた。

　閉門時刻の5時，とうとう人の流れが止まり，もう誰も出てくる気配はない。今にも門は閉鎖されようとしている。それからが大変だった。出口の担当職員に2人の姉弟を入場させたいきさつを告げ，各部署の担当係員に内線電話での連絡が行き渡った。園内職員を挙げて一斉に2人の子供の捜索が始まったのだ。

　10分，20分，刻々と時間は経過する。事務所の中，祈るような気持ちで元さんは連絡を待った。1時間もたっただろうか，うっすらと辺りが暮れかかった頃，机の上の電話のベルが鳴った。

「見付かったか。」

　園内の雑木林の中の小さな池で，遊んでいた2人を発見したとの報告だった。

　数日後，事務所へ元さん宛てに一通の手紙が届いた。

　その手紙を元さんは，何度も何度も繰り返し読んでいた。そして，俺にも読んで聞かせてくれたんだ。

前略
　突然のお手紙で驚かれることと思います。お許しください。私は，先日そちら
の動物園でお世話になりました2人の子供の母親でございます。その節は，皆様に
大変な御迷惑をかけてしまいましたことを心よりお詫び申し上げます。ことの成り
行きの一部始終を知り，私の親としての不甲斐なさを反省させられるばかりでした。
　実は，主人が今年に入って病気で倒れてから，私が働きに出るようになったので
す。その間，あの子たちは，いつも私の帰りを夜遅くまで待っていることが多くな
りました。弟の面倒を見ながら待っている幼い娘の姿を想像すると，どんなに大
変だったか，寂しかったか。今更ながらに胸が痛みます。そんな折りに，子供から
聞いたのが動物園の話でした。今度連れて行ってあげると言ってはみるものの，仕
事の関係上，そんなめどすら立たない日々でした。
　よほど中に入りたかったのでしょう。弟の誕生日だったあの日，娘は自分で貯め
たお小遣いで，どうしても中に入って見せてやりたかったのだと思います。
　そんな子供の心を察して，中に入れてくださった温かいお気持ちに心から感謝い
たします。自分たちの不始末は，子供ながらにも分かっていたようでした。けれど
も，あの晩の2人のはしゃぎようは，長い間この家で見ることのできなかった光景
だったのです。
　あの子たちの夢を大切に思ってくださり，私たち親子にひとときの幸福を与えて
くださったあなた様のことは，一生忘れることはないでしょう。
　本当にありがとうございました。

かしこ

　ところが，喜びもつかの間，元さんは上司から呼び出された。しばらくして，戻っ
てきた元さんの手には，また一通の手紙が握り締められていた。それは，「懲戒処分」
の通告だった。
　今度の事件が上の方で問題になっていたのだった。元さんは停職処分となった。
　それにしても……。俺はどうしても納得いかなかった。あんなにあの子たちも母親
も喜んでくれたじゃないか。それにここの従業員だって，みんな協力的だった。それ
なのに何でこんなことになるんだ。
　元さんは，二通の手紙を机の上に並べて置いた。そしてそれを見比べながらこう言
ったんだ。
「佐々木さん，子供たちに何事もなくてよかった。私の無責任な判断で，万が一事故
　にでもなっていたらと思うと……。この年になって初めて考えさせられることばか
　りです。この二通の手紙のお陰ですよ。また，新たな出発ができそうです。本当に
　お世話になりました。」

　元さんの姿に失望の色はなかった。それどころか，晴れ晴れとした顔で身の回りを片付け始めたのだった。

　その日をもって元さんは自ら職を辞し，この職場を去って行ったんだ。

　今日のようなことがあると，元さんのあの日の言葉がよみがえってくるんだよ。

　佐々木は，窓越しに園内を眺めながら最後の言葉をつぶやくように言った。

「御来園のお客さまに閉園時刻のお知らせをいたします。……」

　ちょうどそのとき，退園を促す園内アナウンスが流れ始めた。

（白木みどり　作による）

4 卒業文集最後の二行

① 主題名 公正，公平，社会正義 C−⑾
② ねらい 小学校の卒業文集に同級生が書いた最後の二行を30年間ずっと重く受け止め続ける私の心情を通して，正義と公正さを重んじ，誰に対しても公平に接し，差別や偏見のない社会の実現に努めようとする道徳的実践意欲を育む。
③ 出 典 『私たちの 道徳 中学校』文部科学省

1 教材解説

① あらすじ：小学６年生の時，筆者はＴ子をいじめていた。筆者がテストでＴ子の解答をカンニングしたのだが，周りの友達はＴ子が筆者の答案をカンニングしたのではないかと責めた。はじめは荷担できなかった筆者も途中から一緒になりＴ子を責めた。この時，はじめてＴ子は泣き叫び教室を出た。筆者は謝ることができないまま卒業式を迎え，Ｔ子が書いた卒業文集の最後の二行を読み，Ｔ子の苦しみに対し深く反省し，その罪業を30年間背負って生きている。

② 教材の読み
　(1) 生き方についての考えを深めるのは……筆者
　(2) 考えを深めるきっかけは……Ｔ子が書いた卒業文集の最後の二行
　(3) 考えを深めるところは……30年余りたってもその罪業が心から消えないこと

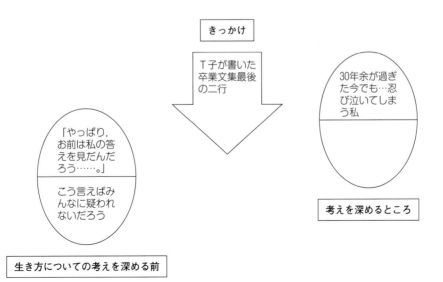

2　指導のポイント

① いじめはダメなこと

　このことは，中学生なら当たり前で，そのことを授業で話し合わせても考えは深まらない。ダメなことはダメ，これは生徒指導の鉄則である。だからこそ，道徳科の授業でいじめがいけないことを考える必要はない。

② いじめられている人，いじめている人，傍観者等の気持ちは考えても意味がない。いじめられていたＴ子の気持ちをはじめ，卒業文集を書いていた時のＴ子の気持ち，卒業文集の中に込められているＴ子の思い等は，「かわいそう。つらい。悲しい。なんとかしてほしい。」等でそこからの深まりはない。また，いじめていた筆者の行為は悪いに決まっているので，その時の筆者の気持ちを考えても意味のないことである。

③ 30年間ずっと重く受け止め続ける筆者の思いこそ考えるポイント

　30年間この事実を重く受け止めている筆者の心をじっくり見つめることがこの教材の考えるべきところである。自分がやった間違いを忘れてしまえばすむことなのに，決して忘れない筆者。筆者のその思いを考えることこそが大切である。

3　展開過程

	学習活動	発問と予想される児童の反応	指導上の留意点
導入			・「生きる」と板書し，簡単にすませる。
展開	・範読を聞く。 ・筆者の印象を発表する。 ・30年余が経っても忍び泣いてしまう筆者の思いを考える。	筆者のことをあなたはどう思いますか。 ・馬鹿な人　　・最低な人　　・いやな人 ・いじめを平気でする人 「30年余が過ぎた今でも…忍び泣いてしまう私である。」どうして，30年過ぎた今でも私は忍び泣いてしまうのですか？ ・Ｔ子に対してあまりにもひどいことをしたから。 ・Ｔ子に対して絶対許されないことをしたから。 ・Ｔ子に対して卑怯な振舞をしていたから。 補 あまりにも過ちが大きいと思うのはわかりますが，30年も過ぎた今もどうして私はそれを思い出すのですか？ 　・決して忘れてはいけないことだと思うから。 　・心に刻んでおかないといけない。 　・人としての道を踏み外した卑劣な行為をした。 　・あの二行はＴ子の思いをあまりにも切実に描いているから。 　・あの二行を忘れてしまえば，神様は絶対許さない。 　・あの二行を忘れてしまえば，生きる資格がなくなる。	・教材を範読する。 ・教材から読み取れる筆者の印象を自由に発表させる。 ・30年余という重さを意識させ，今でも忍び泣いてしまう理由について，たっぷりと時間かけて考えさせていく。 ・問い返しの発問や補助発問を行いながら筆者の生き方を突き詰めて考えさせていく。

		・あの二行を忘れてしまうと，自分は本当にダメな人間になる。 ・あの二行が間違った生き方を直すきっかけになった。 ・あの二行によって自分の過ちを世間に伝えようと思うから。 ・あの二行は自分の心の軸，行動の指針になっているから。 　補　いじめをした事実は絶対に消えない。人の道を踏み外した事実も変わりようがない。だが，どうしてそれを私は忘れてしまわないのですか？　忘れてしまえば楽になるのではないのでしょうか？ 　・忘れてしまえば，自分は人として絶対許されないと思うから。 　・忘れてしまえば，自分は生きていく資格がない。 　・忘れてしまえば，自分はもっと人の道を踏み外してしまう。 　・忘れてしまえば，自分は人でなくなる。 　・忘れてしまえば，自分のことを神が絶対許さない。 　・忘れてしまえば，自分に対して天罰が下る。 　・忘れてしまえば，自分は生きている意味がない。	
	・卒業文集の最後の二行が筆者に与えたものを考える。	「あの二行を読まなかったら…現在の私はどうなっていたであろう。」あの二行は，私の中でどんなものになっていますか？ ・生きる礎　　・生きる軸　　・生きる柱 ・大切にしている決して忘れてはいけないもの。 ・良心の基準，自分の行動を制御するもの。 ・生きていく中で絶対ぶれてはいけないもの。	・卒業文集の最後の二行が，その後の筆者の生き方の大きな礎になっていることに気付かせたい。
終末	・感想を書く。		・「生きる」⇒「一生心に刻みながらよりよく生きる」と板書し，感想を書かせる。 ・感想はまとめて通信にする。

4　板書記録

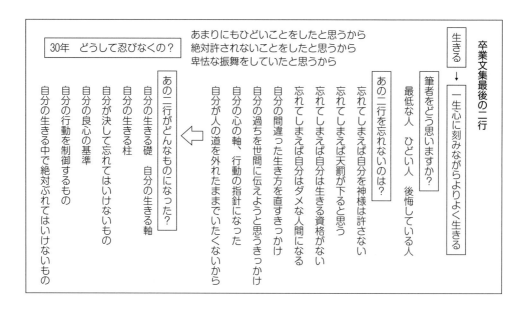

5　授業記録〈中心発問より〉

T：「30年余が過ぎた今でも……忍び泣いてしまう私である。」　どうして，30年過ぎた今でも，私は忍び泣いてしまうのですか？

S1：T子にあまりにも悪いと思ったから。

S2：自分のしたことがひどいと思ったから。

S3：自分が情けなかったから。

S4：自分のしたことでT子の心を傷つけてしまったから。

T：いじめをしたのだから悪いと思うのはもちろんだと思います。あの2行を読めばそう思うのはわかりますが，どうして30年たった今でも私はしのび泣くのですか？　30年もたっているのに，どうして？

S5：自分のしたことがあまりにも悪すぎるから。今も後悔が残っている。

S6：私も後悔しているからだと思います。いじめをしたのが自分だから。

T：そうだね。いじめをしたのは自分だから。あの二行は強烈に心に突き刺さったんだね。他どうですか？

S7：ぼくも自分の後悔が大きいので30年たっても忘れることができない。だから，思い出すと涙が出てくるのだと思います。それだけ心に残っているのだと思います。

T：筆者が，いじめをしたことは事実です。やってはいけないことをやってT子

を苦しめたのも事実です。後悔が残っているのも事実ですが，それだけ苦しい
なら，この事実を忘れてしまえばいいのではないですか？　忘れてしまえば，
心が楽になるのではないですか？

S8：……。

T：どうですか？　どうして忘れないのですか？

S9：忘れてはいけないと思ったから。

T：どうして忘れたらいけないと思ったのですか？　どうして？

S9：忘れたらT子に悪いと思うから。

T：でも，30年たっても涙を流すぐらい筆者はしんどいのなら，忘れたら楽にな
　るのではないの？　心が苦しいなら忘れる方が楽ではないのですか？

S9：……。

S10：……。

T：どうですか？　忘れれば楽になるのではないの？

S11：忘れたら，人でなくなるから。

T：どういうこと？

S11：T子にあまりにもひどいことをしたから，そのことを忘れたら絶対ダメだか
　ら。だから，忘れてはいけないことだと思います。

S12：私もこのことは忘れたらダメだと思ったと思います。忘れることは絶対ダメ
　なことだと思っていると思います。

T：「あの二行を読まなかったら……現在の私はどうなっていたであろう。」　この
　二行は，私の中でどんなもの（存在）になっていますか？

S13：絶対心にとどめておかなければいけない言葉。

S14：心の重石。

S15：自分の忘れてはいけないたいせつな言葉。

6　生徒の感想

・自分のことを再度見つめ直せた。自分も昔似たようなことがあった。自分も今と
　なったら「あの時こういうことをしておけばよかった。」「あの時違うことをして
　おけばどうだったんだろう。」という後悔が今も心の中にある。だけどそのこと
　を親友に話したら，「そんなに悔やんでいるなら，次こまっている人を助ければ
　いいんじゃない。過去は変えられないし。」って言われた。でも，今もその後悔
　は消えない。決して消してはいけないと今日の授業を通して思った。

・私は普段「生きる」ことについて考えたことはなかった。今日の授業ではじめに
　生きることについて聞かれてびっくりした。授業では，いじめについて深く考え
　た。授業の途中で，「嫌なことは忘れてしまえば楽ではないか。」という先生の問

いを自分なりにじっくり考えた。これまで自分は忘れてしまえばいいと思っていたので改めて深く考えさせられた。思い出すたびに泣いてしまうぐらい深い出来事，そんなことから決して逃げてはいけない。自分がしたことへの責任というものを強く感じた。

・イチノヘさんがいじめをしたという事実は変わらないとしても，その後悔を将来につなげていくことがＴ子さんへの償いになるのではないかと私は考えました。だからこそ，今後悔していることを決して忘れることなく，次につなげること，同じようなことをしないことが大切であると私は思いました。今日の道徳では，自分以外の様々な考えを聞くことができ，たくさんの見方を知ることができたことがよかったです。

・僕自身も同じようなことがあった。いじめではないが自分が悪いことをしたのに謝れなかったこと。それがずっと脳裏に残っている。忘れたくとも忘れられない。今日その理由が分かった。自分の悪を一生かけて償わないといけないということだ。その人はもう近くにはいない。どこか遠くへ行ってしまった。その時は謝る気持ちはひとかけらもなかった。しかし，今になってとても悔やんでいる。だがもう言えない。このことから相手の立場にたって考えるということが分った。もっと人の気持ちを考えることができる人間になりたい。今日の授業で人間の心をじっくり考えることができてよかった。

7　掲載されている教科書

『中学道徳3　とびだそう未来へ』教育出版
『中学道徳　あすを生きる　3』日本文教出版
『中学生の道徳　明日への扉　3年』学研教育みらい
『中学生の道徳　自分をのばす　3』あかつき教育図書

卒業文集最後の二行

「思い出となれば，みな懐かしく美しい」と俗に言われるが，それは過去を美化しているか，時間の経過とともに風化してくれるのをよいことに，つらい体験や苦い思い出を忘れようと「努力」しているに過ぎまい，と私は勝手に解釈している。

生来，気位が高く，不遜極まりない性格の私だが，こんな私でもこの場を借りてざんげしたい，いや，せずにはいられない出来事がある。深い深い後悔。取り返しのつかない心の傷だ。

ときは，小学校時代に遡る。

同級生にT子さんという女の子がいた。彼女は早くしてお母さんを亡くし，2人の弟さんの面倒もみなければならなかった。お父さんは魚の行商である。

つまり，T子さんは母親代わりといってよい。しかも，お父さんの仕事があまりかんばしくないようで，経済的にも恵まれず，その頃の時代にしても彼女の服装はみすぼらしいというより，正直言って汚かった。

今にして思えば，経済面からもそうであろうが，母親代わりという生活環境から，自分の身の回りを構っているどころではなかったのであろう。

そのT子さんが，6年生のとき私の隣の席になった。加えて，運の悪いことに彼女よりちょっとばかり成績も良く（もっともT子さんも上位の成績だった），金銭的にも幾分恵まれた生徒たちが彼女の席を取り囲む形になった。

生意気で口の悪い私は，先頭に立ってT子さんをけなした。

「きたねえから，もっと離れろ。」

この私の言葉に悪童たちは，更にはやし立てた。

「臭いから，誰もT子に近付くなじゃ。」

「毎日風呂さ入って頭を洗ってこいよ。」

こうした嫌がらせにも，T子さんは泣きもせずにじっと堪えた。ほおを紅潮させながらも歯を食いしばって，涙を見せもしなかった。泣いたり涙を見せたりすると，我々にもっとばかにされ，いじめられると思ったのであろう。

しかも，T子さんは，担任に一度もそのことを言わなかった。担任のM先生は校内でも屈指の怖い先生なのである。M先生に告げれば我々はこっぴどく叱られ，自分も一層惨めになると考えたのではないか。

卑怯な我々は，T子さんが担任に言わないのを知って，更に輪をかけて口汚く罵り続けた。

そんなある日，クラスで漢字の小テストが行われた。

問題用紙に，どうしても書けない漢字が，私に2個あった。困った私が隣のT子さんの答案用紙をチラリと盗み見ると，彼女はちゃんと書いていた。しかも，正答であ

る。それっとばかりに，私はカンニングをした。

　後日，答案返却があり，その際にM先生が私を褒めてくれた。

「イチノヘ，よく頑張ったな。満点はお前一人だけだぞ。」

　私は後ろめたさを少し感じただけで満足だった。何しろ，満点は私だけなのだから。

　だが，その後に渡されたT子さんの答案用紙を見て，私はがく然を通り越して目の前が真っ白になり，同時に真っ暗になった。なんと，T子さんは1個だけの間違いで，98点なのだ。私がカンニングをしなければ，T子さんは満点ではないが，最高得点者ということになる。

　私は弱者であった。勇気がなかった。卑劣な人間だった。T子さんは私がカンニングしたことを知らないようである。それどころか，T子さんは皮肉などかけらもなく，

「さすがイチノヘさんね。おめでとう。」

　微笑をもって心から言ってくれたのだ。それに対して私は，

「問題が易しかったからな。」

と，臆するところもなく当然のように応えた。

　さらに，そんなT子さんに，もっとひどい追い打ちが待っていた。授業の後，T子さんの答案用紙を例の悪童どもが見て，

「イチノヘの答えを見で書いだんだろう。」

「お前が98点も取れるわけがねえよ。」

「カンニングしてまで，いい点数を取りたかったのか？」

と，口を極めて彼女に中傷の矢を浴びせた。さすがの私も，このときはこの中傷に加われなかった。

　ところが，連中があまり騒ぎ立て，T子さんを責めているのを聞いているうちに，私の心の中の後ろめたさが消え，逆に連中の尻馬に乗る発言をしてしまった。

「やっぱり，おめえは私の答えを見だんだろう。見だに決まってる。ずるいと思われえのか。」

　すると，T子さんは泣き声で，

「私はイチノヘさんの答えは見ではいません。着てる物や髪はきたねえかもしれないけど，心はきたなぐねえです。」

　と，机に顔を伏せた後，

「私をどこまでいじめれば，皆さんは気が済むの！」

　叫びながら石炭小屋のある方へ走っていった。T子さんの初めての泣いたり叫んだり，その場から逃げ出したりの言動に，悪童どもは言葉を失った。私は彼女の後を追い掛けて，土下座して謝りたい衝動に駆られたが，その度胸も勇気も瞬時にして吹っ飛び，それどころか連中を前に，

「ほんとのごとを言われたんで，あれほど怒ったんだ。私の答えを見で，めぐせえ（恥ずかしい）ど思われえのかな。」

と，胸を反らせた。

　石炭小屋から戻って来たＴ子さんは，涙こそ拭い収められていたが，目をうさぎのように充血させ，まぶたを厚く腫れさせていた。

　……やがて，卒業式を迎えることになった。

　私はとうとうＴ子さんに謝らずじまいで終わった。

　だが，式の日に配られた「卒業文集」をその日の夜に家で読み，私は枕をぬれにぬらしてしまった。Ｔ子さんの作文の，特に最後の二行が私の涙腺を果てもなく緩めたのだ。

「……私が今一番欲しいのは母でもなく，本当のお友達です。そして，きれいなお洋
　服です。」

　この二行に，Ｔ子さんの思いのすべてが込められている——。

　その理由は，改めて書くまでもないし，書く必要もあるまい。あまりに切なく，つらく，悲しすぎる……。

　それにしても，私は随分とＴ子さんにひどい仕打ちをし続けたものだ。謝罪しても謝罪し尽くせるものではない。許しを乞うても許されるものではない。30年余りが過ぎた今でも，Ｔ子さんへの罪業を思い出すたびに忍び泣いてしまう私である。

　あの「卒業文集」の最後の二行は，大きな衝撃だった。大いなる悔いを与えてくれた。あの二行を読まなかったら，現在の私はどうなっていたであろう。

（一戸冬彦　作による）

5	加山さんの願い

① 主題名　社会参画，公共の精神　C −(12)

② ねらい　ボランティア活動で出会った二人の高齢者との交流を巡って自らの活動の在り方を振り返ることになる主人公の心情を通して，社会参画の意義と社会連帯の自覚を高め，公共の精神をもってよりよい社会の実現に努めようとする道徳的実践意欲を育む。

③ 出　典　『中学校　読みもの資料とその利用―主として集団や社会とのかかわりに関すること―』文部省

1　教材解説

① あらすじ：定年退職した加山さんは，近所に住む佐藤さんの孤独死を発見したのを機に市のボランティアに登録し，中井さんと田中さんという一人暮らしの高齢者を訪問することになった。当初，「いらぬ世話はしないでくれ。」と言っていた中井さんだったが，冷たい雨の降る日の訪問で身の上話をしたことから心が通じるようになった。加山さんは，その時ふと田中さんがどうしてあれほどつらそうにするのだろうかと考えはじめた。

② 教材の読み

(1) 生き方についての考えを深めるのは……加山さん

(2) 考えを深めるきっかけは……「『してあげる』と言われても返事する気にならなかっただけで……。」という中井さんの言葉

(3) 考えを深めるところは……雨の中でかさをもったまま考え続けた

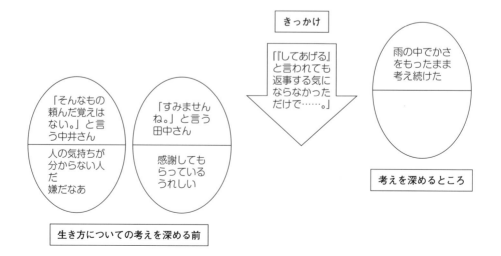

2　指導のポイント

① 　最初のくだりは，登場人物がたくさん出てきて内容把握に時間がかかる可能性があるので，教員の方で整理する。特に，中井さん，田中さんについては対比させながら理解させるのが効果的である。

② 　中心発問は「加山さんは，かさをもったままどんなことを考えていただろう。」でもいいが，そのすぐ後に「謝らなければならないと思った。」とあることから，本稿はそこをとらえて発問にした。

③ 　加山さんの心情変化をとらえるだけでは，ねらいに繋がらないとして，最後に「周りの人と共に生きることとは」という発問を付け足している。時間がなければ，最後の振り返りで書かせることも可能である。

3　展開過程

	学習活動	発問と予想される児童の反応	指導上の留意点
導入	・ボランティアについて知っていることを発表する。	ボランティアについて，どんなことを知っていますか。 ・清掃活動　　　・お金はもらえない。	・テンポよく聞いていき，時間はかけない。
展開	・範読を聞く。 ・登場人物の関係をつかむ。 ・加山さんが「また，来よう。」と思った理由を考える。 ・加山さんが田中さんにあやまらなければならないことについて，多面的・多角的に考える。	加山さん⇒佐藤さんを発見 　中井さん，田中さんのボランティアになる。 　後藤さんに「うらやましいですね」といわれる。 加山さんが，「また，来よう。」と思ったのはどうしてだろう。 ・中井さんと打ち解けた。　　　・楽しくなった。 ・やりがいが出てきた。 加山さんが田中さんに謝りたいことって何だろう。 ・気を使わせてしまった。　　　・上から目線だった。 ・田中さんも自分でしたいことがあったかもしれない。 ・田中さんの気持ちを考えられなかった。 ・つらい気持ちにさせてしまった。 ・恩着せがましかった。 ・自己満足でしかなかった。 ・「すみませんね。」って言うのは辛かったのかもしれない。 　㊉「すみませんね。」と言うことがどうして辛いの？ 　　・ていねいに言わないと，してもらえないかもしれないから。 　　・田中さんは足が悪くて，自分でできないから。 　　・上から目線の加山さんにでも頼まないと生活ができないから。 ・自分のことしか考えてなかった。 　㊉どういうこと。くわしく教えて。 　　・加山さんは，してあげていると思っていて，自己満足の活動をしている。	・教材を範読する。 ・登場人物の関係を整理して板書しながら説明する。 ・主人公が中井さんとの交流に手応えを感じていることを共感的に捉えさせる。 ・「そのときふと，田中さんの顔が……謝らなければならないと思った。」を再読した上で，加山さんの心情を深く考えさせる。 ・主題とする「社会参画，公共の精神」の手掛かりになる反応があったときは，問い返しの発問を行いながら深めていく。

		・加山さんは，ボランティアを通して学べること 　があるということが分かっていない。 ・加山さんの考え方は一方通行で，お互いさまと 　いう気持ちが欠けている。 ・してあげているから，喜んでもらって当たり前と思っ 　ていた。 　囲 周りの人と共に生きていくってどんなことだろう。 　　・相手のことを考えて接する。 　　・自分がやりたいことだけをやってしまわないよう 　　　にする。 　　・思いやりを大切にする。　　・無理をしない。	・中心発問のみで主題と する「社会参画，公共 の精神」について深ま らないときは補助発問 を行う。
終 末	感想を書く。	「思ったこと，考えたことを書きましょう。」	・感想を書かせる。

4　板書記録

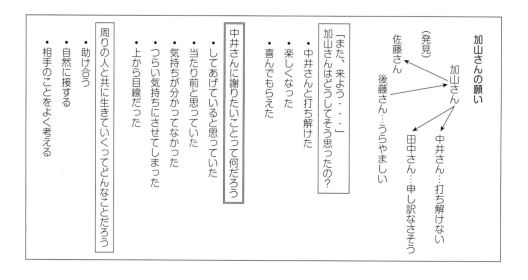

5　授業記録〈中心発問より〉

T：田中さんに謝りたいことってなんだろう。

S1：申し訳ない。

T：どんなことが申し訳ないの？

S1：自分には小さなことしかできないから。

T：喜んでくれているよね。

S1：もっとできたと思った。

T：なるほどね。次の人はどうですか。

S2：勝手に田中さん，喜んでくれていると思っていた。

T：確かに喜んでくれていたよね。

T ：他は？

S3：加山さんの自己満足だった。

T ：あー，そうか。自己満足でやっていたということですね，その他は？

S4：お礼を言ってもらって当然だと思っていたから。自分から進んでしていたはずなのに，お礼を求めていた。

T ：そうか。お礼を求めていたのか。他はどうですか。

S5：無意識に上から目線になっていた。

T ：なるほど。他はどうですか。

S6：相手の気持ちを考えていなかった。

T ：相手がどう思うかって考えずにしていたということね。そうか，なるほど。

T ：次はどうでしょう。

S7：余計なことをした。いや，良かれと思ってやっていたことだけど，相手は本当にそれを求めていなかったかも。

T ：そうか，そういうこともあるのですね。

S8：いつもお礼を言ってくれているから，当たり前と思っていた。

T ：当たり前と思っていた。そうか，なるほど。

S9：義務感でやっていたかも。

T ：そうですね。そんな気持ちもあったかも知れないね。

S10：相手のことを考えてなかった。

T ：どんなことを考えてなかったのですか。

S10：自分がいいことしていると思っていた。

T ：それはいけないことですか？

S10：いけないことではないけれど，相手の気持ちも考えて，中井さんみたいな人もいるのだから，そういう人の気持ちも考えて。

T ：そうか，そうか，なるほど。相手のことを考えてなかったのですね。

T ：ほか，何を謝りたいのでしょう。

S11：「すみませんね。」って言わせてしまったこと。

T ：加山さんもそれを期待していたし，もしかしたら言わせてしまっていたかもしれないと思ったのですね。そして，それを謝りたいと思った，ということですね。

6　生徒の感想

・周りの人と共に生きるというのは，ボランティアをしている人，していない人の立場は関係なく，家族のように助け合いをすることなのかなと思いました。いろいろな人がいるけれど，他人じゃなくて家族や友達のように思えたらいいなと思います。

・この「加山さんの願い」で思ったことは，ボランティア活動はただ手伝うだけでなく，相手がどう思っているのか考えることだと思った。

・自己満足で終わるのではなくて，相手のことも考えていくことだと思った。自分がよいと思っていても相手にしては良くなかったことかもしれないし，自分一人で考えたらいけないなと思った。

・ボランティアは動けない人の手伝いもそうだけど，気持ちに寄り添うことも大切だと気が付いたから謝りたかったと思う。

・誰かのために手伝ってあげたり，助けてあげたりするのも大切だけど，相手側に気をつかわせないようにしないと，相手側も嫌な気持ちになったり，気をつかって苦しくなるかもしれないから，相手を「思う」ということは大切だと思った。

・相手より自分の立場を上にしないことが大切だと思う。加山さんの「やってあげている」という言葉みたいに。

7　掲載されている教科書

『新訂　新しい道徳Ⅲ』東京書籍
『中学生の道徳　自分を見つめる　1』あかつき教育図書
『道徳　中学校2　生き方を見つめる』日本教科書

加山さんの願い

　加山さんは散歩が好きだ。仕事を定年退職して，最初は健康のために始めたのだが，実際に歩いてみると見慣れていた風景が新鮮に見える。

　ある日，加山さんはいつものように散歩しながら，年老いて一人暮らしの佐藤さんの家の前まできて，新聞が3日分も新聞受けにたまっているのに気づいた。(あれ？)と思った加山さんは，

「佐藤さん，佐藤さん，いるの？」

と声をかけてみたが，返事はない。やはり留守なのかと思い，何げなく玄関の戸を引くと，ガラガラと開いた。

「佐藤さん，佐藤さん。」

と呼びながら一歩玄関に足を踏み入れ，奥をのぞいたとたん，加山さんは息を飲んだ。佐藤さんが畳の上に，うつぶせに倒れていたのである。

　心臓発作で倒れた佐藤さんは，死後3日たって初めて，加山さんによって発見されたのであった。

　加山さんは，だれにも知られずに一人で死んでいった佐藤さんのことを思っては，くやんだ。

(どうすればいい。わたしにでも何かできることがあるだろうか。)

　そんなとき，市の広報に目が止まった。それは，市内のさまざまなボランティア・グループの活動紹介と，参加への勧誘の記事であった。加山さんは，その中の「訪問ボランティア」という見出しに興味を引かれた。市内の一人暮らしのお年寄りを訪問し，健康状態などを確認し，話し相手になって，必要ならできる範囲で身の回りの介護をするというものである。

(これならわたしにもできそうだ。それに今の自分の思いにいちばんふさわしい。)

　加山さんはさっそくボランティア・センターに連絡して，活動を始めた。

(老人の話し相手になるぐらい，簡単なことだ。)

と加山さんは思っていた。だが，最初に訪れた中井さんはけんもほろろに，

「何か売りつける気だ。」

と言って追い返そうとした。加山さんはさすがにムッとした。

「市のボランティア活動で，訪問に来ました。何かしてあげられることはありませんか。」

「そんなもの，たのんだ覚えはない。いらぬ世話はしないでくれ。」

　中井さんはそっけなく背を向けた。後は何を言っても返事はなく，取りつく島もない。どうしてよいのかわからないまま，加山さんはすごすごと帰るしかなかった。

(せっかく訪ねてやっているのに，あの態度は何だ……。一人暮らしの老人はだれも

さみしがっているのではないのか。訪ねていけば，うれしいのではないのか。）

加山さんは腹立たしいやら情けないやら，本当に疲れた思いで足が重かった。

（まあ，中井さんは例外だろう。あんなわからずやは，そういるものではない。次の田中さんはちがうだろう。）

田中さんは足が不自由で寝ていることが多く，掃除や買い物なども手伝うことになっていた。食料品の買い物などは少し恥ずかしい気もしたが，いかにも世話をしている実感があった。田中さんは，「慣れないことで，たいへんでしょう。すみませんね。」といかにも申し訳なさそうに礼を言ってくれる。加山さんとしても，悪い気はしない。

（よいことをしているんだなあ，ボランティアを始めてよかった。）

中井さんの予想外の反応に落胆した加山さんだが，ボランティア・センターに登録して始めたことでもある。思い通りにならないからといって中井さんへの訪問を簡単にやめるわけにはいかなかった。田中さんへの訪問で元気を取りもどせるのが救いだった。

だが，何回かの訪問を重ねても中井さんとはうまく交流ができなかった。

「お元気ですか。何かしてほしいことはありませんか。」

と声をかけても，

「何もない。」

という返事が返ってくるだけだった。それでも，「行かなくては。」という義務感から加山さんは訪問を続けていた。

ある日，近所の後藤さんが声をかけた。

「加山さん，このごろ市のボランティアを始められたとか……。さすが，経済的に余裕のある方はちがいますね。うらやましい。わたしなどは，貧乏暇なしですよ。何とか，『ボランティアしてます』って，かっこうよく胸を張って言えるようになりたいものですな。」

後藤さんの言葉は加山さんの心をよけいに重くした。

加山さんは，

（わたしは金持ちではありません。暇人でもありません。いいかっこうをしたいのでもありません。）

と言いたかった。だが，言えなかった。中井さんのことを思うと，自信がもてなかった。

凍りつくような冷たい雨の降る日だった。中井さんの家には，もう何回目の訪問だろうか。加山さんは歩きながら，なくなった父親のことを思い出していた。

「中井さん，こんにちは。あいにくのお天気ですね。いやなことを思い出しそうですよ。……わたしの父がなくなったのも，こんな雨の日でした。血圧が高くて心配していたんですけど。脳卒中でした。寒いのはいけません。何年たっても，つらいものです。」

　中井さんは，ギョロッと目を向けた。

「あなたのお父さんも血圧が高かったんか。わしもそうだ。いつお迎えがくるかわか
　らん。」

「中井さん，そんなさみしいことを言わないでくださいよ。それより，血圧はどれく
　らいですか。わたしも高めで気になっているんですよ。塩分を控えるようにって医
　者に言われているんですけど，なかなかそうもいきませんでね。」

「加山さん，それは気をつけなきゃいけませんぞ。油断したらいけません。」

　中井さんは，まじめな顔で，はっきり言った。加山さんは，思わず笑って答えた。

「そんな人ごとみたいな言い方，おかしいですよ。ご自分の心配のほうが先じゃない
　ですか。」

「なるほど，それもそうだ。一本取られましたな。」

　中井さんもつられて笑った。初めて見た笑顔だった。

　加山さんは率直に聞いた。

「わたしをもうきらってはいませんか。」

「いや。あんたをきらっていたわけじゃない。ただ，わたしは何かしてもらうという
　のがきらいなのに，『してあげる』と言われても返事する気にならなかっただけで
　……。それにしても，加山さんはよく続きますな。わたしもあんたが来るのが楽し
　みになりましたよ。」

　中井さんの家を出た加山さんは，満たされた気持ちでいっぱいだった。何の身構え
もなく，中井さんと話せた。年齢は少し離れてはいるが，友だちを訪ねた思いであっ
た。不思議なことに，疲労感はなかった。からだが暖かくて，軽くなったようだ。冷
たい雨は降り続いていたが，寒くなかった。

（また，来よう。この次も，笑顔を見せてもらえたらいいなあ。）

　加山さんは，義務感からではなくて，すなおにそう思った。

（それにしても，「何かしてもらうのがきらいだ」はこたえたな。）

　そのときふと，田中さんの顔が思い出された。つらそうに「いつもお世話になって
すみません」という顔である。加山さんは，思わず立ち止まった。

（田中さんはどうしてあれほどつらそうにするのだろうか。もしかしたら……。）

　雨の中でかさをもったまま考え続けた。

　加山さんは，田中さんに謝らなければならないと思った。

　それから加山さんは肩の力みが抜けて何をするにも楽になった。自分にできること
をしていくことで，だれとでも自然に，人間として出会い支え合い，共に生きていけ
ばいいのだと思うようになった。

　きょうも加山さんは，「ちょっと行ってくるよ」と出かける。

（藤永芳純　作による）

6　一冊のノート

① 主題名　家族愛，家庭生活の充実　C−⒁
② ねらい　物忘れのひどくなった祖母が書いていたノートを見たことから，家族に対する祖母の思いを知ることになる主人公の心情を通して，父母，祖父母を敬愛し，家族の一員としての自覚を持って充実した家庭生活を築こうとする道徳的実践意欲を育む。
③ 出　典　『私たちの　道徳　中学校』文部科学省

1　教材解説

① あらすじ：両親，祖母，弟と暮らす中学生の僕は，今でも祖母を頼りに生活をしている。ところが祖母は最近，物忘れがひどくなり，家族との衝突が絶えなくなった。父から祖母の病気が現在の医学では治すことができないことだと聞いても苛立ちを隠せない。そんなある日，僕は祖母の書いた日記のようなノートを見てしまう。そこには祖母の病気への不安や家族への思いが切々と書き込まれていた。最後の空白のページに，ぽつんとにじんだインクの跡を見たとき，僕はもういたたまれなくなって外に出た。僕は庭の片隅で草取りをしていた祖母と並んで草取りを始める。

② 教材の読み
(1) 生き方についての考えを深めるのは……僕
(2) 考えを深めるきっかけは……祖母の一冊のノート
(3) 考えを深めるところは……祖母と並んで草取りを始めるところ

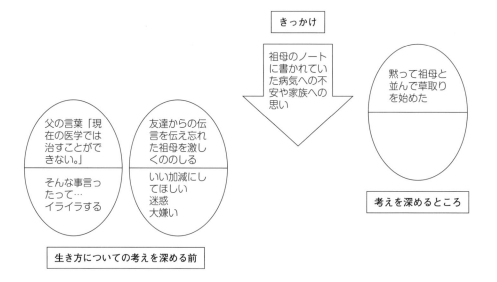

2　指導のポイント

①　教材が長いが，丁寧に読むことを心掛けたい。祖母と僕とのやり取りが数か所あるが，一つ一つ取り上げると時間が足りなくなることから，一冊のノートを見るまでの僕と祖母との関係性を押さえることにとどめて中心発問でしっかり考えさせたい。

②　ねらいは家族愛についてということから，最後に「家族って何だろう。」という問いを投げかけている。形式的な応答にならないためにも，それまでの中心発問でのやりとりを重視する。

③　書く作業は最後の「思ったこと，考えたことを書きましょう。」だけである。書く時間は，教材と道徳的価値と自分に向き合う時間である。

3　展開過程

	学習活動	発問と予想される児童の反応	指導上の留意点
導入		「今日は『一冊のノート』というお話で考えたいと思います。」	・教材名の紹介程度にとどめる。
展開	・範読を聞く。 ・前半部分の内容を確認する。 ・祖母と並んで草取りをする僕の心情を多面的・多角的に考えていく。	僕は一冊のノートを見るまで祖母に対してどう考えていただろう。 ・恰好悪いな。　・迷惑している。　・困るな。 ・鬱陶しいな。　・何とかならないかな。 僕は祖母と草取りをしながらどんなことを考えていたのだろう。 【感謝】 ・おばあちゃん，ありがとう。 　㊀ 僕は何を感謝しているの？ 　　　・ここまで育ててくれたこと。 　　　・僕の成長をずっと見守ってくれたこと。 ・そんなことを思ってくれていたのだ。 【後悔，反省】 ・ひどいこと言ってごめんなさい。 　㊀ 僕は何を謝っているの？ 　　　・何でもおばあちゃんに頼り切っていたこと。 　　　・同じ屋根の下に暮らしていたのに，おばあちゃんの苦悩に気付けなかったこと。 ・おばあちゃんはつらかったのだね。 ・おばあちゃんの気持ちになってあげら良かった。 ・かわいそうなことをした。 【これから】 ・できることは自分たちでやるよ。 ・おばあちゃんといつも一緒だよ。 ・一緒に頑張ろうね。　・お手伝いするよ。 　㊂ 家族って何だろう。 　　　・助け合える。　・信じあえる。	・教材を範読する。 ・主人公が当初，祖母に対してどんなことを思っていたかを振り返らせる。 ・いたたまれなくなって外へ出たところを再読してから考えさせる。 ・祖母の病気への不安や家族への思いを知った主人公の心の動揺をとらえ，祖母への思いを時間をかけて聞いていく。 ・主題とする「家族愛，家庭生活の充実」の手掛かりとなる反応があったときは，問い返しの発問により深めていく。 ・全体を振り返りつつ，家族とは何だろうと問

		・同じ家に住む人たち。	いかける。
		・自分を大切に思ってくれる存在。	
		・世界に一つしかない。　　・成長しあうもの。	
終末	・感想を書く。	「思ったこと，考えたことを自由に書きましょう。」	・考えたこと，思ったことだけでなく，発言できなかったことや自分自身のことでいいことを伝える。

4　板書記録

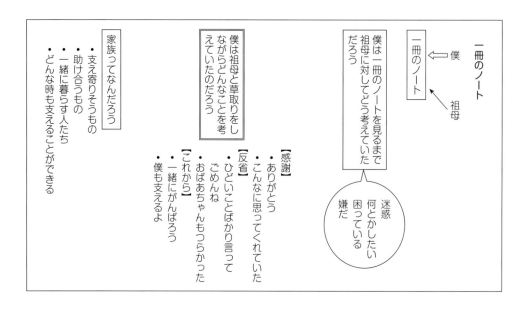

5　授業記録〈中心発問より〉

T：僕は，祖母と草とりをしながら，どんなことを考えていたのだろうね。

S1：これから，おばあちゃんを支えていこうと思った。

T：そうか，支えていこうと思ったのだね。なるほどね。他はどうですか。

S2：おばあちゃんも努力していた。

T：あー，そうか，そうか。おばあちゃんも努力していたことが分かったのだね。

S3：申し訳ないな。

T：どんなことが？

S3：おばあちゃんのせいにしたこと。

T：なるほどね。いろいろ出てくるね。はい，次の人はどうでしょう。

S4：おばあちゃんのために何ができるのかなって思った。

T：あー，そうか。何ができるって思ったのだろう。

S5：できることをしていこうって。

　T：そうだね。そう思っていたということだね。でもさ，反省して何かしたいって思っても，おばあちゃんは変わらないよね。また，失敗するかもしれないよ。

S6：今までひどいことをいったから，その分の償いで支えていきたい。自分も迷惑かけているし，そんなおばあちゃんだけど，自分が支えてあげたい。

　T：あーそうか。今までの償いか……。今度自分が支えたいって思うのだね。おばあちゃんがやってくれたことを全部やってしまうの？

S7：おばあちゃんの現状を理解して助ける。

S8：いい加減にしてほしいとか，迷惑とか思っていたからその分，助けてあげる。

S9：一緒にお買い物もついて行って，安心させる。

S10：「困っていることがあったら，言ってね。」と声をかける。

　T：「ない」っていったら？

S10：ないっていうなら，見守る。

　T：そうか……。見守りながら支えるのか。素敵やね。次の人はどうでしょう。

S11：おばあちゃんの状況に，ちょうどいい手伝いをする。

　T：わー，よく考えているね。全部取ってしまったら，おばあちゃんも寂しいかもね。他はどうですか？

S12：自分にしかできないことをやる。全部取ってしまうとおばあちゃんもやりたいと思うから。

　T：みんな，おばあちゃんを見守りながら，支えていくって本当によく考えているよね。

6　生徒の感想

・自分の親が年老いて，迷惑なことをしても責めずに逆に今後，そういうことがないように自分がそばについて守ろうと思った。

・この物語を通して私の祖母も祖母なりにがんばっているかもしれないと思うことができた。

・自分のおばあちゃんもこの話に似た状態になってきていて，主人公の気持ちがよくわかったし，いつの間にか傷つけてしまっているのかなと思って，とても申し訳なく思った。

・おばあちゃんも一生懸命頑張って，孫の役に立とうとしているのが，ステキだなと感じました。

・はじめは，おばあちゃんが意地をはっていて，ちょっと嫌な思いをしてしまっていたけど，ノートの内容をみたら，自分も主人公みたいに心が変わりました。

・おばあちゃんの日記を見て，「おばあちゃんは一生懸命頑張ってくれているのだ

な。」と思ったし，「自分のおばあちゃんもそうなのかな。」と思った。僕もおばあちゃんや家族を大切にしていけたらいいなと思いました。

・この話を読んで，自分の家族のことをたくさん考えました。

・家族って，支えあい，助け合うたった一つのものだと思います。

7　掲載されている教科書

『中学道徳　あすを生きる　3』日本文教出版

『中学生の道徳　明日への扉　3年』学研教育みらい

『中学生の道徳　自分を考える　2』あかつき教育図書

『道徳　中学校3　生き方を創造する』日本教科書

一冊のノート

「お兄ちゃん，おばあちゃんのことだけど，この頃かなり物忘れが激しくなったと思
　わない。僕に，何度も同じことを聞くんだよ。」
「うん。今までのおばあちゃんとは別人のように見えるよ。いつも自分の眼鏡や財布
　を探しているし，自分が思い違いをしているのに，自分のせいではないと我を張る
　ようになった。おばあちゃんのことでは，お母さん，かなり参っているみたいだ
　よ。」
　弟の隆とそんな会話を交わした翌朝の出来事であった。
「お母さん，僕の数学の問題集，どこかで見なかった。」
「さあ，見かけなかったけど。」
「おかしいな。おととい，この部屋で勉強した後，確かにテレビの上に置いといたの
　になあ。」
　学校へ出かける時間が迫っていたので，僕は段々いらいらして，祖母に言った。
「おばあちゃん，また，どこかへ片付けてしまったんじゃないの。」
「私は，何もしていませんよ。」
　そう答えながらも，祖母は部屋のあちこちを探していた。母も隆も問題集を探し始
めた。しばらくして，隆が隣の部屋から誇らしげに問題集を持ってきた。
「あったよ，あったよ。押入の新聞入れに，昨日の新聞と一緒に入っていたよ。」
「やっぱり，おばあちゃんのせいじゃないか。」
「どうして，いつも私のせいにするの。」
　祖母は，責任が自分に押し付けられたので，さも，不満そうに答えた。
「そうよ，何でもおばあちゃんのせいにするのはよくないわ。」
　母が，僕をたしなめるように言った。僕は，むっとして声を荒げて言い返した。
「何言ってるんだよ。昨日，この部屋の掃除をしたのはおばあちゃんじゃないか。新
　聞と一緒に問題集も押入に片付けたんだろう。もっと考えてくれよな。」
「そうだよ。お兄ちゃんの言うとおりだよ。この前，僕の帽子がなくなったのも，お
　ばあちゃんのせいだったじゃないか。」
「しっかりしてよ，おばあちゃん。近頃，だいぶぼけてるよ。僕ら迷惑してるんだ。
　今も隆が問題集を見付けなかったら，遅刻してしまうところじゃないか。」
　いつも被害にあっている僕と隆は，一斉に祖母を非難した。祖母は悲しそうな顔を
して，僕と隆を玄関まで見送った。
　学校から帰ると，祖母は小さな机に向かって何かを書き込んでいた。僕には，その
ときの祖母の寂しそうな姿が，なぜかいつまでも目に焼き付いて離れなかった。
　祖母は，若い頃夫を病気で亡くした。その後，女手一つで4人の息子を育て上げる

傍ら，民生委員や婦人会の係を引き受けるなど地域の活動にも積極的に携わってきた。そんなしっかり者の祖母の物忘れが目立つようになったのは，65歳を過ぎたここ1，2年のことである。祖母は，自分は決して物忘れなどしていないと言い張り，家族との間で衝突が絶えなくなった。それでも若い頃の記憶だけはしっかりしており，思い出話を何度も僕たちに聞かせてくれた。このときばかりは，自分が子供に返ったように目を輝かせて話をした。両親が共働きであったことから，僕たち兄弟は幼い頃から祖母に身の回りの世話をしてもらっており，今でも何かと祖母に頼ることが多かった。

　ある日，部活動が終わって，僕は友達と話しながら学校を出た。途中の薬局の前で，友達の一人が突然指差した。

「おい，見ろよ。あのばあさん，ちょっとおかしいんじゃないか。」

「本当だ。何だよ，あの変てこりんな格好は。」

　指差す方を見ると，それは，季節外れの服装にエプロンをかけ，古くて大きな買い物籠を持った祖母の姿であった。確かに友達が言うとおり，その姿は何となくみすぼらしく異様であった。僕は，慌てて祖母から目を離すと辺りを見回した。道路の向かい側で，二人の主婦が笑いながら立ち話をしていた。僕には，二人が祖母のうわさ話をしているように見えた。

　祖母は，擦れ違うとき，ほほ笑みながら何かを話し掛けた。しかし，僕は友達に気付かれないように，知らん顔をして通り過ぎた。友達と別れた後，僕は急いで家に帰り，祖母の帰りを待った。

「ただいま。」

　祖母の声を聞くと同時に，僕は玄関へ飛び出した。祖母は，大きな買い物籠を腕にぶら下げて，汗を拭きながら入ってきた。

「ああ，暑かった。さっき途中で会った二人は……。」

「おばあちゃん。何だよ，その変な格好は。何のためにふらふら外を出歩いているんだよ。」

　僕は，問い詰めるような厳しい口調で祖母の話を遮った。

「何をそんなに怒っているの。買い物に行って来たことぐらい見れば分かるでしょ。私が行かなかったら誰がするの。」

「そんなことを言っているんじゃない。みんながおばあちゃんのことを笑ってるよ。かっこ悪いじゃないか。」

「そうして，みんなで私をばかにしなさい。一体どこがおかしいって言うの。誰だって年を取ればしわもできれば白髪頭にもなってしまうものよ。」

　祖母の言葉は，怒りと悲しみで震えていた。

「そうじゃないんだ。大体こんな古ぼけた買い物籠を持って歩かないでくれよ。」

　僕は，腹立ちまぎれに祖母の手から買い物籠をひったくった。

「どうしたの，大きな声を出して。おばあちゃん，僕が頼んだ物ちゃんと買ってきて
　くれた。」

「はい，はい。買ってきましたよ。」

　隆は，買い物籠を僕から受け取ると，さっそく中身を点検し始めた。

「おばあちゃん，ばんそうこうと軍手が入ってないよ。」

「そんなの書いてあったかなあ。えーと，ちょっと待ってね。」

　祖母は，あちこちのポケットに手を突っ込みながら1枚の紙切れを探し出した。見
ると，それは隆が明日からの宿泊学習のために祖母に頼んだ買い物リストであった。
買い忘れがないように，祖母の手で何度も鉛筆でチェックされていた。

「やっぱり，ばんそうこうも軍手も，書いてありませんよ。」

「それとは別に，今朝，買っておいてくれるように頼んだだろう。」

「そんなこと，私は聞いていませんよ。絶対聞いていません。」

「あのね，おばあちゃん。……。」

　隆は，今にもかみつくような顔で祖母をにらんだ。

「もうやめろよ。おばあちゃんは忘れてしまったんだから。」

「何だよ。お兄ちゃんだって，さっきまで，おばあちゃんに大きな声を出していたく
　せに。」

　僕は，不服そうな隆を誘って買い物に出かけた。道すがら，隆は何度も祖母の文句
を言った。

　その晩，祖母が休んでから，僕は今日の出来事を父に話し，何とかならないかと訴
えた。父は，僕と隆に，先日，祖母を病院に連れて行ったときのことを話し出した。

「お前たちが言うように，おばあちゃんの記憶は相当弱くなっている。しかし，お医
　者さんの話では，残念ながら現在の医学では治すことはできないんだそうだ。これ
　からもっとひどくなっていくことも考えておかなければならないよ。おばあちゃん
　は，おばあちゃんなりに一生懸命やってくれているんだからみんなで温かく見守っ
　てあげることが大切だと思うよ。今までのように，何でもおばあちゃんに任せっき
　りにしないで，自分でできることぐらいは自分でするようにしないといけないね。」

「それは僕たちもよく分かっているよ。だけど……。」

　これまでの祖母のことを考えると，僕はそれ以上何も言えなくなった。

　その後も，祖母はじっとしていることなく家の内外の掃除や片付けに動き回った。
そして，物がなくなる回数はますます多くなった。

　ある日，友達からの電話を受けた祖母が，伝言を忘れたため，僕は友達との約束を
破ってしまった。父に話した後怒らないようにしていた僕も，このときばかりは激し
く祖母をののしった。

　それから1週間余り過ぎたある日，探し物をしていた僕は引き出しの中の一冊の手
あかに汚れたノートを見付けた。何だろうと開けてみると……

　それは，祖母が少し震えた筆致で，日頃感じたことなどを日記風に書きつづったものであった。見てはいけないと思いながら，つい引き込まれてしまった。最初のページは，物忘れが目立ち始めた2年ほど前の日付になっていた。そこには，自分でも記憶がどうにもならないもどかしさや，これから先どうなるのかという不安などが，切々と書き込まれていた。普段の活動的な祖母の姿からは想像できないものであった。しかし，そのような苦悩の中にも，家族と共に幸せな日々を過ごせることへの感謝の気持ちが行間にあふれていた。

　『おむつを取り替えていた孫が，今では立派な中学生になりました。孫が成長した分だけ，私は年をとりました。記憶も段々弱くなってしまい，今朝も孫にしかられてしまいました。自分では気付いていないけれど，他にも迷惑をかけているのだろうか。自分では一生懸命やっているつもりなのに……。あと10年，いや，せめてあと5年，何とか孫たちの面倒を見なければ。まだまだ老け込むわけにはいかないぞ。しっかりしろ。しっかりしろ。ばあさんや。』

　それから先は，ページを繰るごとに少しずつ字が乱れてきて，判読もできなくなってしまった。最後の空白のページに，ぽつんとにじんだインクの跡を見たとき，僕はもういたたまれなくなって，外に出た。

　庭の片隅でかがみこんで草取りをしている祖母の姿が目に入った。夕焼けの光の中で，祖母の背中は幾分小さくなったように見えた。僕は，黙って祖母と並んで草取りを始めた。

「おばあちゃん，きれいになったね。」

　祖母は，にっこりとうなずいた。

（北鹿渡文照　作による）

7　海と空　―樫野の人々―

1　教材解説

① あらすじ：昭和60（1985）年イラン・イラク戦争のさなか，テヘランに取り残された邦人がトルコ航空機に救出された。その中の一人であった私は，何故トルコなのか疑問を抱いたまま20年が過ぎ，その理由が明治23（1890）年に紀伊大島の樫野埼沖で座礁したエルトゥールル号遭難事故にあること知った。紀伊大島のトルコ記念館を訪れた私は，樫野の人々が献身的にトルコ人救出に当たった事実を知り，長年の疑問が氷解していくような気がしたのであった。

② 教材の読み
　(1)　生き方についての考えを深めるのは……私
　(2)　考えを深めるきっかけは……樫野の人々のトルコ人救出
　(3)　考えを深めるところは……イラン・イラク戦争での邦人救出とエルトゥールル号の遭難時のトルコ人救出がつながり，樫野の海を見ているところ

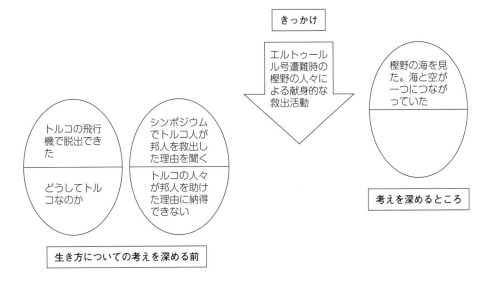

2　指導のポイント

①　イラン・イラク戦争時，テヘランにおける日本人救出にトルコが救援機を出したことについて，概要をわかりやすく説明できるようにしておく。

②　樫野の人々が，エルトゥールル号の乗組員を献身的に救出し，彼らの帰国を支えた理由を問い返し等により多角的・多面的に深く考えさせ，その中で国際貢献の核となる思いに触れさせたい。

③　日本とトルコのつながりが広く認知され，そのような友好的な関係が広まることが，国際理解，そして，世界の平和につがることを感じさせたい。

④　時間があれば，樫野のトルコ記念館に行くことや，エルトゥールル号の乗員救出とトルコ航空による邦人救出を描いた映画を見ることを勧めたい。

3　展開過程

	学習活動	発問と予想される児童の反応	指導上の留意点
導入		「今日のキーワードは，『トルコ』そして，『つながる』です。」	・トルコの位置等を簡単に紹介しておく。
展開	・範読を聞く。 ・教材の背景を理解する。		・教材を範読する。 ・イラン・イラク戦争時のトルコ政府による日本人救出について簡単に説明する。
	・私が，樫野に行こうと思った理由を考える。	私は，どうして樫野に行ってみなければと思ったのだろう？ ・トルコが親日的になったエルトゥールル号の事件のことがもっとわかる。 ・どうしてトルコが，自国民より日本人を助けたのか理由を知りたい。	・シンポジウムだけでは納得できない主人公の思いを共感的に捉えさせる。
	・遭難したトルコ人を助けた樫野の人々の思いを多面的・多角的に考える。	遭難したエルトゥールル号の乗員を，そこまでして救助した樫野の人々の「思い」はどんなものだったのだろう？ ・遭難した人（困ってる人）を放ってはおけない。 ・同じ人間だから，日本人・外国人の違いはない。 ・同じ海に関わる人だから放っておけない。 ・ちゃんと帰国してほしい。 ・日頃からこういう時は，助けようとみんなが決めている。 　㊀どうして決めてるの？ 　　・海に生きる人たちの使命。 ・トルコの人を助けることは，国のためになる。	・さつまいも，ニワトリ等すべての食料を提供したことに注目させ，なぜそこまでして救助するのかについて深く考えさせたい。 ・「当たり前じゃ……。わしらもトルコの方も一緒じゃ」にも注目させたい。
	・つながる海と空を見ている私の思いを考える。	水平線で一つになる，（つながる）「海と空」を見ながら，私はどんなことを考えていただろう？ ・困っている人，苦難に遭っている人を助けることは当たり前のことなんだな。	・「百年以上も前だったのねえ」という言葉に注目させながら考えさせる。

	・海と空での救出は別だけど，思いは同じなんだな。 ・人間の思いは万国共通なんだな。 ・百年経っても，世話になった国，人を助けようとする思いは変わらない。 ・この二つの出来事が，二つの国のつながり，絆を強めた。 ・日本とトルコの友好がずっと続いてほしい。 ・このような関係が世界に広まればいい。	・海（エルトゥールル号遭難の救助活動）と空（トルコ航空機による日本人救出）という表現から想像させて考えさせる。
終末	・感想を書く。		・感想を書かせる。

4　板書記録

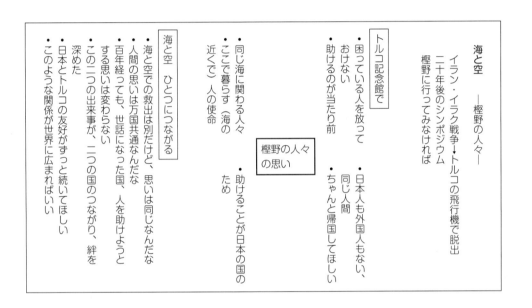

5　授業記録〈中心発問より〉

T：どうして，樫野の人々は，トルコの人をここまでして助けたのでしょう？

S1：困っているから。

S2：困ってる人を放ってはおけない。

S3：助けるのがあたり前。

T：でも，どうしてここまでするの？　食料も全部出して，いざという時のニワトリとかも食べてもらうとか言ってるけど……。

S4：見捨てておけない，死んでしまうかもしれない

S5：元気になってもらわないと，無事に帰ってもらえない。自分たちのというのもあるけど，こういう時のためのニワトリ。

T：けがをした外国の人が急に現れてびっくりするけど，きちんと助けてるし，

灯台の下まで降りていって助けてるよね。どうして，ここまでできるのかな？

S6：外国人も日本人もないし，ケガしたら誰でも同じ。

S7：同じ人間だから，助けるのが当たり前。国籍とかは関係ない。

S8：そんなにケガしてる人を見て助けないなんていうことはできない。見捨てたら人間としてダメだと思う。

T：確かにそうだね。でもここまでできる？　樫野の人の思いはそれだけかな？そんなに豊かな所でもないと思うけど。自分たちも食べ物に困ることもあるんじゃないかな。

S9：貧しいから，苦しいから，困ってる人の思いが分かるし，互いに助けあう気持が強い。

S10：自分たちも海のそばに住んでるし，同じ船乗りさんを見捨ててはおけない。

T：なるほど，海の人のつながりだね。他はどうかな？

S11：自分たちは海の近くで住んでるし，こういう時は助けなければならないと思っている。

S12：やっぱり助けるのはあたり前だし，ケガしてる人を見たら，助けようとするだろうし，そういう，あたり前という思いが樫野には昔からあったと思う。

T：こういう色んな思いがあって，特に，困ってたら，分け隔てなく助けるという思いが樫野には受け継がれてきたのかな。こういう思いを知って，水平線で一つになっていた「海と空」を見た時，私はどんなことを考えていたんでしょうね。

S6：この樫野の人々の思いがあったからこそ，トルコが救出のための飛行機を出してくれたんだなと思う。海が樫野で，空がトルコの飛行機ということだと思う。

S10：100年経っても，世話になった国，人を助けようとする思いは変わらないのはすごいなあと思う。

T：そうやね，100年前のことが，トルコの中にずっと残っていたんだね。

S4：今度は，トルコになにかあったら，日本がまた助けなければと思う。

T：そうやね，またそういうことがあるかもしれないね。

S13：日本とトルコのこんな関係がずっと続いてほしいと思う。

S14：こういう日本とトルコみたいな関係が，他にもあったらいいし，そうなったら世界も平和になる。

S15：日本人，外国人とかじゃなく，人間として助けていくことが，この空と海が一つになるということになっていくと思う。

T：なるほどね。ほんとにそうだね。今日は，このトルコと日本のつながりや，そのきっかけになった出来事からいろんなことを考えることができましたね。

6　生徒の感想

・日本とトルコのつながりがよく分かった。100年たっても日本から受けた恩を忘れず，それをかえすトルコってすごいなと思った。話をきいたら，飛行機に乗れるのは日本人で，トルコの人が脱出するのは，陸からだった。それも日本に対して特別なんだなと思った。

・樫野の人の思いが色々考えられてよかったと思う。みんなの意見を聞いていてなるほどなということがあった。自分たちが貧しくても，相手が外国の人であっても，ケガをしたり，命が危なかったりしたら，そんなこと関係なく助ける。同じ人間，同じ地球人として助けるということが，すばらしいことだなと思った。

・人を助けるということは，あたり前だと思っていたけれど，「どうして，ここまでするの？」と聞かれて答えに困ったし，しっかり考えました。先生の話を聞いたり，物語について考えていくうちに少し感動しました。そして，樫野の人たちが，ありったけの食料を出したのも，これがあたり前と思ってやったことが，トルコの人たちにとどいて，100年間もそれが残っていてすごいと思いました。

・日本とトルコがこんなに深くつながっていたなんてはじめて知った。それに関係している二つの出来事も詳しく知れてよかった。樫野の人の行動が，日本とトルコがつながるきっかけになったということだけど，樫野の人の当たり前が，難しいとは思うけど，どこでも当たり前になったら，世界で，国同士がもめたりすることはないんじゃないかなと思う。

・海と空がそれぞれ難破した船とそれに乗っていた人の救出と，日本人の救出に使われた飛行機というのが面白かった。それがつながるのはなんなんだろうと思うと，それは，同じ人間として，助けあう気持ちなんだと思う。そういうことを忘れないように，この話がずっと残って，語りつがれていったらいいと思う。大きくなったら，トルコ記念館にも行ってみたいと思った。

7　掲載されている教科書

『中学道徳2　とびだそう未来へ』教育出版
『中学道徳　あすを生きる　2』日本文教出版
『中学生の道徳　自分をのばす　3』あかつき教育図書
『道徳 中学校3　生き方を創造する』日本教科書

海と空 —樫野の人々—

「助かった。」

　救援機の車輪がテヘラン空港の滑走路を離れた瞬間，私は「ああ，やっと戦禍のテヘランを離れることができた。」と実感した。周りを見ると家族連れの多くは抱き合って泣いている。

　昭和60（1985）年3月，イラン・イラク戦争のさなか，イラン在留の日本人たちは，テヘランから脱出しようとしていた。しかし，テヘラン空港に乗り入れていた各国の航空機は自国民を優先するため，日本人の搭乗の余地はなかった。私を含め日本人の全てが不安とあせりの中にいた。その緊迫した状況の中で救いの手が差し伸べられた。トルコ政府が取り残された日本人救援のために飛行機を出してくれたのだ。こうして私を含めた216人が無事脱出できた。危機一髪だった。

　なぜトルコ政府が救援機を出してくれたのか。なぜトルコだったのか。この疑問を持ったまま，20年近くもたったある日，偶然，「イランからの脱出〜日本人を救出したトルコ航空〜」というシンポジウムがあることを知った。私は次の日曜日，予定を変更して，電車を乗り継いでM市へ出掛けた。

　シンポジウムでは，トルコ政府が，飛行機を出してくれた背景に，トルコ人が親日的であることが強調されていた。そして，トルコ人が親日的になった第一の理由として，エルトゥールル号の遭難者を救助した樫野の人々の話があることを知った。

　しかし，親日的であるということだけで，あの危険な状況の中で，自国の国民よりも優先して日本人の救出に当たれるものだろうか。シンポジウムを聞いても，私の疑問は完全には解消しなかった。どうしても樫野に行ってみなければ，エルトゥールル号遭難の顛末を知らなければならないと思った。

　和歌山県串本の向かいの大島に樫野はある。今では，巡航船ではなく橋が架かり車が行き交う。私が妻と一緒にトルコ記念館を訪れたのは春の暖かい日だった。

　展示室は思ったよりもこぢんまりしていて，エルトゥールル号の説明，写真や手紙などをじっくりと見て歩いた。しかし，まだ私は納得できず，いささか失望の思いで展示室を出ようとしたところ，出口のところに，分厚いファイルが置いてあることに気付いた。手に取ってみると，『難事取扱ニ係ル日記』と記されている。当時の大島村村長の沖周がエルトゥールル号遭難の経緯と事故処理について書きつづったものだった。ページをめくってみると，旧字体と片仮名を使ったもので，読みやすいとは言えなかったが，何か分かるかもしれないと思い日記を読み始めた。

　しばらく読みふけり，ふと目を上げたとき，館長が声を掛けてきた。
「随分と熱心に御覧になっていますね。」

「最初は商船だと思っていたのですね。軍艦だと知って驚いたでしょうね。救助活動
　としかるべきところへの連絡，事故処理等すごいですね。」

　館長は，何かの研究かと尋ねてきたので，私は，イランからの脱出と，シンポジウ
ムのことを話した。

「そうですか。大変な思いをなさったのですね。」

「でも，まだ何だか分からないのです。なぜトルコの救援機が危険を冒してまで日本
　人を救出してくれたのか。」

　館長は，私の言葉にうなずいた。

「私も，沖日記を読みました。そうした公的な記録と共に，エルトゥールル号遭難時
　の樫野地区の様子を伝える話もあります。おじいさんやおばあさんから直接，トル
　コ人救出の話が伝わっているのです。」

　あれは，明治23（1890）年9月16日夜のことでした。この大島は串本に近い大島地
区，中部の須江地区，そして東部の樫野地区の三つの地区からなっていました。その
東部の先に樫野埼灯台というのがあります。話はその灯台から始まったのです。

　樫野崎灯台の入り口の戸が激しくたたかれた時，時計は夜の10時半を指していまし
た。当直の乃美さんが，扉を開けると暴風雨の中から一人の外国人が倒れ込んできま
した。乃美さんはびしょぬれの外国人を抱きかかえて中に入れ，明かりの下でみると，
服はあちこちが裂け，顔も手足も傷だらけでした。急いで同僚の瀧沢さんを呼びまし
た。二人の灯台職員に外国人は，身振り手振りで盛んに何かを訴えます。瀧沢さんは
その様子から，海難事故であると分かりました。それで，奥の部屋から万国信号ブッ
クを持ってきてページを繰りながら尋ねました。

「どこの国ですか。」

　その男は，しっかりと赤地に三日月と星の国旗を指差しました。それはトルコの国
旗でした。

　瀧沢さんは，用務員を樫野地区の区長のもとに走らせるとともに，自身はその男の
手当をし始めました。そうこうするうちに，次々と助けを求めるトルコ人たちが灯台
にやってきました。

　他方，トルコ船の遭難の知らせを受けた樫野の人々は，急いで灯台下の断崖に向か
いました。恐怖と疲労のあまり口も聞けないトルコ人を，樫野の人々は，両側から支
え，歩けない者は背負い，灯台と樫野の村に運び込んだのです。

　樫野の人々は，村の家々から浴衣を集めて，トルコ人のぬれた衣服と取り替えさせ
ました。でも，なかなか冷えた体の震えは止まりません。樫野の人々は，一晩中，手
や足，背中と体中をこすって温め続けたそうです。

　朝までに69人のトルコ人が救助されました。

　困ったのは，食料でした。樫野地区の人たちは海に出て漁をしていたのですが，こ

の年，漁獲量が減っていましたし，米の値段も上がっていました。だから蓄えた食料もほとんど無かったと言っていいと思うのです。

　ところが，樫野の人々は，トルコの人たちにありったけの食料を提供しました。

「これでサツマイモは全部だな。」

「ああ，畑には何にも残っとらん。」

　その時，一人の長老が穏やかに，しかし力強く言いました。

「トルコの方は大勢いなさる。畑のものだけでは足りんから，みんなの家のニワトリをさばくことになるが。……みんな，ええな。」

　即座に，赤銅色に日焼けした男が太い声で答えました。

「当たり前じゃ。いざという時のために飼っとるニワトリじゃ。わしらもトルコの方も一緒じゃ。食べてもらおうや。」

「そうや，そうや。元気に御国へ帰ってもらいたいからなあ。」

　非常用のニワトリを差し出すことに，誰一人たりとも難色を示すものはいません。

「樫田さん，コックの腕の見せ所や。頼むで。」

「いやあ，この年で，お役に立てるとは。おかあちゃんたちも手伝うてや。」

　樫田さんは，以前に灯台に勤めていた英国人のところでコックをしていたことがあり，専ら調理を引き受けました。ニワトリを追いかけ捕まえる人，サツマイモを洗う人，火をおこす人，椀を運ぶ人，樫野の人々の心尽くしの洋食がたっぷりと振る舞われ，負傷者は元気を回復していきました。

　この後，樫野地区の畑には，一個のサツマイモも無く，家に一羽のニワトリも無かったということです。

　エルトゥールル号は，トルコ皇帝の命を受けて，答礼として明治天皇に親書と勲章を贈呈するためにやって来ていました。無事任務を果たした特使オスマン・パシャー行を乗せたエルトゥールル号が樫野埼灯台下で遭難したのです。樫野の海から生還した69人は，明治政府の計らいにより軍艦「比叡」と「金剛」によって，無事トルコに送り届けられました。しかし，大多数の乗員は故郷へ帰ることはかなわず，水平線の見える樫野崎の丘に手厚く埋葬されたのです。

　トルコ記念館を出た妻と私は，海を右手に見ながら樫野の丘に続く小道をたどった。

「100年以上も前だったのねえ。」

「そうだったんだなあ。」

　私の脳裏には，イランからの脱出のこと，先日のシンポジウムのことなどが脈絡もなく浮かんでいた。

　故国を遠く離れた異境の地で，しかも荒れ狂う嵐の海で，生死を分かつ危機に遭遇したトルコの人たちと，テヘランの空港で空爆の危機にひんした私たち日本人とを重

ね合わせてみた。

　私たちは国際的規模の相互扶助によって助けられたことは確かだ。樫野の人々は，ただ危険にさらされた人々を，誰彼の別なく助けたかったに違いない。その心があったからこそ，100年の時代を経ても色あせることなくトルコの人々の中に，親日感情が生き続けているということであろう。トルコが救援機を出してくれたのも，危機にひんした人々をただ助けたいと思ったからに違いない。私は長年の疑問が氷解していくような気がした。

　私は，樫野の海を見た。

「海と空」

　それが水平線で一つになっていた。

8　樹齢七千年の杉

① 主題名　自然愛護　D−⑳
② ねらい　屋久島で「縄文杉」と出会った筆者の感動を通して，自然の崇高さを知り，自然環境を大切にすることの意義を理解し，進んで自然の愛護に努めようとする道徳的心情を育む。
③ 出　典　『中学生の 道徳 自分を考える ２』あかつき教育図書

1　教材解説

① あらすじ：屋久島に滞在中，筆者（椋鳩十）は樹齢七千年という木の発見者に案内され，「縄文杉」に会いに出かけた。山の魅力を感じながら細い道をゆっくり歩き，翌日，「縄文杉」までたどり着いた。子孫を残すための実をびっしりとつけ，目の前にどしんと立っている老木を見て，筆者は「七千年の命が，音立てて燃えているわ。すごい。」と思わずつぶやいた。すごいというよりも，素晴らしいと思った。死の瞬間まで，命を，ほうほうと燃やす。美しい生き方だと感じた。

② 教材の読み
(1) 生き方についての考えを深めるのは……筆者（椋鳩十）
(2) 考えを深めるきっかけは……子孫を残すための実をびっしりとつけ，どしんと立つ老木
(3) 考えを深めるところは……「七千年の命が，音を立てて燃えているわ，すごい。」

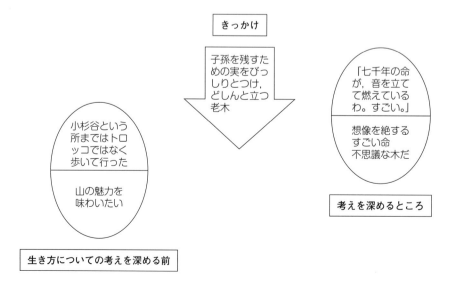

2　指導のポイント

① 　導入は時間をかけず，道徳的価値にあえて触れない。授業のめあてとして，道徳科の授業は「人間の魅力」（その人の素敵な，かっこいい心）を考える時間だと説明しておく。

② 　登場人物，内容確認は，板書で整理しながら教員が説明する。屋久島や縄文杉の写真を利用する。ここもできるだけ時間をかけず，中心発問以降に時間を確保する。

③ 　中心発問とその問い返しに時間をかける（25〜30分，全員発表をめざす）。発問に対し，4人までのグループを利用し，できるだけ書かずに対話を重視する。発表もグループの代表ではなく，班員全員に発表させる。

④ 　筆者（椋さん）が縄文杉と出会った感動の正体を考えさせる。中心発問で，何（What?）に感動したのか。問い返しの発問で，そのことでどうして（Why?）感動するのか。個別に問い返すのではなく，中心発問で出た意見（必ず要点を板書）をまとめ，全員に問い返す。

⑤ 　展開の最後に，縄文杉が現在保護されていることの理由を問い，自然をコントロールできない人間が自然を護ることなどできないのではと問返すことにより自然に対する人間の姿勢を考えさせる。終末で，導入で提示した「人間の魅力」を問うことで，今日学んだことを整理（集約・収束）させる。

3　展開過程

	学習活動	発問と予想される児童の反応	指導上の留意点
導入	・授業の目的を把握する。	道徳の時間は何をする時間？	・「人間の魅力」を考える時間だと説明するに留め，時間をかけず軽く扱う。
展開	・範読を聞く。 ・教材の概要を理解する。 ・縄文杉と出会った椋さんが何に感動したかを考える。	・屋久島で樹齢七千年の「縄文杉」と出会った筆者の感動。 ・杉の生き方が素晴らしい，美しいと感じた。 縄文杉と出会った椋さんが感動したのはどういうところだろう。 ・どしんと立って，胴回りも大きい。 ・想像を絶する大木。 ・峰吹く風に，ごうと音をたて，大自然の神と会話している。 ・大自然の奥深さを象徴する不思議な存在。 ・七千年の命が，今も，脈々として息づいている。 ・俗世間の中に，ひたり込んで生きている。 ・さわったら指先が青く染まるほど，葉が新鮮に光って	・教材を範読する。 ・内容理解は説明だけに留める。 ・最初，生徒は教材に描かれていることを発言すると思われるが，問い返しの発問や補助発問により，感動の理由を深く考えさせていきたい。

		・いて，若々しい。 ・老木なのに枝という枝に，子孫を残すための実がびっしりとついている。 ・ほうほうと命の火をもやして，今も生きている。 ・現世を，力いっぱい生きている。 ・七千年の命が，音をたてて燃えている。 ・死の瞬間まで実をつけ子孫を残そうとするすごさ，素晴らしさ。	
	・椋さんの感動に共感し，感動した理由を感じる。	補 椋さんは，それで，なぜ感動するの？（What?） 　・死の瞬間まで命の火をほうほうと燃やす生き方が凄いから。美しい生き方だと感じたから。 　・七千年も生きていて，さらに子孫を残そうとする力強さがあり，なお命の火を燃やしてるから。 　・倒れる瞬間まで命を最後まで使い切ろうとするその力強い気持ちと子孫を残そうとする心。 　・人間の一生と比べたら，比較できない程長生きだから。その巨大さに比べ，人間がちっぽけに見えるから。これだけのものを人間が造ろうと思ってもできないから。 　・人間の力をはるかに超えた自然の凄さだから。 　・自然は人間の力をはるかに超え，その生き方を美しいと感じさせるのが素晴らしい。	・縄文杉の生き方から自然が人間の力を超えた存在であることを実感させる。 ・生徒の反応に対し，さらに「それで，何で感動するの？」と問い返すことにより感動の中味を突き詰めて考えさせていく。
	・自然に対する人間の姿勢を考える。	縄文杉は囲われ保護されています。それはなぜ？ ・自然は人間が護らなければ残らない。 　返 自然を完全にコントロールできない人間が護ることなどできるの？ ・人間の力を超えたものだからこそ大切にしたい。 ・自然と人間は共存しないといけない。	・自然と人間の関係を捉えさせる。
	・今日の人間の魅力を考える	今日の「人間の魅力」は何だろう。 ・自然の素晴らしさを知り，それに感動できる心。 ・限りある生命（自然），かけがえのない生命（自然）を大切にする，護ろうとする心，愛する心。	・自然の素晴らしさ，凄さを感じられる人間の魅力を捉えさせる。
終末	・文章化する。	・言えなかったこと　・感じたこと　・考えたこと ・人間の魅力　など	・道徳ノート（感想用紙）に記入させる。

4　板書記録

樹齢七千年の杉

筆者（椋さん）　屋久島で縄文杉に出会う
・凄い命　　・不思議な木
・素晴らしい。　美しい生き方と感じる

何に感動した？
・たくさんの根をめぐらせて堂々と生きているところ
・想像していたより大きいこと
・思ったよりも緑が凄かった。　・大きさや、美しさ
っしりとつけている　　　子孫を残すための実を、び
・ごうごうと風になびいている音、騒がしい音
・死の瞬間まで命の火をほうほうと燃やす美しい生き方
・大自然の奥深さを象徴する不思議な存在

それでなぜ感動する？
・自分もこういう生き方をしてみたい→最期まで命の火を燃やす
・自然が好きだから
・不思議な木と思ったから（こんなに生きていること、七千年も生きている木を見たのが初めてだから）
・こんなに勇ましい木を見たのが初めてだから
こんな生き方をしてみたい→死ぬまで命の火を燃やす
・堂々とした生き方
・人間のちっぽけさを感じ、同時に自然の偉大さを感じた
・七千年も生きていて、普通の木みたいに元気だから
・自然が人間と比べて凄いから。生き方が美しいから。不思議だから。自然の偉大さを感じたから
・人間以上に逞しく生きている
・自然がどれだけ大きいかが初めて分かった

人間の魅力
・自然の凄さに感動できる心
・自然を護り、一緒に生活しようとする心　・自然を敬える心
・色々感動でき、感動に感動をかさねられること

5　授業記録〈中心発問より〉

T：縄文杉と出会った椋さんが感動したのはどういうところだろう。椋さんは、縄文杉の何に感動したの？

　　（4人班で1分程度話し合い、挙手のあった班毎に班員全員が発表）

S1：たくさんの根をめぐらせて堂々と生きているところ。

S2：七千年も生きているから堂々としている。

S3：想像していたより大きいこと。

S4：大きさや、美しさ。

T：次のグループは？　何に感動したの？

S5：思ったよりも緑が凄かった。子孫を残すための実を、びっしりとつけている。

S6：ごうごうと風になびいている音。騒がしい音。

S7：死の瞬間まで命の火をほうほうと燃やす美しい生き方。

S8：大自然の奥深さを象徴する不思議な存在。

T：さあここから道徳が始まります。椋さん、それで、なぜ感動するの？

S7：自分もこういう生き方をしてみたいから。

T：こういうって、どんな生き方？

S7：いっぱい生きる。最期まで命の火を燃やす。

S8：自然が好きだから。

S9：自分より何倍も生きているから。

S10：不思議な木と思ったから。こんなに生きていることが。こんなに大きい木を，七千年も生きている木を見たことがなかったから。

S10：こんなに勇ましい木を見たのが初めてだから。

S11：私もこんな生き方をしてみたいから。

　T：こんなって，どんな生き方？

S11：死ぬまで命の火を燃やす生き方。

S12：こんな生き方をしてみたいから。堂々とした生き方を。

　T：さあ，どうしてこんな生き方をしたら感動するの。椋さん，それで，何で感動するの？

S13：七千年の命を目の当たりにしたことで，人間のちっぽけさを感じ，同時に自然の偉大さを感じたから。

　　　（教室がざわつく。えっ凄いなぁ～。）

S14：七千年も生きていて，普通に葉っぱが緑で，木の実をいっぱいつけていて普通の木みたいに元気だから。

S15：……。

　T：いいよ。答えを出すことが道徳じゃないから。こうやって考えることが道徳をするってことだからね。

S15：自然が人間と比べて凄いから。生き方が美しいから。不思議だから。自然の偉大さを感じたから。

S16：人間以上に逞しく生きているから。

S17：人間がどれだけ小さいのか，自然がどれだけ大きいかが初めて分かったから。

S18：この偉大さは，最期まで，死ぬまで実をびっしりつけ子孫を残そうとしていること。いつまでも元気だから。

　T：自然の凄さは分かった。現在，縄文杉は囲われ保護されています。なぜ護られているのだろう？

S19：護らないと枯れてしまうかもしれないから。

S20：人間が護らないと残らないから。

　T：人間は自然を護ることができるの？　コントロールできるの？　自然災害など人間の力を超えているのが自然じゃないの。

S21：コントロールはできないけど，護ることを努力することはできる。

S22：護れないかもしれないけど，自然と人間が一緒に生きることを考えることはできると思う。

　T：それでは今日の道徳で感じた「人間の魅力」は何だろう。

S23：自然の凄さに感動できる心。

S24：自然を敬って感動できる心。

S25：自然を護ろうとする，自然と一緒に生活しようとする心。

S26：人それぞれ色々感動でき，それらの感動にさらに凄いと感動できる心。

6　生徒の感想

・七千年生きた老木は，人間とは比べ物にならないくらい生きてきた木だから，その木を見たとき自然の大きさを感じて感動したのだと考えた。人間はいろいろなことを感じて考えることができる。これは全ての生物ができることではない。だから自然は人間が守っていかなければならないと思った。

・人間のように自由に動けない。しかし誰かに頼らず，自分の力で自分を発展させ続けている縄文杉にとても感動したのだと思う。人間の魅力は，大自然に対して感動することが出来る，尊敬することができるところだと思いました。しかしその大自然もなくしてしまうのも人間。だからこそ，その大自然と人間は共存していかなければならないと感じました。

・ぼくが感じた人間の魅力は，自然のたくましさ，生命力，偉大さなどを敬って感動できる心を持っていることです。そして自然は人間の力をはるかに超えた存在だからこそ，人間が護っていかなければなくなってしまうと感じました。

・人と人も支え合っているけど，人と木も支え合っているかもしれない。自分はそう思った。歴史の長さは努力の長さ。自然と何か語り合わせて感動するのが「人間の魅力」。最近とかでも木のありがたみを感じる。木に感謝。

・伐りつくされた小杉谷の杉と縄文杉との生きた差はかわらないけど，1つひとつ違う木が1つひとつ違う魅力を持っているんだから，自然を護らないのはよくないと感じた。自分たち人間からしたら，七千年も生きるのはありえないことだし，自然にしかない魅力なんだから，大切にすべきだろうと考えた。

・椋さんは迫力があって自分より長生きしている木に歴史を感じて感動した。人間の魅力とは，私は自然のこと（生きていないものも含め）に向き合って，感動できることだと思う。そして自然を大切にしていこうと思っていることだと思う。人間の力では守れないって分かっているのに全力で守ろうとするところも魅力だ。

7　掲載されている教科書

『中学道徳　あすを生きる　2』日本文教出版
『中学生の道徳　自分を考える　2』あかつき教育図書

樹齢七千年の杉

　屋久島に滞在中，私は，七千年という，驚くほどの命の木の発見者岩川さんに案内されて，「縄文杉」と名づけられている杉に会いに出かけた。

　麓の町から，小杉谷というところまで歩いていった。営林署から，小杉谷までトロッコが出ていたが，山は，やっぱり歩かないと，山の魅力が薄れてしまう。

　密林の中では，さまざまな小鳥が，さえずっている。素晴らしい音が，光る雨のように，心の中に降り注ぐ。そんな声に，うっとりしながら歩いていくと，足元から，シカが飛び出す。ホー，ホーと鳴く若ザルを先頭に立てながら，谷を渡っていくサルの群れがある。おかしなもので，動物園で，サルや，シカを見かけても，たいして感動しないが，こうした自然の真っただ中で見ると，胸が，どきどきするほど，感動するものである。

　山の斜面の，至るところから，指2本ぐらいの幅で，水が流れ出ている。

　樹齢，3百年，5百年，千年という木の根の間を通って，湧き出してきた水だ。舌が，しびれるほど冷たい。水道の水と違って，味もよいが清洌だ。

　密林の中に，幹が，夕陽を受けているのではないかと思われるほど，赤く，つややかな木がある。ヤクシマサルスベリである。

　私は，こういう山の中の細い道を，ゆっくりゆっくり歩いていった。

　小杉谷までついたときには，夕方だった。

　小杉谷は，かつては，樹齢千年といわれる杉の宝庫であった。樹齢千年以上の杉が，何千本となくあったのだ。この谷だけで，九州の全営林署の財政をまかなうほどの杉がとれたといわれるほどだった。けれど，1974（昭和49）年に行ったときは，この谷の杉はきり尽くされていた。

　小杉谷から，樹齢七千年の「縄文杉」までは，3キロメートルほどだという。小杉谷から先は，道があっても，無いに等しいといったらよいほど険しいのだ。そういう密林の中の3キロメートルは，大変だ。だから，小杉谷に一泊することにした。

　朝早くたって，樹齢七千年の杉までたどり着いた。

　七千年といったら，日本の歴史でいうと，神代の頃にあたるであろうか。そんな時代から，生き続けていた木なのである。

　なんとまあ，すごい命だ。

　七千年の命が，私の目の前に，どしんと立っているのだ。

　胴回りの大きいこと。

　大人が，10人で，両手を広げて抱えても，抱えきれないであろう。

　胴回りは，10畳の間より大きいかもしれない。

　想像を絶する大木である。

　その大木が，峰吹く風に，ごうと，音立てている。

　七千年の老木が，大自然の神と，会話でも交わしているような音に聞こえるのであった。

　木といっても，七千年という命をもつ杉は，むしろ，大自然の奥深さを象徴する不思議なる存在といった感じだ。

　七千年の命が，今も，脈々として，息づいているのだ。

　なんとも，飛び抜けて，不思議な木だ。

　人間に例えたら，仙人の類であろうか。

　いやいや，仙人とも，根本的に違う存在である。

　仙人は，俗世間から，遠く離れた存在である。俗世界から超然とした存在である。

　ところが，この七千年の命の杉は，俗世間の中に，浸り込んで生きているのであった。俗世間から，超然として生きようなどと，毛頭考えていないようである。

　七千年の老木だから，その杉の葉も，枯れがれとしているだろうと思ったら，大間違いだ。

　触ったら，指の先も，青く染まるほど，その葉は，新鮮に光っているのだ。若々しいのだ。

　さらに驚いたことには，七千年の老木の枝という枝には，杉の実がびっしりと，ついているのであった。子孫を残すための実を，びっしりと，つけているのであった。

　七千年の老木といえども，ほうほうと，命の火を燃やして，今を生きているのだ。現世を，力いっぱい生きているのだ。

「七千年の命が，音たてて燃えているわ。すごい。」

と，私は，思わずつぶやいた。

　すると岩川さんは，

「何しろ，杉というやつは，すごい木でありますぞ。千年の杉でも，二千年の杉でも，倒れる瞬間まで，ちゃんと，杉の実をつけるんでありますで……。」

と言うのであった。

　すごいというよりも，素晴らしいと思った。

　死の瞬間まで，命の火を，ほうほうと燃やす。美しい生き方だ。

　こういう生き方なら，あの世に旅立つにも悔いがない。美しい旅立ちだ。

　死の瞬間まで，命を，ほうほうと燃やすということは，ことによると，お釈迦様やキリスト様の悟りと，似たようなものではなかろうか。と，樹齢七千年の「縄文杉」のかたわらに立って思うことであった。

（椋　鳩十　作による）

9　銀色のシャープペンシル

① 主題名　よりよく生きる喜び　D−⑫

② ねらい　友だちが落としたシャープペンシルを自分のものだと言ってしまったことから揺れることになる主人公の心情を通して，人間には自らの弱さや醜さを克服する強さや気高く生きようとする心があることを理解し，人間としてよりよく生きようとすることに喜びを見いだそうとする道徳的心情を育む。

③ 出　典　『中学校　読みもの資料とその利用3』文部省

1　教材解説

① あらすじ：偶然拾ったシャープペンシルを友だちに「とったのか。」と言われて，ぼくは，とっさに自分で買ったと嘘をつき，放課後，落とし主の卓也のロッカーにそれを突っ込んだ。夕食後，卓也から勘違いだったと謝罪の電話があり，ぼくは自分の顔が真っ赤になっているのを感じ，黙って家を出て歩き出した。突然，「ずるいぞ。」という声が聞こえた。東の空のオリオン座がまぶしいくらい輝き，何かとてつもなく大きいもののように思えた。ぼくは思い切り深呼吸し，卓也の家に向かって歩き出した。

② 教材の読み

(1) 生き方についての考えを深めるのは……ぼく

(2) 考えを深めるきっかけは……「ずるいぞ」と言う良心の声

(3) 考えを深めるところは……深呼吸し，卓也の家に向かって歩き出す

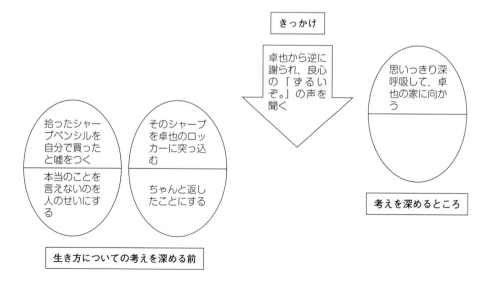

2　指導のポイント

①　導入は時間をかけず，道徳的価値にあえて触れない。授業のめあてとして，道徳科の授業は「人間の魅力」（その人の素敵な，かっこいい心）を考える時間だと説明する。

②　登場人物，内容確認（「ぼくのずるいところ」も含む）は，板書で整理しながら教員が説明するだけでもよい。できるだけ時間をかけず，中心発問以降に時間をとるようにする。

③　中心発問とその問い返しに時間をかける（25分から30分・全員発表をめざす）。発問に対し，4人までのグループを利用し，できるだけ書かさずに対話を重視する。発表もグループの代表ではなく，できるだけ班員全員に発表させる。

④　主人公のぼくが深呼吸し，向きを変え卓也の家に向かって歩き出す。自分で決断し，生き方を変える場面である。その決断の根拠を生徒としっかり考えたい。

⑤　展開の最後に深呼吸でぼくが「吸ったもの」「吐き出したもの」を問うことで，今日学んだことを整理（集約・収束）させる。特に「吸ったもの」が「人間の魅力」と同じことになる。意見はすべて受け止める。

3　展開過程

	学習活動	発問と予想される児童の反応	指導上の留意点
導入	・授業の目的を把握する。	道徳の時間は何をする時間？	・「人間の魅力」を考える時間だと説明し，時間をかけない。
展開	・範読を聞く。 ・登場人物を整理，概要を理解する。 ・ぼくのずるかった点を考える。	「ぼく」のずるいところはどこだろう。 ・「自分で買った。」とうそをついているところ。盗ったと思われたくなかったから。 ・「健二，変なことを言うなよな。」と友達を責めている。本当のことを言うタイミングを失ったから。 ・自分のことを棚に上げて，健二が悪い，卓也も卓也と人のせいばかりにしている。 ・卓也のロッカーにシャーペンを突っ込んだ。ちゃんと返したんだからいいだろうと思ったから。 ・卓也に謝られても本当のことが言えなかった。予想外の電話で急に何も言えなかったから。 ・合唱練習もさぼっていた。まわりも同じようなことをしていたから。 ・ずるさをごまかして，自分を正当化してきた。	・教材を範読する ・教材の概要を簡単に説明する。 ・主人公の持つずるさは自分の中にもあり，誰もが持っているものであることに気づかせる。

・ぼくの心の揺れに共感して，決断の根拠を考える。	何が「ぼく」を卓也の家へ向かわせたのだろう。 ・仲直りしたいと思った。 ・友情をこわしたくないと思った。 ・卓也を裏切っている自分が許せなくなった。 ・自分が卑怯に思えて，耐え切れなくなった。 ・弱い自分に気づき，変えたいと思い始めた。 ・自分の良心の存在。 ・星の光が自分の心の中を暗い（ダメな）心から明るい（正しい）心にかえた。 ・星の光の力が自分に力を与え，よりよく生きるように導いてくれた。	・主人公の良心の目覚めを捉えさせる。 ・生徒の反応に対し，「それはなぜ？」「それでなぜ卓也の家に向かうことになったの？」と問い返しながら，対話的に進め，人としての素晴らしさに気づかせていく。
・ぼくの心の変化を考える。	深呼吸とともに「ぼく」が吸ったもの，吐き出したものは何だろう。 [吸ったもの] ・素直さ　　・正直な気持ち　　・誠実さ ・人間の気高さ　　・まっとうな生き方 [吐き出したもの] ・心の弱さ，醜さ　　・自分のずるさ ・ウソで固めた自分の心	・主人公の悪かった点，良くなろうとする点を明確にする。
・今日の魅力を考える。	今日の「人間の魅力」は何だろう。 ・良心のめざめ　　・弱さの克服　　・友情 ・誠実　　・正直　　・人間の気高さ	・大切にする心（人間の魅力）を捉えさせる。
終末	・感想を書く。	・言えなかったこと　・感じたこと　・考えたこと ・人間の魅力　など
		・道徳ノート（感想用紙）に記入させる。

4　板書記録

5　授業記録〈中心発問より〉

T：何が「ぼく」を卓也の家へ向かわせたの？
　　（4人班で1分程度話し合い，挙手のあった班毎に班員全員が発表）
S1：本当の事を言わないとモヤモヤが続くから。
S2：「ずるいぞ」と聞こえて，罪悪感を感じた。
S3：卓也から謝りの電話があり，元気なく応え，本当にこれでいいのかと疑問に思った。
S4：自分が悪い事をしていたのに，悪くないことにしていたから，しっかりと説明して心に白黒つけたかったから。
T：白黒つけるって分かる？
S：はっきりさせたいということ。
T：そうですね。それでは，次のグループ。何が「ぼく」を卓也の家へ向かわせたの？
S5：申し訳ない。ぼくの方がずるいのに。
S6：卓也が謝ったから。
S7：自分が悪いと思ったから。
S8：罪悪感を感じたから。
T：えっ？　ちょっと待って，誰も得も損もしてないよ。ぼくはシャープを卓也へ返したし，卓也も戻ってきて文句を言ってないよ。黙っていてもいいのでは？
　　（挙手がある。）
T：何か言いたいようだね。
S9：ぼくはシャープを嘘までついて自分のものにして，ロッカーに突っ込んで返したことにして，卓也に謝罪してないから。
S9：卓也は自分のことを信じているのに，自分は嘘をついていて申し訳ない。罪悪感がある。
T：なるほど。他のグループはどう。何が「ぼく」を卓也の家へ向かわせたの？
S10：「ずるいぞ」という声。
T：「ずるいぞ」と言う声はどこからしたのかな？
S：なんか頭の中から。
T：本当に誰か言った訳ではないよね。さあ，何が「ぼく」を卓也の家へ向かわせたの？
S11：卓也は誤解したと謝ってくれたのに，自分は謝ってもいないから罪悪感が強くて，自分が嘘をついてごまかしているのに，卓也に謝られて自分も謝らない

と，と思った。

S12：やっぱり謝らないと，というモヤモヤが向かわせた。

T：このモヤモヤがあって，罪悪感があって，自分が悪い，これでいいのか，しっかり白黒つける，申し訳ない，自分も謝らないと，って思ったら，それで何で卓也の家へ向かうの？　こういうことを思ったら，何で卓也の家へ向かうの？（グループで1分程度話し合う）

T：こういうことを思ったら，何で卓也の家へ向かうの？

S13：自分が悪いのに，卓也に謝られるのはちょっとおかしい。本当の事を言わないと。

S14：罪悪感とか，自分が悪いとかいろいろ思っていて……。こんなふうに思っているのに卓也の家へいかないと自分の心に嘘をついているからダメだと思った。

S15：自分が悪いから，罪悪感がずっと残ってしまうから。罪悪感を消すため。

S16：罪悪感が一生残るからそれを消すため。自分が悪いと認めたから。

T：次どうですか。こういうことを思ったら，何で卓也の家へ向かうの？

S17：自分が悪いのに卓也に謝らせて，自分も謝らないとスッキリしない，心が晴れない。二度とこういうことをしないよう自分自身を変えたいため。

S18：今までは自分は悪くないとひとのせいにしていた自分を変えたいから。逃げていた自分を克服するため。

S19：申し訳ないとか，これでいいのかと思っているのに，謝らないのは自分でもおかしいと思っているから。

S20：自分でもおかしいと思っているから。このままの自分ではダメ。自分にけじめをつけたい。このままだとまた失敗してしまう。

S21：卓也は何も悪い事をしていないのに謝るのはかわいそう。

S22：全ての星が自分に向かって光を発しているように感じたのは，星が自分に向かって「おまえそれでいいのか，行かないとダメだ。」と語りかけているように感じたから。

T：なるほど。ところで，卓也の家に向かうとき「ぼく」は深呼吸しているね。深呼吸とともに「ぼく」が吸ったもの，吐き出したものは何だろう。空気以外で。

S23：吸ったものは「勇気」，吐き出したものは「恥ずかしさ」

S24：吸ったものは「覚悟」，吐き出したものは「ずるい心」

S25：吸ったものは「勇気」，吐き出したものは「自分は悪くないとひとのせいにした心」

S26：吸ったものは「自分が悪いという謝ろうとする思い」，吐き出したものは「自分の弱い心」

S27：吸ったものは「未来の自分」，吐き出したものは「過去の自分」

S28：吸ったものは「新しい自分」，吐き出したものは「古い自分」

　T：なぜで古い自分はダメなの？

S29：今のままではずるい。

S30：吸ったものは「人間としての誇り」，吐き出したものは「謝ろうかどうかという迷い」

S31：吸ったものは「自分の良心」，吐き出したものは「ずるい自分」

S32：吸ったものは「決意」，吐き出したものは「自分を正当化したこと」

S33：吸ったものは「謝る気持ち，勇気」，吐き出したものは「悪い自分，罪悪感」

S34：吸ったものは「新しい自分」，吐き出したものは「今までの自分，悪い気持ち，心」

　T：なるほど。全員発表できたね。それでは今日の人間の魅力は何だろう。

6　生徒の感想

・今日の授業は誰しもが感じた事のある話だと思いました。なぜなら，人間は嘘をつく生き物だと考えたからです。でも，後からくる罪悪感だったり，嘘をついたことを反省して，主人公のように謝れる人になれるといいなと思いました。良心は，人間にとって大切なものだと思います。悪い事をしようとしたりすると止めてくれる，自分にストップをかけてくれる存在だと思います。

・自分が悪いことをしたと気付いていても，認めて変わろうとする努力をしないと意味がないのかなと感じた。人には良心があって，それをきいて，自分の非を認め，変わろうとできるところが人間の魅力かなと思った。

・前の自分（悪）を捨てて新しい自分になるのが素敵だと思った。深呼吸をして卓也の家に謝りにいった「ぼく」を見て，自分ももしそんなことになったらすぐに謝りたいと思う。人間ってミスをすることもあるけど自分を見直して行動できるから，そこが人間のいいところだと思う。

・どんなに悪いことをしても罪悪感をもち，過ちをなんとかし，己の力でけじめをつけようと頑張り，努力することが人間の魅力。人間は過ちから逃げようとする時もあるけど，頑張って謝ろうという感情があると感じた。

・人間は自分の心の中で「いい事」を考えて，同時に「悪い事」を考えてしまうけれど，最終的には「いい事」を考える良心が勝つところが魅力だと思う。主人公が自分の良心に素直になれたところが素敵だと思った。

・自分の気持ちに正直になるって難しいことやなって思った。自分が間違ってるって認めることは難しいけど，認めた時，新しい自分になれるかなって思った。今日の道徳で自分の意見をいうのは苦手だけれど，いっぱい考えた。

7　掲載されている教科書

『新訂　新しい道徳Ⅰ』東京書籍
『中学道徳 1　きみが いちばん ひかるとき』光村図書出版
『中学生の道徳　自分を見つめる　1』あかつき教育図書
『道徳　中学校 1　生き方から学ぶ』日本教科書

銀色のシャープペンシル

　教室の机も並べ終えたし，あとは後ろにたまったごみをかたづけるだけだ。その時，ぼくは綿ぼこりや紙くずに混じって，銀色のシャープペンシルが落ちているのを見つけた。手に取ってほこりを払ってみると，まだ新しいし，芯も何本か入っているようだ。自分のシャープをなくしたところだったので，ちょうどいいやと思ってポケットにしまった。

　1週間ほどたった理科の時間。今日はグループに分かれ融点の測定を行う。グループには幼なじみの健二と，このクラスになって仲良くなった卓也がいる。健二は調子がよくてときどき腹の立つこともあるが，ぼくと同じバスケット部で，いつも冗談ばかり言っているゆかいなやつだ。その点，卓也はやさしくてぼくが困るといつも助けてくれる。対照的な2人だがなぜか気が合って，グループを作るといつも3人がいっしょになる。

　理科室に行くと，教科委員が実験器具を配っていた。ぼくは卓也が読み上げていく温度計の値を記録していく係だ。席に着くと記録用紙が配られ，ぼくは準備しようと筆入れからあの銀色のシャープペンシルを取り出した。その時だ。卓也がぼそっと，

「あれ，そのシャープ，ぼくのじゃ……。」

と言った。（えっ，これ卓也の。）と言おうとしたら，すかさず健二が，

「お前，卓也のシャープとったのか。」

と大きな声ではやしたてた。ぼくは「とった。」と言う言葉に一瞬血の気が引いていくのを感じた。

　ざわざわしていた教室が静まり返り，みんなが一斉にぼくの方を見た。ぼくはあわてて，

「何を言ってるんだ。これは前に自分で買ったんだぞ。健二，変なこと言うなよな。」

と言って，健二をにらんだ。健二はにやにやしているばかりだ。卓也の方を見ると，ぼくの口調に驚いたのか下を向いて黙ってしまった。しばらく教室全体にいやな空気が流れた。

　チャイムが鳴り，先生が入って来られ実験が始まった。ぼくは下を向いたまま卓也の読み上げる値を記録していった。卓也がぼくの右手に握られているシャープペンシルを見ているようで落ち着かなかった。早く授業が終わらないかと横目でちらちら時計を見た。でも，時間がぼくの周りだけわざとゆっくり流れているように感じた。本当のことを話そうと思った。でも，自分で買ったなんて言ってしまった手前，とても声には出せなかった。

　健二は相変わらずふざけて，班の女子を笑わせている。人の気も知らない健二にむしょうに腹が立ってきた。だいたい健二が悪いんだ。とったなんて大きな声で言うか

ら返せなくなったんだ。みんなだって人のものを勝手に使っているくせに，こういうときだけ自分は関係ないなんて顔をしている。拾っただけのぼくがどうしてどろぼうのように言われなくっちゃならないんだ。それに，卓也も卓也だ。みんなの前で言わなくてもよかったんだ。大切なものならきちんとしまっておけばいい。シャープペンシルの一本ぐらいでいつまでもこだわっているなんて心が狭いんだよ。

「実験をやめて，黒板を見なさい。」

　先生の声がした。右手はじんわり汗をかいていた。ぼくはシャープペンをポケットにさっとしまうと，みんなにわからないように汗をズボンで拭った。授業が終わると，ぼくは2人の前を素通りし，1人で教室にもどった。だれともしゃべる気にはなれなかった。

　授業後，健二が部活に行こうと誘ってきたが，ぼくは新聞委員の仕事があるからと，1人で教室に残った。だれもいなくなったのを確認すると，シャープを卓也のロッカーに突っ込んだ。これでいい，ちゃんと返したんだから文句はないだろうと，部活動へ急いだ。

　夕食をすませるとすぐに部屋にかけ上がった。勉強をする気にもなれず，ベッドにあお向けになり今日のことを考えていた。

「卓也君から電話。」

　母が階段の下からぼくを呼んだ。とっさに卓也が文句を言うために電話をしてきたのだという考えが浮かんだ。ぼくは何を聞かれても知らないで通そうと，身構えて受話器を取った。

「今日のことだけど，実はシャープ，ぼくの勘違いだったんだ。部活動の練習が終わって教室に忘れ物を取りにもどったら，ロッカーの木工具の下にシャープがあって。
　それに，本当のこと言うと，少し君のこと疑ってたんだ。ごめん。」

　卓也は元気のない声で謝っている。ぼくの心臓はどきどき音を立てて鳴りだした。

「う，うん。」

と言うと，ぼくはすぐに電話を切った。まさか卓也が謝ってくるとは考えもしなかった。自分の顔が真っ赤になっているのを感じた。だれにも顔を見られたくなくて，黙って家を出た。

　外に出ると，ほてった顔に夜の冷たい空気が痛いほどだった。ぼくは行くあてもなく歩き出した。卓也はぼくのことを信じているのに，ぼくは卓也を裏切っている。このままで本当にいいのかと自分を責める気持ちが強くなりかける。すると，もう1人の自分が，卓也が勘違いだと言っているんだからこのまま黙っていればいいとささやいてくる。ぼくの心は揺れ動いていた。

　突然，「ずるいぞ。」という声が聞こえた。ぼくはどきっとして後ろを振り返ったがだれもいない。この言葉は前にも聞いたことがある。合唱コンクールの時のことだ。ぼくはテノールのパートリーダーだったが，みんなも練習したくなさそうだったし，

用事があるからと言って早く帰って友達と遊んでいた。テノールはあまり練習ができないままコンクールの日を迎えてしまった。結果はやはり学年の最下位。ぼくはパートのみんながしっかり歌ってくれなかったからだと言いふらした。帰り道，指揮者の章雄といっしょになった。ぼくは章雄にも，「みんながやってくれなくて。」と言ったら，章雄は一言，

「お前，ずるいぞ。」

と言い返して走っていった。

　あのときは，章雄だって塾があるからと帰ったことがあったのに，人に文句を言うなんて自分の方がずるいんだと腹をたてていた。今度もそうだ。自分の悪さをたなに上げ，人に文句を言ってきた。いつもそうして自分を正当化し続けてきたんだ。自分のずるさをごまかして。

　どれくらい時間がたっただろう。ふと顔を上げると，東の空にオリオン座が見えた。あの光は数百年前に星を出発し，今，地球に届いているという。いつもは何も感じないのに，今日はその光がまぶしいくらい輝き，何かとてつもなく大きいもののように思える。

　少しずつ目を上げていった。頭上には満天の星が輝いていた。すべての星が自分に向かって光を発しているように感じる。ぼくは思い切り深呼吸した。そして，ゆっくり向きを変えると，卓也の家に向かって歩き出した。

（木下一　作による）

10　足袋の季節

① 主題名　よりよく生きる喜び　D−⑵

② ねらい　釣銭をごまかしたがゆえに良心の呵責に苛まれ苦悩する主人公が，老婆の死をきっかけに以後の生き方を変える姿を通して，人間には弱さや醜さを克服する強さや気高く生きようとする心があることを理解し，人間として生きることに喜びを見いだそうとする道徳的実践意欲を高める。

③ 出　典　『中学生の　道徳　自分を考える　2』あかつき教育図書

1　教材解説

① あらすじ：貧しさ故に小樽のおばに預けられた私は，冬の日，足袋欲しさに貧しい老婆から釣銭をだまし取る。その後，何年も老婆の前に立てず，良心の呵責に苛（さいな）まれる。ようやく就職が決まって初月給をもらった私は，果物かごを手に，汽車に飛び乗り老婆に会いに行くが，老婆はすでに亡くなっていた。私は，川に落としてやった果物かごが浮きつ沈みつ流れていくのを眺めながら，泣けて泣けて仕方がなかった。以後，私は深い後悔と老婆の「ふんばりなさいよ。」という言葉に支えられていく。

② 教材の読み

⑴ 生き方についての考えを深めるのは……私（筆者）

⑵ 考えを深めるきっかけは……老婆の死を知る

⑶ 考えを深めるところは……浮きつ沈みつする果物かごを眺めている

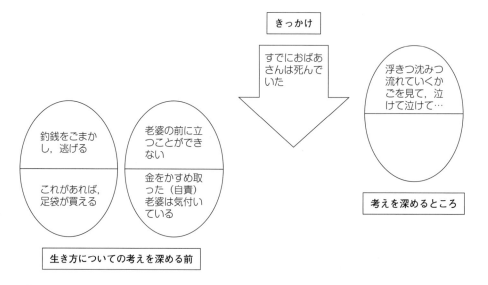

2　指導のポイント

① 道徳的問題の所在を明らかにすることが大切であろう。主人公が釣銭を間違えた老婆に「うん」と言ってしまった過失を道徳的問題としてとらえるのではなく，自らの過失を正すことなく，悪いこととわかりながら逃げ去ったことに道徳的問題の所在があることを押さえる必要がある。この場面が，以後の長い期間にわたる良心の呵責に苛まれることにつながるからである。

② 「死というものが，こんなにも絶対なものか」とはどういうことか，時間をとって生徒たちにじっくり考えさせたい。「死」ということを頭では理解していても，実際には想像しにくいものであろう。取り返しのつかないことをしてしまったという主人公の深い後悔から，生徒たちに自分や他者の言動の重さに気づかせ，自分を振り返るきっかけとなる可能性があると思われる。

③ 基本発問の第2問では，初月給で果物かごを手に老婆に会いに行った主人公の「謝ろう。」「お金を返そう。」「両親の呵責から解放されたい。」など様々な思いが，生徒の意見として出てくると考えられる。そして，中心発問を考えさせる際に，これらの板書した意見を老婆の「死」によってすべてできなくなったことを具体的に示すために，1つずつ斜線で消すことで視覚的にも理解させることができる。

④ 取り返しのつかない事をしてしまったという主人公の深い後悔の念から，より良い生き方をしようとする「人間の生き方」の転換点へと考えを深めさせたい。その後の主人公が苦しい状況にあっても踏んばれたという最終場面が，本教材の道徳的価値に関連しているからである。「人間としての生き方についての考えを深める」という点で重要なポイントと言えるだろう。

⑤ 寒さが想像できる季節に授業を実施したい。

3　展開過程

	学習活動	発問と予想される児童の反応	指導上の留意点
導入	・下駄と足袋を見て，昔の身なりを知り，寒さを想像する。	寒い冬はどんな寒さ対策をしていますか。 ・防寒着や防寒具　　・厚着　　・カイロ ↓ 昔の人は足袋と下駄，貧しい時は下駄や草履だけ	・実際に草鞋を見せると足袋を欲しがった主人公の思いが想像しやすい。
展開	・範読を聞く。 ・悪い事とわかりながら逃げ，甘えと自責の念に駆られる私の心	それからは，おばあさんの前に立つことができなかったのは，どんな思いからだろう。 ・悪い事と知りつつ釣銭をかすめとった（自責）。	・教材を範読（「落としてやった」の部分の読み方に注意）する。 ・釣銭をごまかした経緯を理解させた上で，主人公の自責の念を押さえる。

	情を理解する。	・返したくても，お金がなくて今さら返せない。 ・貧しいお婆さんをさらに苦しめてしまった。 ・お婆さんは，金をとったことを知っている。	
	・お婆さんに会いに行こうとする私の思いに共感する。	**どんな考えで，初月給をもらってお婆さんに会いに行ったのだろう。** ・謝ってお金を返せる。　　・ありがとうと言える。 ・本当の事を言って良心の呵責から解放されたい。 ・当時の事情を説明して，許してもらおう。 ・恩返しができる。 ・おかげで今の自分があると報告しよう。	・長い年月の葛藤であることに気づかせる。また，なかなか謝れないものであることを押さえる。 ・やっと良心の呵責から解放されるという主人公の思いに共感させる。
	・これからも後悔や自責の念を抱え続けるであろう私の辛さを理解し，共感する。	**流れゆく果物かごを見送りながら，涙にくれる主人公はどんなことを思っただろう。** ・なぜ，あの時正直に言わなかったのだろう。 ・もう，謝ることもお礼を言うこともできない。 ・お婆さん，許して。安らかに眠ってください。 補 お婆さんの死を知り，「死というものが，こんなに絶対なものか」とは，どういうことだろう。 　　　・取り返しのつかない事をしてしまったんだ。 　　　返 それまでは取り返しがつかないと思ってなかったの？　ずっと葛藤していたのではないの？ 　　　　　・亡くなっていると思ってないから，深さが違う。 ・一生償えないまま，罪悪感を抱えていくのか。 ・自分の気持ちをいつかは伝えられると思っていた自分は甘かった。 ・自分が償いたいと思った事がすべてできないなら，どうやって償えばよいのだろう。 ・お婆さんの「ふんばりなさいよ」という言葉にどうすれば報うことができるだろう。 ・これからはまっとうに生きていこう。	・積年の思いが全て表出されるため，後悔，感謝，追悼，無力感など様々な意見が予想される。すべて受容し，その考えの理由を尋ね共有する。 ・老婆の死により，主人公の思いがより深く重いものになったことに気づかせる。 ・老婆の思いを受け止め，よりよく生きようとする主人公の生き方にも触れられるよう工夫する。または，終末の感想で触れてもよい。
終末	・以後の私の生き方を考える。	**以後の主人公は，どんな生き方をしようと考えたのだろう。** ・どんなにつらい状況でも間違っていると思うことはしないでおこう。 ・お婆さんの優しさを受け継いで生きていこう。	・その後の主人公がどのような生き方をしようと考えたかを交流させたい。
	・感想を書く。		・感想を書かせる。

4 板書記録

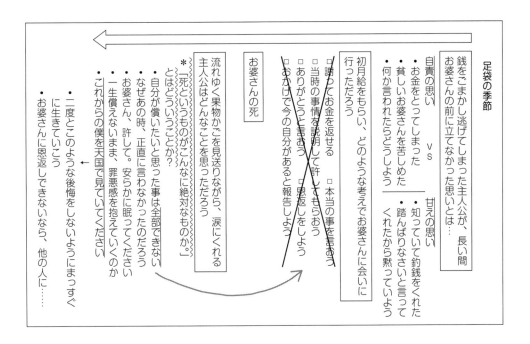

足袋の季節

銭をごまかし逃げてしまった主人公が、長い間
お婆さんの前に立てなかった思いとは…

自責の思い
・お金をとってしまった
・貧しいお婆さんを苦しめた
・何か言われたらどうしよう

vs

甘えの思い
・知っていて釣銭をくれた
・踏んばりなさいと言って
くれたから黙っていよう

初月給をもらい、どのような考えでお婆さんに会いに
行っただろう

□謝ってお金を返せる
□当時の事情を説明して許してもらおう
□ありがとうと言おう
□おかげで今の自分があると報告しよう

□本当の事を言おう
□恩返しをしよう

お婆さんの死

流れゆく果物かごを見送りながら、涙にくれる
主人公はどんなことを思っただろう

*「死というものがこんなに絶対なものか。」
とはどういうことか?

・自分が償いたいと思った事は全部できない
・なぜあの時、正直に言わなかったのだろう
・お婆さん、許して。安らかに眠ってください
・一生償えないまま、罪悪感を抱えていくのか
・これからの僕を天国で見ていてください

・二度とこのような後悔をしないようにまっすぐ
に生きていこう
・お婆さんに恩返しできないなら、他の人に……

5 授業記録

T：この主人公は初月給もらって，果物かごを手に汽車に飛び乗るようにしてお婆さんに会いに行くね。どう考えて会いに行ったの？

S1：嘘ついて罪悪感がずっとあったから，正直に言って気持ちを軽くしたかった。

S2：苦しかったから謝って，解放されたかったと思う。

S3：やっと自立したことを報告したかった。それと，ありがとうございましたって。

T：おー，報告。どんな報告？

S3：「ふんばりなさいよ。」という言葉に応えたよって伝えたいから。

S4：お詫びにいったと思う。

S5：今は月給でお金があるから，プラスして返そうと思ったと思う。

T：なるほどね。みんなが言ってくれたように，いろんな思いがあっただろうね。でも，亡くなっていたよね。そして，流れゆく果物かごを見ながら，泣けて泣けて……ってあるね。その時，主人公はどんな事を考えていたんだろうね。

S6：恩返しできないから泣いていた……。

S7：あの時，なんで謝らなかったんだろうって。

S8：嘘をついた時に，正直に言っておけばよかったって。

S9：お婆さんの気持ちをわかっていたのに，もっと早くに言っておけば……と思った。

S10：お婆さんの生きているうちに，自分の思いを伝えておけばって悔しがってる。

　T：そうですね。どう思って果物かご流したのかなぁ。

S11：なんで今頃来てしまったんだって思って……。

S12：もう渡せないし，流した。

S13：なんか……。追悼の感じかなぁ。

　T：わぁ，なんかすごいねー。追悼か……。

S14：何ていうか……果物といっしょに自分の甘えも流したと思う。

　　　（オーというどよめき）

　T：わー，甘えを流した……。

S15：（男子がつぶやくように，手も挙げずに）なんか，哀しいなぁ。

　　　（「○○ちゃんなんだぁ〜？」との突っ込みの声に，ドッと笑いの声が上がった。）

　T：え，何？　何が哀しいの？

S15：いや，自分のやったことを正当化することってあると思う。自分を慰めるというか，納得したいというか……。悪いことしたのに，正当化する人間の哀しさというか……。

　　　（「オー‼　○○ちゃん，すげー！」という反応）

　T：本当にすごいねー。私も，そんなこと考えなかったわ。

　T：じゃ，主人公はこの時，「死とはこんなに絶対なものか」と思ったってあるけど，これってどういう意味？　先生自身がわかったようで，よくわからない……。

S16：自分がしようと思ったことが何もできないってことじゃないの？

　T：何もって？

S16：もう，謝ることもできない。

（**T**：板書の「謝って解放されたい」の文字を線で消す。）

　　　それ以外に書いてあること全部できない……。

（**T**：「全部？」と言って線で消す。）

S17：謝るだけじゃなくて，怒ってもらうことも一緒に笑うことも何もできない……。

　　　（しばらく沈黙）

S18：死に真正面からぶつかったと思う。

　T：？？　それってどういうこと？

S18：誰だって死ぬって頭ではわかってる。でも，どこかで生きているって思っている気がする。だから，もうどうすることもできなくなってしまって，ガーンって感じで実感したんじゃないかな。

T　：なるほど。実感かぁ……。そうかもしれないね。すごい意見が出るね。でも，時間が迫ってきたから次に行かしてね。まだ，意見を言いたかった人は，感想文に書いてね。

　　　この主人公はさっきみんなが言ってくれたような思いをもってこれからも生きていくわけだけど，どんなふうに生きていったのかなぁ。

S19：ずっと後悔を背負うけど，お婆さんの言葉に励まされながら，後悔しないように生きていくと思う。それと，自分の体験を人に伝えていくと思う。

S20：なんか，お婆さんの優しさも感じたけど，主人公の弱さも感じたから，この人はお婆さんの優しさで強く，人には優しくなれると思う。

　　　（以後，略）

6　生徒の感想

・この主人公は，これから一生その罪悪感と生きていくけど，反対にそのことに対する強い決心がもてたと思う。この主人公は，このことを通して人にすごく優しく思いやりのある人生を生きていくのではないかな。その優しさは，おばあさんから受け取った思いだと思う。

・「すごく悪い事をしたなぁ」という思いがあって，すごく人の大切さを感じたと思います。この後悔はずっと忘れられないと思った。いつも心のはしっこにある消したくても消せない過去だと思います。だから，この経験を大切にして生きていけるのだと思います。

・受けた恩は返さなくてはいけないけど，それができなくなってしまった。だから，その恩を周りの人に広めていかなくてはならない。おばあさんの優しい心を伝えていくのだと思った。「人の優しさを知り，その優しさを周りの人に与えてあげられる人になりなさい。」という意味で，この少年にはこういう道ができたんじゃないかと思う。（中略）少年はおばあさんに会いに行こうと思った時点で，もう「優しい心」が芽生えていたと私は思う。

・普通だったら，この主人公はおばあさんに昔のお礼を言い，謝罪し，報告できたかもしれないが，おばあさんが死んでしまった今となっては，もう会うことすらできない。感謝の気持ちを伝えることも，形で表現することさえも難しくなってしまった。ここで，僕は思いました。なにも，会って伝えることだけが感謝の気持ちを表現することではないと。会って伝えることができたならそれが最善だとは思いますが，その芯にあるもの，良い行いを伝承していく。このことこそが，その人の意志，または遺志を引き継ぎ，感謝の気持ちを表せる一種の形なのではないかなと思いました。

・「わたし」が恩返しや謝罪をしたいといくら思っていても，死という絶対的な存

在にはばまれて，「わたし」の心は真っ暗になったと思う。でもその中で，お婆さんのような美しい心を持とうとすることが光につながると思うことで，「わたし」は絶望の中に一筋の希望を見たと思う。

・後悔ということが改めてわかった気がした。一度死んだらもう戻ってこなくて，謝罪の気持ちも伝えられずにいた。後悔をしない方がいいと思うけど，後悔してから気づくことが多いと思うから，後悔の連続で人は大きくなっていくんだと思う。

7　掲載されている教科書

『新訂　新しい道徳Ⅲ』東京書籍

『中学道徳3　とびだそう未来へ』教育出版

『中学道徳3　きみが いちばん ひかるとき』光村図書出版

『中学道徳　あすを生きる　2』日本文教出版

『中学生の道徳　明日への扉　2年』学研教育みらい

『中学生の道徳　自分を考える　2』あかつき教育図書

『道徳　中学校2　生き方を見つめる』日本教科書

足袋の季節

　足袋を履く冬が来ると，必ず私の心の中にいきいきと映し出されてくるおばあさんがある。

　小学校を出るとすぐ小樽のおばを頼って父母の膝を離れたのだが，当時，私の父は定職に就けず，その仕事もたまにしかなく，家は非常に貧しかった。

　初めて会ったおばだが「なんで来た」といった冷たい顔をしながらも，それでも私を小樽郵便局に世話してくれた。

　月給が14円で，食費としておばが13円50銭を取り，残り50銭の中で頭を刈り，風呂銭にあてなければならないので，それこそ冬が来てもゴム長どころか，足袋を買う余裕もなかった。

　雪の中を素足でぴょんぴょん跳ねるようにして局へ通ったもので，夜勤を終えて帰る時の足の冷たさには，何度泣かされたかわからない。なんとかして足袋を……，いつもそのことでいっぱいだった。

　郵便局の構内に毎週月水金だけ，大福餅を売りに来るおばあさんがいた。

　そのおばあさんは，自転車置場の横に，箱を並べ，いつも寒そうに首巻きで肩を包み，吹きっさらしのからすのように小さく縮こまっていた。

　ある日，上役の言いつけで，10銭玉を握って餅を買いに行った。

　おばあさんは大福餅を5つ，袋に入れて，私に渡しながら，「50銭玉だったね？」ときいた。自分が渡したのは10銭玉だったが，その時40銭あったら足袋が買えるという考えが，稲妻のように頭にひらめいて，思わず「うん。」とうなずいてしまった。

　おばあさんは，ちらっと私を見た。

　そして「ふんばりなさいよ。」とぼそっと一言言って，私の手に10銭玉を4つ握らせてくれた。

　私は逃げるようにしてその場を去ったのだが，あのおばあさんは私がごまかしたのを知っているのだと思うと，いても立ってもいられなかった。正直に言って，その金を返そうと心の中では思うのだが，「40銭あったら足袋が買える。」という心に負けて，とうとうそれが果たせなかった。

　それからはおばあさんの前に立つことはできず，餅を買いにやらせられる時は，必ず同僚にたのんで行ってもらった。

　「あの貧しいおばあさんから，金をかすめとった！」という自責の念と，「ふんばりなさいよ。」と言ってくれたのは，私にこれで足袋を買って頑張りなさいよ，と励ましてくれたのだという甘い考えとが日夜小さな私を苦しめた。

　逓信講習所の試験に合格して，そこを終えると，札幌局に配属され，初めて月給をもらうと，汽車に飛び乗るようにして，果物かごを手にそのおばあさんを小樽局に

たずねた。

　すでにおばあさんは死んでいた。

　局の近くを流れる色内川の橋にもたれて，ただ無性に自分に腹がたってしようがなかった。

　持っていた果物かごを川に落としてやった。

　浮きつ沈みつ流れていくかごを見て，私は泣けて泣けてどうしようもなかった。

　死というものが，こんなに絶対なものかということが，あのときぐらい強く感じられたことはない。

　以後，私は，20何種類の職を転々としたが，なんとか今日まで，くじけずにやり通せたのは，あのおばあさんのちらっと私を見たあのときの目，「ふんばりなさいよ。」と言ってくれたあの言葉によって，支えられてきたからだと思う。

　今となってはただ後悔の念を深くするばかりだ。いや，あのおばあさんが，私にくれた心を，今度は私が誰かに差し上げなければならないと思っている。

（中江良夫　作による）

対話的で深い学びのある道徳科の授業をつくる

2023年5月1日　初版第1刷発行　　　　　　　〈検印省略〉

定価はカバーに
表示しています

編　者　　牧﨑　幸夫
　　　　　広岡　義之
　　　　　岩井　晃之
　　　　　杉中　康平

発行者　　杉田　啓三
印刷者　　中村　勝弘

発行所　株式会社　ミネルヴァ書房
607-8494　京都市山科区日ノ岡堤谷町1
電話代表　(075) 581-5191番
振替口座　01020-0-8076番

© 牧﨑・広岡・岩井・杉中ほか, 2023　中村印刷・坂井製本

ISBN978-4-623-09562-9
Printed in Japan

ミネルヴァ教職専門シリーズ

広岡義之・林　泰成・貝塚茂樹　監修

全12巻

A5判／美装カバー／200〜260頁／本体予価2400〜2600円

①教育の原理　　　　　　　　　　　　　　　　深谷　潤・広岡義之　編著

②教育の歴史と思想　　　　　　　　　　　　貝塚茂樹・広岡義之　編著

③教職論　　　　　　　　　　　　　　　　　　津田　徹・広岡義之　編著

④学校の制度と経営　　　　　　　　　　　　　　　藤田祐介　編著

⑤特別支援教育の探究　　　　　　　　　　　　　　大庭重治　編著

⑥教育課程論・教育評価論　　　　　　　　　　木村　裕・古田　薫　編著

⑦教育方法と技術　　　　　　　　　　　　　　林　泰成・高橋知己　編著

⑧生徒指導論・キャリア教育論　　　　　　　稲垣応顕・山田智之　編著

⑨道徳教育の理論と方法　　　　　　　　　　　　　走井洋一　編著

⑩外国語教育の研究　　　　　　　　　　　　　　　大場浩正　編著

⑪総合的な学習の時間の新展開　　釜田　聡・松井千鶴子・梅野正信　編著

⑫特別活動　　　　　　　　　　　　　　　　　　　上岡　学　編著

───── ミネルヴァ書房 ─────
https://www.minervashobo.co.jp/